WILL SEI DANK

Memoiren einer Frau mit Hund

Patricia B. McConnell

Autorin von Das andere Ende der Leine

Kynos

Atria Books
An Imprint of Simon & Schuster, Inc.
1230 Avenue of the Americas
New York, NY 10020
ISBN der Originalausgabe 978-1-5011-5015-9

Titel der Originalausgabe: The Education of Will. A Mutual Memoir of a Woman and her Dog

KYNOS VERLAG Dr. Dieter Fleig GmbH, Nerdlen
www.kynos-verlag.de

Übersetzt ins Deutsche von Gisela Rau

Titelfoto: Nick Bernard / Patricia B. McConnell & Gettyimages
Layout und Grafik: Kynos Verlag

Gedruckt in Lettland

ISBN 978-3-95464-135-2

Mit dem Kauf dieses Buches unterstützen Sie die
Kynos Stiftung Hunde helfen Menschen
www.kynos-stiftung.de

Für Jim
Für Jem
Für Willie

Es ist ein Riss in allen Dingen.
So kommt das Licht herein.

Leonhard Cohen, „Anthem“

Anmerkung der Autorin

Angefangen habe ich dieses Buch für mich selbst, aber beendet habe ich es für jemand anderen. Ich weiß nicht, wer diese Person sein wird, aber wenn *Will sei Dank* auch nur einer einzigen Person so viel helfen wird, wie das Buch *Jenseits des Schweigens* mir geholfen hat, dann war es die fünf Jahre wert, die mich sein Schreiben gekostet hat.

Wie alle Memoiren ist dies keine Autobiographie. Es bezieht sich eher auf einen Teil meines Lebens, der, so hoffe ich, den Leser zu den ewigen Themen Trauma und Vergebung, Angst und Liebe informiert und inspiriert. Ich habe mein Allerbestes gegeben, um die Ereignisse in diesem Buch mit so viel Genauigkeit und Gewissenhaftigkeit zu beschreiben, wie es mir möglich war, auch wenn ich Willies Geschichte von Verletzung und Heilung so verkürzt und vereinfacht habe, dass, so hoffe ich, der Leser sich nicht in Details verliert.

Manche der Namen und Gegebenheiten, aus denen man Rückschlüsse auf Ort, Zeit und Personen ziehen könnte, habe ich verändert. Auch Einzelheiten in Bezug auf meine Kunden und deren Hunde habe ich modifiziert.

In ein paar Fällen habe ich ihre Geschichten miteinander kombiniert, aber alles, was ich in diesem Buch beschreibe, ist tatsächlich während der über zwanzig Jahre passiert, in denen ich als Beraterin für Hundeverhalten tätig war.

Will sei Dank ist meine Geschichte – und im Grunde ist sie Teil meiner Bemühungen, das Drehbuch meines Lebens so zu verändern, dass es nicht mehr gegen mich arbeitet, sondern hilft, mich zu dem Menschen zu machen, der ich sein möchte. Mein innigster Wunsch ist, dass dieses Buch anderen Menschen so helfen kann, wie andere Bücher mir geholfen haben. Allerdings bin ich weder Psychologin noch Psychotherapeutin, weshalb nichts von dem, was ich schreibe, als professioneller Rat an Leser aufgefasst werden sollte, denen mit Beratung durch professionelle Fachleute aus der Branche viel besser geholfen werden könnte. Ich hoffe ferner, dass dieses Buch außerdem dazu beitragen wird, zu verstehen, dass auch Hunde traumatisiert werden können und genauso viel mitfühlendes Verständnis brauchen wie Menschen.

Prolog

Man fand mich früh eines Morgens in der Wüste draußen vor dem Stall, an dem ich an den Wochenenden arbeitete. Ich hatte stundenlang auf dem kalten, körnigen Sand gelegen und dem hellen Hu-huuuu der Kanincheneulen und dem metallischen Trippeln der Eidechsen gelauscht. Es war August 1966, und ich war an diesem Morgen früh um eins mit dem himmelblauen Mustang unserer Familie dorthin gefahren. Ich hatte das Auto geparkt und war hintenherum zur Rückseite des Stalls gegangen. Der nachtschwarze Himmel war wie von Nadelstichen mit Sternen und dem Splitter eines Mondes gespickt. Als ich hinter den Lehmgebäuden angekommen war, die den köstlichen Duft von Sätteln und Zaumzeugen beherbergten, zog ich mein pinkfarbenes T-Shirt zur Hälfte hoch und öffnete den Reißverschluss meiner Leinenshorts. Ich legte mich auf den Sand, als würde ich mich in meinem Bett zusammenrollen, meine linke Wange auf den Boden gepresst. Es war kalt. Ich fror. Irgendwo in der Ferne heulte ein Rudel Kojoten schrill den Himmel an.

Als ich so dalag, sah ich mir in der Erinnerung selbst dabei zu, wie ich mich eine halbe Stunde zuvor auf das Verlassen des Hauses vorbereitet hatte – als wäre ich ein körperloser Geist, der über mir selbst schwebte. Ich verspürte ein Art unbeteiligter Neugier gegenüber diesem anderen Wesen, das sich so leise wie möglich angezogen hatte, in die Küche geschlichen war und die Autoschlüssel vom Haken genommen hatte. Ich hatte keinerlei Erinnerung an die Fahrt zum Stall, aber ich hörte, wie die Pferde ihre Hufe im Sand bewegten, als ich hinter die Gebäude ging. Als ich mich hingelegt hatte, hörte ich ein kurzes Aufquietschen, nachdem ein Huf auf etwas Dickes und Schweres getroffen war – eine Kabbelei zwischen zwei Stuten.

Nachdem ich mich zurechtgelegt hatte, fühlte es sich eher nach Tagen als nach Stunden an, bis der Himmel aufzuhellen begann. Meine Wange begann von den Kieselsteinchen zu schmerzen, aber ich zwang mich zum Stillhalten.

Ich konnte nichts als tiefste Schwärze sehen, aber ich nahm den würzigen Geruch der Kreosotbüsche und den flüchtigen Duft frisch gemähten Heus wahr. Die Eulen riefen. Die Kojoten kläfften. Die Stunden schleppten sich dahin, während ich unfähig zu irgendeiner Bewegung an meinem Platz lag.

Irgendwann wurde es Morgen und der Himmel lichtete sich zu dem hellen Lila eines Wüstensonnenaufgangs. Es war Karl, der mich fand: Karl, der gutaussehende Marlboro-Mann, der erste Pferdebursche am Stall und mein erster Teenagerschwarm. Ich hörte das Knirschen seiner Stiefel lauter und lauter werden. Er bückte sich, und ich drehte mich zu ihm herum. Auf seinem Gesicht war eine Abscheu zu lesen, die mein Herz brach.

„Oh herrje, Trisha", sagte er, „was zum Teufel ...?"

Ich weiß nicht mehr, wie ich nach Hause kam. Ich habe keine Erinnerung an die Zeit zwischen Stall und Zuhause, so, als ob ein Regisseur zwischen dem ersten und zweiten Akt das Bühnenbild außer Sichtweite der Zuschauer hinter dem Vorhang gewechselt hätte.

Meine Eltern standen an der Tür, fassungslos und mit blassen Gesichtern, und fragten mich, was passiert sei.

„Ich weiß nicht genau", sagte ich. „Ich bin mitten in der Nacht in die Küche gegangen, um mir was zu Trinken zu holen, als mich von hinten ein Mann gepackt hat. Er hat einen feuchten Lappen auf meinen Mund gedrückt und dann bin ich bewusstlos geworden. Er muss mich zum Auto geschleppt und zum Stall gebracht haben. Ich erinnere mich nur daran, dass ich in der Wüste aufgewacht bin."

„Hat er ...?", stammelte mein Vater.

„Oh nein", sagte ich. „Nichts dergleichen."

Sie fragten mich nicht, wie ich das wissen konnte, wo ich doch angeblich ohnmächtig gewesen war. Sie fragten auch nicht, warum ein Fremder unser Auto benutzt hatte, um mich zum Stall zu bringen oder warum er dann von dort zu Fuß weggegangen war. Was sie taten, war die Polizei anzurufen, die auch ein paar Minuten später eintraf. Der Officer hatte eine Pistole an der Hüfte; der Detective trug einen zerknitterten Anzug.

Ich beschrieb ihnen das gleiche Szenario. Der Detective nickte und machte sich Notizen. Der Officer saß ruhig auf unserem Sofa. Irgendwann fragten die beiden, ob sie meine Eltern allein sprechen könnten. Ich verließ das Wohnzimmer, ging benommen den Flur entlang, dessen Wände mit Familienfotos vollgehängt waren und setzte mich auf mein Bett. Ich zog mein Lieblingsplüschtier Snuffles an mich und wartete. Ich schaute aus dem Fenster auf den riesigen Saguaro-Kaktus in den Hügeln auf der anderen Straßenseite. Nach ein paar Minuten hörte ich die Schritte meines Vaters auf dem Flur näherkommen. Er klopfte leicht an und öffnete die Tür.

„Trisha", sagte er. „Die Polizeibeamten meinen, dass du uns nicht ganz genau erzählst, was passiert ist. Sie können dir jetzt entweder jede Menge weitere Fragen stellen, oder die Untersuchung einstellen, wenn wir zustimmen, die Sache nicht weiter zu verfolgen. Wäre das akzeptabel? Sie einzustellen?"

Ich nickte, unfähig, zu sprechen – genau wie ich nicht in der Lage war, die Gründe zu artikulieren, warum ich diese Scharade überhaupt erzählt hatte.

Die Polizeibeamten gingen, und mein Vater rief den Redakteur der Lokalzeitung an. Er war in Phoenix ein angesehener Geschäftsmann und nutzte jetzt seinen Einfluss, um die Geschichte nicht an die Öffentlichkeit dringen zu lassen. Meine Mutter ermahnte mich eindringlich, mit niemandem darüber zu sprechen und machte sich Gedanken, wie sie bloß den Nachbarn das Polizeiauto erklären sollte.

Danach füllte sich unser Haus mit Schweigen, wie Wasser, das in einem Fischbehälter höher und höher steigt. Niemand fragte mich, was eigentlich wirklich passiert war. Niemand fragte mich, ob es mir gutging oder was mich möglicherweise dazu gebracht haben könnte, so etwas zu tun.

Wir schlichen tagelang umeinander herum und sprachen nur darüber, was es zum Abendessen geben würde oder was im Fernsehen kam. Der Vorfall versank allmählich in die Vergangenheit, als wäre er nach einer Überschwemmung in nassem Sand begraben worden.

Kapitel eins

Der Border Collie Welpe hatte Augen wie flüssige Diamanten und ein so weiches Fell, dass meine Hände darin versanken, als wären plötzlich die Knochen aus ihnen verschwunden. Er war acht Wochen alt, als ich ihn traf. Ich saß bei seiner Züchterin im Gras, während die Mutterschafe im Lämmerstall nach ihren Babys blökten und die Grillen im Wald hinter dem Farmhaus zirpten. Ich brauchte keinen anderen Hund. Ich hatte schon drei, und ich war nicht auf der Suche nach einem Welpen.

Ich war beschäftigt. Beschäftigt damit, Kunden zu beraten, deren Haustiere ernsthafte Verhaltensprobleme hatten, an der Universität von Wisconsin zu lehren, regelmäßig bei einer Radiosendung mitzuwirken, Fachvorträge über Hundeverhalten zu halten, Bücher zu schreiben und eine Hundeschule zu führen. Ich brauchte wirklich nicht noch mehr zu tun.

Aber ich hatte von einem Wurf erfahren, der eng verwandt mit dem Hund meines Lebens war, Cool Hand Luke. Luke hatte nicht nur mein Leben verändert, sondern es möglicherweise auch gerettet – in einem Moment, der wie aus einem Filmdrehbuch geschnitten war und in dem ich hätte schwer verletzt werden und er hätte sterben können. Ich war von einem Scottish Blackface Mutterschaf, das gerade gelammt hatte, im Stall in eine Ecke gedrängt worden und es betrachtete mich als hungrigen Wolf, der seinem Neugeborenen an den Kragen wollte. Als es zum ersten Mal den Kopf senkte und auf mich losging, sprang ich nach rechts und lachte es aus. Dann attackierte es wieder und verfehlte mich nur knapp. Sein Schädel donnerte so fest gegen die Scheunenwand, dass ein Konfettiregen aus Farbkrümeln von der Decke rieselte. Als es nochmals angriff, floh ich in eine Ecke und sah mich nach einem Stück Holz, einem Eimer oder sonst etwas um, mit dem ich mich verteidigen könnte.

Normalerweise spazieren wir durchs Leben, ohne uns unserer eigenen Verletzlichkeit bewusst zu sein – bis zu dem Moment, in dem uns nichts außer unserem eigenen Körper zur Verteidigung bleibt. Keine Hörner. Keine dicke Haut, kein Fell. Keine Borsten oder Krallen. Nutzlose kleine Zähne. Konfrontiert uns mit einem Tier, das ein eingebautes Sicherheitssystem besitzt, und wir sind aufgeschmissen. Als Spezialistin für angewandte Tierverhaltenskunde habe ich viele Jahre mit aggressiven Hunden zu tun gehabt. Ich war knurrende Caniden jeder Art gewohnt, die mich gebissen hätten, wenn ich auch nur eine falsche Bewegung gemacht hätte. Aber ich hatte nicht damit gerechnet, von einem verrückt gewordenen Schaf in einer Scheunenecke festgesetzt zu werden.

Crystal, das Mutterschaf, schoss wieder vor und schrammte diesmal meinen Oberschenkel. Sie war zwar für ihren schlechten Charakter berüchtigt, aber sie war ein Schaf, kein Neunhundert-Kilo-Bulle oder ein muskelstrotzender Rüde, der mich ins Krankenhaus zu befördern drohte. Trotzdem verwandelte sich meine Irritation langsam in Angst. Es sah nicht so aus, als könnte ich aus der Ecke und dem Schafkoben herauskommen. Ich war allein auf dem Hof, und falls ich schlimm verletzt werden würde, würde mich tagelang niemand vermissen.

In diesem Moment hörte ich das Geräusch: Schwupp! Lukes Pfoten trafen oben auf dem Rand des Kobens auf, als er wie ein Militärhund im Manöver über die Wand kletterte und zwischen Crystal und mir auf dem Boden landete. In dem Moment, als Crystal ihm ihre Aufmerksamkeit zuwandte, krabbelte ich auf das Tor zu. Crystal senkte ihren Kopf so tief, dass ihr Kinn unter ihrer Brust verschwand und nur noch ihr fünf Zentimeter dicker Schädel mit den geschwungenen Hörnern zu sehen war. Sie ging auf Luke los. Er gab Konter, biss in ihren Schädel und hielt sie in Schach, während ich es bis zum Tor schaffte. Nach zwei weiteren Attacken brachte sich auch Luke in Sicherheit. Aus seinem Maul sickerte ein dünner Blutfaden. Zwei seiner Vorderzähne waren abgebrochen.

Es ist die eine Sache, einen Hund zu lieben; ihn so sehr zu lieben, dass es manchmal weh tut, nur über ihn zu sprechen. Es ist aber eine andere Sache, zu wissen, dass er sein Leben riskiert hat, um dich vor einer schwerwiegenden Verletzung zu bewahren. Aber Luke war mehr als nur der Star eines einzigen dramatischen Moments; er war eine dieser alten Seelen, deren Liebe zum Leben einen dazu bringt, in ihrer Nähe zu leuchten. Ich habe irgendwann einmal über Luke geschrieben: „Ich stelle mir seinen Tod so vor, als ob aller Sauerstoff plötzlich aus der Luft gezogen würde und man von mir erwartet, dass ich ohne weiterleben sollte." Natürlich starb er, und natürlich tat ich es nicht – aber ich brauchte Jahre, um nicht mehr über seinen frühzeitigen Tod wegen Nierenversagens mit nur zwölf Jahren zu trauern.

Das war der Grund dafür, warum die Aussicht, zwei Jahre später seinen Neffen zu mir heimzuholen, so verführerisch war – obwohl ich das Haus schon voller Hunde hatte. Alle Hunde aus Lukes Linie sind für ihr nobles Wesen bekannt und ich trug mich mit der starken Hoffnung, dass sich auch in diesem Wurf ein Welpe mit etwas von Lukes Persönlichkeit finden würde. Vernunftmäßig wusste ich ganz genau, dass jeder Hund einzigartig ist und Hunde wie Luke schwer zu finden sind. Aber trotzdem – wie könnte ich mir die Chance entgehen lassen, dass einer der Welpen aus dem Wurf vielleicht etwas von Lukes Brillanz haben könnte?

Als ich zur Besichtigung des Wurfs ankam, gab ich vor (vor allem mir selbst gegenüber), dass ich eine sorgfältige und überlegte Entscheidung treffen würde. Die Welpen wuselten auf dem Boden herum und unterbrachen ihr Spiel miteinander nur, um nach Schmetterlingen zu hüpfen, an meinen Jeans zu schnüffeln oder mein Gesicht mit ihren samtenen Zungen abzulecken. Ich konzentrierte mich auf zwei kleine Rüden, da ich schon drei Hündinnen zuhause hatte. Der eine war ein großer, strahlender Junge mit einem breiten weißen Pelzkragen, der andere ein bisschen einfacher gefärbt. Ich konnte mich nicht zwischen beiden entscheiden.

Die Züchterin erlaubte mir, beide für drei Tage zum Ausprobieren mit nach Hause zu nehmen. Das war eine Win-Win-Situation – die Welpen konnten in der wichtigen Sozialisationsphase neue Umwelterfahrungen in einer anderen Umgebung machen und ich würde sehen können, wie sie mit meinen anderen Hunden zurechtkämen. Nach ein paar Tagen würde ich dann entscheiden können, welcher der beiden der Richtige für mich wäre.

Als ich nach Hause kam, purzelten die Jungs aus der Transportbox wie aus einem Clownauto. Dann trafen sie meine drei anderen Hunde, von denen jeder eine Führungsrolle auf dem Hof erfüllte. Tulip, die ältere Pyrenäenberghündin, deren leuchtend weißer Pelz jeden verzauberte, der sie traf, kämpfte mit einem Reizdarmsyndrom und progressivem Muskelschwund. Sie war in jenem Jahr schon drei Mal in der stationären Betreuung unserer tierärztlichen Hochschule gewesen. Nach jedem Vorfall hatte sie sich erholt und wieder zu ihrer Rolle als Spaßmacherin des Hofs zurückgefunden – einer Mischung aus übergroßem Robbenbaby und gutmütigem Eisbär. Zwölf Jahre lang hatte sie Multitasking-Aufgaben als Beschützerin der Farm und als Standup-Comedian erfüllt. Ich hatte das Gefühl, ihr alles in meiner Macht Stehende zu schulden, damit sie sich wohlfühlte.

Pippy Tay, eine fünfzehnjährige Border Collie Hündin, war immer ein Paradebeispiel für strotzende Gesundheit gewesen. Seit Jahren war sie der Watson zu meinem Sherlock und assistierte mir dabei, die Gründe dafür ans Tageslicht zu locken, warum so viele der Hunde meiner Klienten aggressiv gegen Artgenossen waren. Über die Jahre habe ich mindestens hundert Hunde gesehen, die steifbeinig knurrend dastanden, während Pippy sich in sicherer Entfernung höflich verbeugte und beschwichtigte. Der Kundenhund schmolz jedes Mal innerhalb von Minuten wie Eis in der Sonne und kurz darauf spielten beide zusammen, während sich die Augen meiner Kunden mit Glückstränen füllten. Aber Pippy verlor allmählich ihren Seh- und Geruchssinn und genoss schon längst ihren Ruhestand. Ich freute mich riesig, dass es ihr so lange so gut gegangen war und hatte nie damit gerechnet, dass sie es bis zum reifen Alter von fünfzehn schaffen würde. Genau wie Tulip brauchte sie jetzt jede Menge Pflege.

Mein dritter Hund, Lassie, eine zwölfjährige Border Collie Hündin, war der Jungspund der Gruppe. Vital und energiegeladen, war sie mein Draufgängerhund an den Schafen und immer noch so verspielt wie ein Welpe; aber sie litt an chronischen Blaseninfektionen, die ihr jugendliches Aussehen Lügen straften. Wir verbrachten unzählige Stunden bei Tierärzten, um den Grund für das Problem herauszufinden.

Vielleicht wenden Sie jetzt ein, dass dies kein idealer Zeitpunkt war, um einen Welpen ins Haus zu holen. Und Sie haben Recht. Ich rechnete nach, dass ich im letzten halben Jahr im Schnitt 2,4 Mal pro Woche mit einem meiner Hunde zum Tierarzt gefahren war. Wenn man sich die Zeit nimmt, sich darüber klar zu werden, weiß man, dass es wirklich schlecht steht. Mit einer Nachkommastelle.

Besaß ich wirklich noch die Energie, einen Welpen aufzuziehen? Ständig auf der Hut zu sein, den Welpen alle zehn Minuten nach draußen zu bringen und ihm sanft die Schuhe, die Fernbedienung oder ein Sofakissen aus dem Maul zu nehmen? Ich wünschte mir schon seit Jahren einen jungen Hund, hatte aber beschlossen, zu warten, bis Pippy nicht mehr war. Aber selbst im hohen Alter war Pippy immer noch begeistert, wenn Welpen zu Besuch kamen – und so begann ich, meinen Plan zu überdenken. Außerdem brauchte ich dringend etwas Gesundes und Fröhliches, das mich zum Lachen bringen und mich daran erinnern würde, dass das Leben mehr war als eine langsame Abwärtsspirale in Richtung Tod.

Beide Welpen lebten sich schnell auf der Farm ein. Sie verfolgten die Fährten der Streifenhörnchen hinter dem Haus und vergnügten sich auf dem abgenutzten Orientteppich im Wohnzimmer mit Hundespielsachen. Aber einer von ihnen folgte mir überall hin und schien sich sehr viel daraus zu machen, was ich gerade tat und wo ich hinging. Sein Bruder sah besser aus, war aber etwas unabhängiger. Jedes Mal, wenn ich zu dem einfacher Gefärbten hinunterschaute, sah er mich mit sanften, leuchtenden Augen an.

Was haben Augen an sich, dass sie so viele Informationen übermitteln, und zwar mit Eigenschaften, die über die Sprache hinausgehen? Es gibt so wenige Worte, um die Tiefe von Seele und Emotion zu beschreiben, die sich in Augen widerspiegelt, dass sie alle ein wenig banal zu sein scheinen. Aber es waren seine Augen, die mich packten. Ich schaute auf diesen schwarz-weißen Flauschball herab und er sah mich an – seinen Blick tief in meinem versunken. Eindringlich, als ob er mich ständig etwas fragen würde. Ich wusste nicht, was es war, aber irgendwie schien es mir unbedingt wichtig, die Antwort zu finden. Am Ende des ersten Tages wusste ich, dass ich ihn nicht mehr gehen lassen konnte. Ich nannte ihn Will.

An diesem Abend kuschelten Will und ich uns auf dem Wohnzimmerfußboden zusammen. Sein kleiner Welpenkörper rollte sich gegen meinen Bauch ein, während die drei Mädels um uns herumlagen. Ich streichelte ihre Bäuche, kratzte ihre Ohren und flüsterte ihnen zu, dass das Leben gut war und dass wir, egal, was als Nächstes passieren würde, mit Liebe und Entschlossenheit schon durchkommen würden.

Kapitel zwei

Ich lebe auf einer Farm in Südwisconsin, auf einem Grundstück von knapp fünf Hektar, das ich liebe und verfluche und von dem ich mir nicht vorstellen kann, ohne es zu leben. Verglichen mit den Farmen in der Nachbarschaft, die auf 40, 80 oder 160 Hektar liegen, ist mein Hof winzig. Ich beneide die Nachbarn um ihre riesigen, weiten Felder und die stundenlangen Spaziergänge durch eigenen Wald. Aber ich verliebte mich in dem Moment in meinen Hof, als ich 1982 aus dem Auto des Immobilienmaklers stieg und auf dem Hügel stand, der auf das Haus herabschaut.

Das Haus selbst hatte ich schon angesehen – seine einfache, schwarz-weiße zweigeschossige Bauweise entsprach der im gesamten Landstrich, sodass die Farmhäuser alle aussahen wie riesige zwischen die Hügel geworfene Würfel – weiße Wände, schwarze Fensterrahmen und eine Veranda auf der Vorderseite. Das Innere war ein Chaos. Im Obergeschoss hatte es gebrannt und die Decken waren schwarz vor Ruß. Die vorherigen Besitzer hatten versucht, den von den Nachbarn als „Hippies" bezeichneten Mietern verursachten Schaden zu reparieren, aber die Wände unter der Verkleidung aus Walnussfurnier hatten so viele Risse, dass unklar war, was genau das Haus eigentlich aufrecht erhielt.

Nach der Hausbesichtigung fuhr der Makler mit mir einen steilen, steinigen Weg zu der Wiese hinauf, die auf das Haus und das Tal herabschaute, in dem es lag. Ich stieg wie im Traum aus dem Auto aus und drehte mich um 360 Grad, um die Aussicht auf die sanft geschwungenen, von Eichen- und Hickorywald bedeckten Hügel in mich aufzusaugen. Ich ging zum höchsten Punkt der Wiese hinauf, von wo aus ich die Hügel des Blue Mounds State Park sehen konnte. Das Feld war umsäumt von riesigen Weißeichen, deren dicke waagerechte Äste Zugang zur Sonne für sich beanspruchten, während sie aus Eicheln zu Hütern des Waldes heranwuchsen.

Ich schaute auf das Haus herab, das sich zwischen die Hügel schmiegte wie zwischen zwei geöffnete Handflächen. Ich machte mir nichts aus dem Haus, umso mehr aber aus der Aussicht. Als ich so umgeben von Wald und Hügeln an der höchsten Stelle der Wiese stand, fühlte ich mich leichter, glücklicher – so, als ob irgendetwas in meinem Inneren auf eine Weise, die mich stärkte, weicher geworden wäre. Ich drehte mich zu dem Makler um und stieß hervor: „Das ist es."

Seit Jahren hatte ich davon geträumt, in meinem eigenen Haus auf dem Land zu leben, nach Jahrzehnten in kleinen Wohnungen, die nach Kohl rochen oder in Mietshäusern, die jeden Moment buchstäblich unter mir weg verkauft werden konnten. Aber bis zu jenem Moment, als ich auf dieser Wiese stand, mich im Kreis drehte und von dem Blick gefangen war, hatte ich nie wirklich daran geglaubt. Über dreißig Jahre später wandere ich immer noch den Feldweg hinauf, schaue auf die umliegenden Hügel und staune, dass ich hier lebe. Das ist meine Farm, mein Land, meine Zuflucht.

Ich habe allein auf dieser Farm gelebt, mit meinem Exmann Patrick und nun mit meiner „Liebe auf den dritten Blick", meinem Mann Jim. Ich kann mir nicht vorstellen, hier ohne ihn zu sein. Seine Stimme ist warm und freundlich und macht mich jedes Mal glücklich, wenn ich sie höre. Bevor er in Rente gegangen war, hatte ich regelmäßig nur deshalb in seinem Büro angerufen, um zu hören, wie er auf dem Anrufbeantworter seinen Namen sprach. Er mag auch meine Stimme – und so lernten wir uns auch kennen, nämlich über eine Sprachnachricht, die ich hinterließ, als ich auf seine Kleinanzeige in der Zeitung antwortete. Ich sagte, dass ich mit einer Herde Schafe auf dem Land lebte. Als er mich zurückzurufen versuchte, war die meiner Sprachbox zugeordnete Nummer abgelaufen. Später erzählte er mir, dass er einfach die Versuche, mich zu erreichen, nicht aufgeben konnte, weil ihm meine Stimme so gefallen hätte. Er buchte eine Anzeige in der Zeitung, in der in Großbuchstaben zu lesen war: „TRISHA MIT DEN SCHAFEN, bitte ruf mich an."

Ich wusste nichts davon, bis ich eine Woche später die Lokalzeitung aufschlug. Die Großbuchstaben meines Namens starrten mir entgegen wie ein Privatfoto, das ungewollt im Internet gelandet ist. Ich schämte mich. In meiner Gegend gibt es nicht allzu viele Menschen, die Trisha heißen, und nur äußerst wenige besitzen Schafe. Nicht nur meinen Freunden würde es leicht fallen, eins und eins zusammenzuzählen, sondern auch den Tausenden von

Zuhörern der Radiosendung *Calling All Pets* im öffentlich-rechtlichen Sender von Wisconsin, an der ich regelmäßig beteiligt war. Ich hatte kein Problem mit privaten Kleinanzeigen, nachdem mich meine Freunde und Kollegen überzeugt hatten, dass dies nun einmal der Weg sei, wie man in den 2000er Jahren Menschen kennenlerne – aber es hatte meiner Meinung nach seinen Grund, warum man sie *private* Kleinanzeigen nannte. Eine Schlagzeile „Trisha sucht einen Mann" in der Lokalzeitung war so, „als ob man in der Öffentlichkeit seine Hosen herunterlassen würde", wie eine gute Freundin sagte.

Ich jammerte ein paar Tage wegen der Annonce bei meinen Freunden herum – wie konnte ein Mann nur so gedankenlos sein, den Namen einer Frau in der Zeitung zu veröffentlichen? Dann ging das Leben weiter und ich vergaß die Sache. Aber in der nächsten Woche erschien die Anzeige wieder in der Zeitung. Diesmal rief ich seine Nummer an und fragte, ob er wohl so freundlich sein könne, die Anzeige zu stornieren, und ja, dass ich zum Donnerwetter wirklich wünschte, er hätte sie gar nicht erst aufgegeben.

Er entschuldigte sich und sagte, dass er die Anzeige deshalb in die Zeitung gesetzt hätte, weil er es, nachdem er meine Stimme gehört hatte, nicht ertragen konnte, mich *nicht* zu sehen. Wir unterhielten uns eine Stunde lang. Ich mochte seine Stimme ebenfalls und stimmte also zu, ihn auf einen Kaffee zu treffen. Wie sich herausstellte, war er ungefähr so groß wie ich, aber mit breiten Schultern und Armen von der Dicke meiner Oberschenkel. Er hatte volles graues Haar, dieses gewisse starke Aussehen eines Menschen, der viel draußen ist und das ich schon immer gemocht hatte – und ein freundliches, offenes Gesicht.

Er erzählte, dass er in einer Eigentumswohnung leben würde – für ihn der perfekte Ort, weil er ihm so viel Freiheit ermöglichte. Kein Schneeschaufeln. Kein Rasenmähen. Jede Menge Zeit zum Fahrradfahren und Fußballspielen. „Dann wären Sie gut beraten, jetzt gleich aufzustehen und zu gehen", sagte ich. „Ich habe die größte Hoffläche, die Sie je gesehen haben und die Arbeit nimmt einfach nie ein Ende." Er lachte.

Verliebt hatte ich mich nicht. Aber irgendetwas an ihm, etwas Geerdetes und Angekommenes, ließ mich innehalten, als ich zusah, wie er zu seinem Auto ging. Ich musste daran denken, dass die Treffen mit den Männern, in die ich mich auf den ersten Blick verliebt hatte, bis jetzt eigentlich nie so gut ausgegangen waren. Vielleicht sollte ich ihn doch noch einmal treffen, nur ein einziges Mal? Eine Woche später gingen wir zusammen etwas trinken; die Woche darauf zusammen essen; und schließlich und endlich nahmen wir die Hunde mit auf unseren ersten Ausflug zu zweit, eine Waldwanderung in einem einsamen Naturschutzgebiet.

Die Hunde rannten auf dem mit Sonnenpunkten besprenkelten Pfad vorweg, während Jim und ich uns über unsere Berufe unterhielten. Ich erzählte ihm von meiner Arbeit mit aggressiven Hunden, er mir von seiner Stelle in einer psychiatrischen Einrichtung für Patienten, die man damals noch als „kriminell Geistesgestörte" bezeichnete. Wir stellten Vergleiche über den Umgang mit gefährlichen Individuen an – er mit Menschen, ich mit Hunden – die gewalttätig werden konnten, wenn man eine falsche Bewegung machte. Im Moment, so erklärte er, arbeitete er in einer staatlichen Einrichtung, die Sexualstraftäter einsperrte und behandelte. Hier ein Tipp für alle Männer, die vielleicht gerade dabei sind, eine Frau kennenzulernen, an der sie interessiert sind: Halten Sie das Wort „Sexualstraftäter" so lange aus Ihrer Unterhaltung heraus, wie Sie irgend können. Besonders, wenn Sie zum ersten Mal mit ihr alleine sind und wenn Sie gerade mitten im Wald stehen.

Nachdem ich diesen Satz gehört hatte, war plötzlich alles anders, so, als ob ein Filmregisseur gesagt hätte „Musik ein" – die Art von Musik, zu der eine einsame Frau eine dunkle Treppe hinuntergeht und die ganz klar macht, dass sie gerade einen großen Fehler begeht – so, dass Sie auf dem Sofa herumhüpfen und aufgeregt „Geh nicht da hin, du Idiot! Hörst du denn die Musik nicht?" rufen. Der Wald verwandelte sich von friedlich und heiter zu düster und bedrohlich. Mir wurde überdeutlich bewusst, dass wir beide ganz alleine waren, niemand anderes in der Nähe war und dass er offensichtlich stark wie ein Stier war.

Ich wollte nach Hause und weg von dem Mann, dessen Leben irgendetwas mit sexueller Gewalt und Nötigung zu tun hatte. Ich ging schneller und gab vor, dass mir etwas eingefallen sei, das ich zuhause noch zu erledigen hatte. Schau dir das an, wie die Zeit verflogen ist! Es war dabei vollkommen egal, dass Jim selbst überhaupt nichts mit sexueller Gewalt zu tun hatte – seine Aufgabe war die eines Personalleiters für die Psychologen und Pfleger. Aber für mich reichte es schon, die Worte „Sexual" und „Straftäter" in einem Satz zu hören. Sie riefen in mir ein so rohes Gefühl wach, als ob mein Körper mit Verbrennungswunden dritten Grades übersät wäre.

Als wir auseinandergingen, fragte er, ob er mich wieder anrufen könne. Ich blieb einen Moment lang stumm, lud die Hunde ins Auto, setzte mich auf den Fahrersitz und schloss die Wagentür. Ich kurbelte das Fenster herunter und sagte ihm, dass ich über ein weiteres Treffen nachdenken müsse – die Feiglingsversion von „Nein, aber das möchte ich Dir nicht so direkt ins Gesicht sagen." Aber irgendetwas an ihm, eine innere Stärke und Güte, blieb an mir haften. Eine Woche später rief ich ihn an und beichtete ihm, welche verstörenden Reaktionen seine berufliche Tätigkeit bei mir hervorgerufen hatte. Seine Antwort war so verständnisvoll und zärtlich, ohne dabei aufdringlich zu sein, dass meine Ängste zu schwinden begannen. Wir unterhielten uns eine Stunde lang. Ein paar Wochen später trafen wir uns wieder, und ich verfiel in den wunderbaren Zeitlupen-Tango des Sich-Verliebens.

Heute sind Jim und ich Partner auf der Farm und leben dort umgeben von einer Menge wilder Tiere, von Grillen und Moskitos über Carolinaspechte bis hin zu Weißwedelhirschen. Wir lieben dieses Land, auch wenn das Leben hier nicht immer nur leicht und schön ist. Die so malerischen Hügel kanalisieren das Wasser von Frühlingsregen und Sommergewittern direkt auf das Haus und die Scheune zu. Jim und ich haben andauernd mit Wasser zu kämpfen und müssen unaufhörlich graben, drainieren und eindämmen, damit die beiden Gebäude nicht unterminiert werden. Zwar gewinnen wir mehr Schlachten, als wir verlieren, aber der Krieg mit dem Wasser wird nie ein Ende haben. Es gibt auch noch weitere Herausforderungen – wie immer auf dem Land. Es gibt Brombeerbüsche, die überall wachsen, außer dort, wo sie sollen; brutal kalte Morgen, die in den Lungen schmerzen, während man die Schafe füttert; baufällige Schuppen und Wildtiere wie Waschbären oder verletzte Rehkitze, die halbtot neben dem Farmhaus auftauchen und verlangen, dass man seine Pläne Pläne sein lässt und sich um sie kümmert.

Aber es ist auch schön. Während ich dies schreibe, schaue ich auf die Hügel, die hinter dem Haus aufsteigen. Es ist von einer Reihe Weymouthskiefern umsäumt, die von früheren Besitzern gepflanzt wurden und jetzt fünfzehn

Meter hoch aufragen. In einem dieser Bäume sitzt eine Schwarzkopfmeise und hält einen Sonnenblumenkern zwischen ihren Füßen, um beschäftigt dessen Schale aufzupicken. Aus einem Nachbarbaum kommt ein Eichhörnchen gesprungen, die Meise lässt den Sonnenblumenkern fallen und ruft TSCHICKA-DIE-DIE-DIE! Ihr Lied strömt zum Fenster herein und hüllt mich ein wie eine warme Decke an einem Januartag.

Kapitel drei

Will, der schon bald zu Willie wurde, lag eingerollt in seiner Box neben mir, als ich mit ihm zu seinem ersten Tierarzttermin fuhr – ein paar Tage, nachdem ich seinen Bruder zur Züchterin zurückgebracht hatte. Er hielt sein Kinn flach auf den Boxenboden gedrückt und schaute mir jedes Mal in die Augen, wenn ich in seine Richtung blickte. Die Landschaft war vom Gelb der Sonnenblumen und Goldruten und dem Grün der mannshoch stehenden Maisstängel geflutet. Weil es heiß war, parkte ich im Schatten an der Gebäudeseite in einer schmalen Lücke, die zwischen dem Dröhnen des Straßenverkehrs und dem Geräusch bellender Hunde eingeklemmt war.

Als ich Willie aus dem Auto hob und das Bellen lauter wurde, geriet er in Panik und wand sich mit der Kraft eines mindestens zehn Mal größeren Hundes aus meinen Armen heraus. Er strampelte sich auf den Boden und lief schnurstracks auf die Straße zu – so weit weg von dem Gebell, wie er nur konnte. Ein acht Wochen alter Welpe ist ziemlich schnell, aber ich konnte ihn einholen und packen, bevor er auf dem Highway Selbstmord beging. Unsere Herzen schlugen gegeneinander, als ich ihn zur Praxis zurücktrug, mich auf die Betontreppe setzte und ihn festhielt in dem Versuch, uns beide zu beruhigen. Dabei war unklar, wer von uns beiden verängstigter war. Als es nach ein paar Minuten Zeit zum Weitergehen wurde, überprüfte ich sein Halsband und seine Leine, um sicherzugehen, dass er sich nicht losmachen konnte. Dann prüfte ich noch einmal. Und noch einmal. Ich hatte bis zu dem Zeitpunkt, als ich Willie bekam, fast zwei Jahrzehnte lang professionell mit Hunden gearbeitet, aber dieser Vorfall hatte mein Vertrauen in meine Fähigkeit erschüttert, einen Welpen vor Gefahren beschützen zu können.

Als ich Willie hinsetzte, senkte er seine Nase vor der Praxis auf den Boden und begann wie ein Industriestaubsauger zu schnüffeln, so heftig, dass seine Nase über den Beton schabte. Ich wartete nur darauf, dass seine Nase wie bei einer Trickfigur aus einem Disney-Film immer länger wurde. Mir sank das Herz in die Hose, denn ich wusste nur zu genau, was dieses Schnüffeln bedeuten konnte. Sein Onkel Luke hätte die Gegend kurz abgeschnüffelt und wäre dann in der Erwartung, was als Nächstes passieren würde, fröhlich weitergegangen. In Willies Verhalten dagegen war keine Neugier zu erkennen, es war verzweifelt und zwanghaft und Vorbote dafür, dass es ernste Probleme geben würde, wenn er älter werden würde. Schon früher in meiner Laufbahn war mir einmal ein braungestromter Labrador-Mischlingswelpe namens Yugo begegnet, der in mein Büro gekommen war, als ob seine Nase am Teppich festgeklettet gewesen wäre. Er schaffte ein schwaches Wedeln, als seine olfaktorischen Untersuchungen ihn in meine Nähe führten, aber sein Kopf blieb unten und auf die Gerüche anderer Hunde konzentriert. In der Pubertät war er mit ernsthaften Aggressionsproblemen gegen andere Hunde in meine Sprechstunde zurückgekommen. Seitdem haben Hunderte Hunde mein Büro betreten und mich ignoriert, ihre Nase auf den Boden gedrückt und sich ihren Weg durch den Raum geschnorchelt, während sie alle Düfte meiner vierbeinigen Klienten einsogen. Egal, ob es Welpen waren, halbwüchsige oder erwachsene Hunde – das zwanghafte Schnüffeln schien immer mit einer Sache einherzugehen: schwere Aggression gegen andere Hunde.

Als Willie so umherschnüffelte, seine Nase ins Gras gedrückt, fiel mir auf, dass ich die Luft angehalten hatte. Ich zwang mich zu ein paar tiefen Atemzügen und wartete, dass Willie mit dem Schnüffeln fertig werden würde. Er machte weiter. Ich wartete. Die in seine Nase hinein- und wieder herausgezwungene Luft machte ein so lautes Geräusch, dass es sich anhörte wie ein Blasebalg. Irgendwann war es Zeit, in die Praxis hineinzugehen. Ich rief seinen Namen. Keine Reaktion, noch nicht einmal ein Ohrenzucken. Ich hockte mich hin und hielt ein Leckerchen drei Zentimeter vor seine Nase. Nichts. Willie sog weiter die Hundegerüche ein wie ein durstiger Elefant ein Wasserloch. Nach ein paar weiteren Versuchen, ihn hineinzulocken, hob ich ihn schließlich hoch und trug ihn hinein.

Ein Blick auf die Sprechstundenhilfen am Empfang, und Willie zerschmolz zu Pudding. Mit leuchtenden Augen schleckte er Gesichter ab, wedelte mit seinem gesamten Körper und verzauberte alle mit seinem Charme. Über seine Impfung macht er sich keinerlei Gedanken – er war zu beschäftigt damit, dem Tierarzt Küsschen ins Gesicht zu geben. Willie wedelte freudig, als der Tierarzt seine Zähne untersuchte. Überhaupt wand er sich mit fröhlichen Schlenkern und glückstrahlendem Gesicht durch die ganze Untersuchung. Als wir fertig waren, meinte der Tierarzt, was für ein toller Welpe er doch sei.

Ich ließ ihn auf den Boden herunter, seine Welpenleine baumelte um seine übergroßen Pfoten herum.

Willie und ich lächelten uns bis zum Wartezimmer durch. Dann entdeckten wir – oh Horror! – einen Bichon Frisé-Welpen, der wie ein körperloser Kaninchenschwanz auf dem Linoleumboden saß. Ein Bichon-Welpe ist wirklich winzig und ungefähr so einschüchternd wie ein Klecks Schlagsahne. Außer, man ist Willie. Alle Fröhlichkeit war verflogen, sein Körper wurde steif, sein Fang schnappte zu und er wich zurück, als ob er ein Monster gesehen hätte. Ich sah einen hinreißenden Flauschball reiner Niedlichkeit. Er sah Godzilla. „Willie, Willie!" sagte ich fröhlich in dem Versuch, ihn aufzumuntern und ihm zu zeigen, dass es nichts gab, wovor er sich fürchten musste. Er tauchte unter einen Stuhl ab und begann zu knurren. Ich atmete ein paar Mal tief durch, hievte ihn hervor und brachte ihn ins Auto.

Es mag befremdlich erscheinen, wenn man sich Sorgen um das Verhalten eines acht Wochen alten Welpen macht, aber Tierverhaltensspezialisten wissen, dass auch schon sehr junge Welpen Verhaltensweisen zeigen können, die auf spätere ernste Probleme hindeuten. Ihr Welpe hat die Fernbedienung zerkaut? Machen Sie sich nichts daraus, das ist normal für einen Hund im „Krabbelalter", der alles ins Maul nehmen möchte. Man rechnet damit, man geht damit um und es geht vorbei. Aber wenn ein acht Wochen alter Welpe sich steif macht und ein Knurren loslässt, das so bedrohlich klingt wie direkt aus einem Horrorfilm, während er ein Stück Popcorn bewacht? Das ist nicht typisch und sagt ernsthafte Schwierigkeiten voraus, falls man nicht sofort etwas dagegen unternimmt. Höchste Zeit, einen Trainer oder Verhaltensspezialisten anzurufen – oder vielleicht Stephen King mit einem Vorschlag fürs Drehbuch.

Das Problem bei Willie war nicht nur, was er tat, sondern das Alter, in dem er es tat. Sein Verhalten replizierte das erwachsener Hunde, deren extreme Angst vor anderen Hunden sich in zähnebleckende, starräugige Aggression weiterentwickelt hatte. Erwachsenenverhalten bei Welpen ist selten eine gute Sache, aber es kommt vor. „Welpen des Zorns" nenne ich sie: Hunde, die wie die glasäugig blickenden Kinder aus Horrorfilmen im einen Moment liebenswert und im nächsten furchterregend sein können. Babys sollten sich einfach nicht benehmen wie aggressive Erwachsene, und wenn sie es doch tun, friert es einen bis ins Mark.

Einmal wurde ich gebeten, einen Wurf sieben Wochen alter Labradorwelpen zu begutachten und war geschockt von ihren Reaktionen, als ich sie sanft auf ihre Rücken drehte. Normalerweise winden sich die Welpen ein bisschen und beruhigen sich dann, vielleicht kneifen sie einem auch mit leuchten Augen und fröhlichen Gesichtern in die Hände. Manche werden auch ganz nachgiebig weich und ruhig, während ihre Augen vor Unschuld geradezu überfließen. Vier der Welpen aus diesem Wurf kämpften jedoch, als ob ihr Leben davon abhängen würde, dann wurden sie ganz steif, während ihre Augen sich in kalte, blitzende Glasmurmeln verwandelten, die mich direkt anstarrten. Ich glaube, wenn sie ein Gewehr gehabt hätten, hätten sie es benutzt. Zwei von ihnen versuchten, auf meinen Schoß zu springen und in mein Gesicht zu beißen, wobei sie knurrten. Oh je. Ich verfolgte ihre weitere Entwicklung und erfuhr, dass drei von ihnen als junge Erwachsene eingeschläfert worden waren, weil sie so viele Menschen gebissen hatten.

Mit Fällen wie diesen im Kopf rief ich Willies Züchterin an, sobald wir zuhause waren, um sie zu fragen, ob in der Vergangenheit vielleicht irgendetwas vorgefallen war, das sein Verhalten erklären könnte. Aber sie konnte sich an nichts erinnern, das Willies Reaktion gegenüber anderen Hunden erklären konnte. Seine Eltern hatten beide ein gutes Wesen, Willie hatte schön mit seinen Wurfgeschwistern gespielt und sie war sich keines traumatisierenden Zwischenfalls mit anderen Hunden bewusst. Willie hatte vorsichtig gewirkt, als er zum ersten Mal meine anderen Hunde traf, aber er hatte sich schnell in ihrer Gegenwart wohlgefühlt. Lassie hatte begonnen, ihm Seilzerrspiele beizubringen. Sein Verhalten in der Tierarztpraxis war unerklärlich. Was konnte nur passiert sein, dass ein wibbeliger, fröhlich dreinschauender Welpe in Anwesenheit fremder Hunde plötzlich zum in Angst und Schrecken versetzten Nervenwrack wurde?

Ein paar Tage, nachdem wir in der Tierarztpraxis gewesen waren, brachte eine gute Freundin Comet zu uns herüber, einen sanften Golden Retriever, der für sein Wohlwollen gegenüber Welpen berühmt war. Willie warf einen Blick auf den friedlich dreißig Meter entfernt stehenden Hund und begann zu knurren. Dann fing er an zu bellen, als wäre er ein Polizeihund, der einem Serienmörder gegenüber steht. Er kräuselte die Lefzen über seinen kleinen Welpenzähnen, die wie zackige kleine Dreiecke im Sonnenlicht aufblitzten.

Ich forderte ihn auf, zurückzugehen und wartete, bis er mit dem Bellen und Knurren aufhörte. Dann belohnte ich ihn fürs Stillsein und dafür, dass er sich ein wenig beruhigte.

Als ich an diesem Nachmittag in der Küche an der Spüle stand, machte ich mir Sorgen um Willie und sah dabei aus dem Fenster den Kleibern zu, die um das mit Sonnenblumenkernen gefüllte Vogelfutterhaus herumflatterten. Zum Beobachten von Hundeverhalten ausgebildet zu sein, ist ein zweifelhaftes Vergnügen, denn als Experte sieht man Schwierigkeiten da lauern, wo sie anderen gar nicht auffallen würden. Manche Symptome von Problemverhalten können, genau wie die vieler Krankheiten, gut geheilt werden, wenn man sie früh behandelt, bevor sie richtig hartnäckig werden. Die Erfahrung macht uns Fachleute aber ganz besonders argwöhnisch beim kleinsten Anzeichen für Schwierigkeiten, die sich vielleicht gar nicht zu ernsthaften Problemen entwickeln. Unwissenheit kann wirklich ein Segen sein. Nur weil ein Kind langsamer sprechen lernt, heißt das noch nicht, dass man bei ihm Autismus diagnostizieren wird. Und nur weil ein Welpe Angst vor anderen Hunden hat, heißt das noch nicht, dass er aggressiv werden wird.

Aber er könnte.

Nach dem Abendessen ließ ich versehentlich ein Stück Brokkoli fallen. Es landete zwischen Willie und Pippy, die sich vorstreckte, um es aufzuschlabbern – woraufhin Willie wie der Wachhund eines Schrotthändlers um Mitternacht auf sie losging. Mit blitzenden Augen und nach vorn gezogenen Lefzenwinkeln warf Klein-Willie sich auf sie und forderte damit einen Hund heraus, der sechs Mal größer war als er selbst. Ich weiß nicht, wer überraschter war, Pippy oder ich. Reflexhaft und dank über zwanzigjähriger Übung rief ich mit geschockter Stimme: „WAS machst du da!?“ Ich trat zwischen ihn und Pip und bewegte Willie zurück, indem ich auf ihn zuging. Ich forderte ihn auf, sich hinzusetzen. Während er das tat, gab ich Pip das Futter vom Boden.

Dann gab ich Willie ein paar Leckerchen, während er hinten blieb, damit er lernte, dass gute Dinge passieren, wenn man höflich und geduldig ist, aber nicht, wenn man grob ist und drängelt. Äußerlich war ich ruhig und hatte alles unter Kontrolle – ich hatte mit genau dieser Art von Hundeverhalten so viele Jahre lang zu tun, dass ich nicht innehalten und nachdenken musste, wie ich damit umzugehen hatte. Aber damit umzugehen zu wissen war die eine Sache; zu sehen, dass der Welpe, in den ich mich schon verguckt hatte, ernsthafte Aggressionsprobleme hatte, war eine andere. Das Verhalten eines neun Wochen alten Welpen, der wegen eines Stückchens Brokkoli auf einen erwachsenen Hund losgeht, liegt nicht innerhalb des normalen Entwicklungsspektrums. Bei erwachsenen Hunden ist Ressourcenverteidigung ein häufiges Problem, aber ein Babywelpe, der wegen eines Brockens Gemüse einen erwachsenen Hund angreift, ist wie ein fünfjähriges Kind, das seine Mutter mit dem Schlachtermesser bedroht, weil sie den Fernseher ausgeschaltet hat.

An diesem Abend saß ich auf dem Sofa und sorgte mich um dieses Bündel Problemverhalten, das ich mir da ins Haus geholt hatte. Als ich mich umdrehte, sah ich, wie Willie mich anschaute, sein Gesicht babyhaft weich und erwartungsvoll, sein ganzer Körper ab den Schultern nach hinten wedelnd. Ich stand vom Sofa auf und legte mich neben ihn. Er kuschelte sich an mich und drückte die Seite seines Kopfs an meinen Hals. Ich atmete den Duft von seiner Kopfoberseite ein, so, wie mir eine Freundin einmal erzählt hätte, sie würde den Geruch der Haare ihres Sohnes einatmen, ihn genießen und ihn vermissen, wenn sie beide getrennt seien.

Selbst als kleiner Welpe wollte Willie nichts mehr, als bei mir zu sein und sich an mich zu kuscheln, sein Gesicht gegen meins oder gegen meinen Hals gedrückt. Willies Liebe zu Menschen war genauso extrem wie seine Angst vor allen Hunden, die nicht zu seinem Rudel gehörten. Er liebte alles, was zwei Beine hatte und schien sich außerordentlich zu freuen, dass die Welt eine unendliche Menge von unsereins bereithielt. Wenn Freunde zu Besuch kamen, um Willie zu sehen, hielt er für eine Sekunde inne, während er ihnen beim Aussteigen aus dem Auto zusah, so, als sei er erstaunt darüber, dass noch eine weitere Person aufgetaucht war. Dann schaute er schnell zu mir herüber, als wollte er aufgeregt sagen „Guck mal! Da ist noch einer! Ich habe NOCH EINEN gefunden!“ Als nächstes stürmte er schwanzwedelnd nach vorn und sein ganzer Körper war weich und locker, wenn er uns alle in Welpenverzückung versetzte.

In diesen ersten Wochen kamen viele Besucher auf die Farm, und Willie verzauberte jeden einzelnen von ihnen. Er war der perfekte Botschafter für seine Spezies, eine Goldmine für Public Relations. Er behandelte Menschen so, als wäre jeder einzelne von uns das schönste Geschenk, das er sich vorstellen konnte, in einem Schleifchenpaket verpackt nur für ihn. Abends legte er sich immer neben mich, schmiegte sich eng an mein Herz und leckte mein Gesicht mit seinem Welpenatem, der eine gewisse Stinktiernote hatte. Ich vergaß seine Ängste und meine eigenen Sorgen. Meine Augen fielen zu, wenn das Licht schwächer wurde und die Walddrosseln aus den Eichen hinter dem Haus ihre Flötenlieder zur guten Nacht sangen.

Kapitel vier

Am Morgen, nachdem Willie und ich beim Tierarzt gewesen waren, kam Lassie herüber auf meine Bettseite, streckte sich über die Kante und leckte meine Hand. Ich streichelte ihr Gesicht, während der Sonnenaufgang den Raum erhellte und drehte mich um, um mich neben Jim einzukuscheln, der leise neben mir schnarchte. Wir waren jetzt seit sechs Jahren zusammen, aber er hatte seine Eigentumswohnung in Madison behalten und kam an den Wochenenden heraus auf die Farm. Die altersschwache Pippy Tay schlief fest, klopfte aber mit ihrem Schwanz auf den Boden und öffnete ihre Augen, als ich sie mit ihrem Namen ansprach. Nach ein paar Minuten stand sie von ihrem Hundebett auf und ich packte die kleinen Kotfladen, die sie in der Nacht abgesetzt hatte, in Papiertücher, die ich neben dem Bett aufzubewahren gelernt hatte. Jim half ihr die Treppe hinunter. Er unterstützte ihre Hinterhand und gab ihr Halt, während sie die enge und steile Treppe hinunterstieg. Ich trottete hinter ihnen her, um Tulip auf ihrem Wachposten im Wohnzimmer zu begrüßen und Klein Willie aus seiner Box herauszulassen.

Ich konnte es schon auf halbem Weg die Treppe hinunter riechen, aber der beißende Gestank von Durchfall bereitete mich trotzdem nicht auf das vor, was ich sah, als ich um die Ecke in Willies Zimmer kam. „Scheiße!“, sagte ich, ohne mir der Ironie bewusst zu sein. Dieselbe war überall, stinkende braune Brühe bedeckte das Innere von Willies Box, Willie selbst und sogar ein paar Bücher im Regal dahinter.

Ich hatte nicht geahnt, dass dieser Welpe, der mein Herz gestohlen hatte, mit mehr seelischem Gepäck belastet war als ein ausgehungerter und geschlagener Hund aus einer kommerziellen Welpenfarm. Außer seiner Riesenangst vor fremden Hunden hatte er auch noch explosionsartigen Durchfall, den er waagerecht durch das Gitter seiner Box versprühte. Niemand konnte sagen, warum, obwohl ich ihn zur Untersuchung des Verdauungstrakts zu meinem Tierarzt brachte, und, als der nichts fand, zu Veterinären, die nach traditioneller chinesischer Medizin oder Homöopathie arbeiteten. Ich las alles, was ich zu Fütterung und Darmgesundheit finden konnte. Ich kochte sein Futter selbst und versuchte verzweifelt, irgendetwas zu finden, das keinen Magen-Darm-Tsunami bei ihm auslöste. Nichts schien zu helfen. Fast jeder Morgen meines neuen Lebens mit Will begann damit, dass ich auf Händen und Knien flüssige Scheiße aufputzte. Nach ein paar Tagen gewöhnte ich mir an, seine Box in ins Bad zu bringen, um sie dort in der Wanne auszuspülen. Trotz Zeitungen, Plastikfolien und Decken verbrachte ich Stunden auf dem Fußboden kniend damit, die Fugen zwischen den Holzdielen sauberzumachen.

Aber sobald er geschrubbt und wieder sauber war, kam er zu mir, um sich anzukuscheln wie ein Känguruhjunges, das seiner Mutter in den Beutel springt. Er drückte sein Köpfchen an meinen Hals und gähnte zufrieden. Ich lag neben ihm, streichelte sein samtenes Bäuchlein, schloss meine Augen und vergaß den Durchfall und die Tierarztbesuche und die Arzneirechnungen, die sich auf der Anrichte stapelten.

Nach ein paar Wochen auf der Farm hatte Will eine für sein Alter erstaunliche Menge an Dingen gelernt. Er konnte „Sitz“ und „Platz“ auf das leiseste Signal hin und lernte „Bleib“. Er war geradezu unwahrscheinlich gehorsam und kam jedes Mal, wenn ich ihn rief, selbst dann, wenn er abgelenkt war – ein Verhalten, dass man ansonsten mit Recht erst nach vielen Monaten Training von einem Hund erwarten darf. Er spielte jeden Abend Seilzerren mit Lassie, und wenn sie müde wurde und Jim und ich keine Zeit hatten, spielte er eben mit sich selbst, indem er sein leuchtend rotes Spielzeug in die Luft schleuderte und es wieder auffing.

Jetzt, wo er sich in seinem neuen Zuhause eingewöhnt hatte, war es Zeit, Willie zu sozialisieren und ihn mit den Gerüchen, Anblicken und Geräuschen des Lebens außerhalb der Farm bekannt zu machen. Das Landleben mag seine Geheimnisse und Abenteuer bergen wie unter Büschen verschwindende Streifenhörnchen oder in den Kiefern zeternde Krähen, aber Willie musste nun in die Stadt und Straßenverkehr hören, Kinder treffen und sich an andere Hunde gewöhnen. Ich fuhr mit ihm in ein Stadtviertel, das ich gut kannte und das mit wenig Verkehr relativ ruhig war. Einen halben Block entfernt spielte eine giggelnde Schar Kleinkinder und es waren keine freilaufenden Hunde unterwegs, die ihm hätten Angst machen können. Willie sprang zunächst unbekümmert aus dem Auto, steckte dann aber sofort seine Nase ins Gras und begann den Duftmarken fremder Hunde genauso zwanghaft nachzuschnüffeln, wie er es in der Tierarztpraxis getan hatte. Dann erschien plötzlich wie aus dem Nichts ein Buick, aus dessen Bassboxen ein Rap dröhnte, gegen den Thors Donnerschläge nichts gewesen wären, und Willies zwanghaftes Schnüffeln ging in haltlose Panik über.

Mit weit aufgerissenen Augen versuchte er, dem Lärm zu entkommen – er kämpfte gegen die Leine, die ihn zurückhielt und bockte wie ein mit dem Lasso gefangener Mustang, bis ich es zu ihm hin schaffte. Ich brachte ihn von der Straße weg, hockte mich neben ihn und säuselte ihm besänftigende Worte zu. Als er sich beruhigt hatte, versuchten wir, weiter den Bürgersteig entlang zu gehen. Aber wir kamen nicht sehr weit. Willie wechselte zwischen dem Einatmen von Hundegerüchen, als hinge sein Leben davon ab, und blanker Panik, wenn er neue Geräusche wie die eines Autos oder sogar Stimmen weit entfernt spielender Kinder hörte.

Nach wenigen Tagen war klar, dass Willie geräuschempfindlicher war als jeder Hund, mit dem ich je in all meinen Jahren als Trainerin für Problemverhalten gearbeitet hatte. Außerhalb der Farm machten ihm sogar leise Geräusche Angst. Er fürchtete sich so sehr, dass ich ihn nicht so sozialisieren konnte, wie ich es bei einem normalen Welpen getan hätte. Unbekannten Geräuschen musste ich ihn viel langsamer und in kleineren Schritten aussetzen, als es sonst der Fall wäre.

Und selbst auf der Farm gab es jede Menge Geräusche, an die er sich noch gewöhnen musste. Die Ruhe auf dem Land ist ein Mythos von Stadtmenschen. Oh ja, es gibt diese Momente gesegneter Stille, aber selbst dann, wenn man bis zu seinem nächsten Nachbarn nicht hinsehen kann, knattern oft Traktoren oder Geländewagen in der Nähe vorbei und liefern die Hintergrundgmusik zum Song eines lärmenden Starenschwarms. Das Leben mit der Natur klingt nicht immer wie eine Bach-Sonate, sondern manchmal eher wie ein Rolling-Stones-Konzert.

Nur kurze Zeit nach unserem Ausflug in die Stadt setzte irgendjemand auf der anderen Seite des Hügels eine Kettensäge in Gang. Gerade noch hatten wir nichts außer dem klagenden Krächzen einiger Krähen aus dem Wald gehört, und im nächsten Moment schien die ganze Farm mit Vollgas zu knurren und zu beben. Willie, der fest auf seiner Decke geschlafen hatte, sprang auf die Füße und bellte, als würden unsichtbare Bomben aus seinem Maul heraus detonieren. Ich ließ das Glas fallen, das ich in der Hand gehalten hatte, und begann zu zittern.

Ich war noch nie tapfer. Meinen ersten Tag im Kindergarten verbrachte ich in eine Ecke gekauert und weigerte mich, wieder herauszukommen. Man bat meine Mutter, mich nicht wiederzubringen. Eine meiner frühesten Erinnerungen ist, dass ich wochenlang nicht schlafen konnte, nachdem man mich in ein Kino mitgenommen hatte, das den Kinderfilm versehentlich mit einem Horrorfilm für Erwachsene vertauscht hatte. Darin kamen riesige Roboter vor, die Menschen aus ihren Häusern zerrten und sie auffraßen, als wären sie Affen, die Engerlinge verspeisen. Meine mitgenommene Mutter zog mich und meine schluchzenden fünf Jahre alten Freundinnen so schnell aus dem Kinosaal, wie sie konnte, aber ich lag noch Wochen danach nachts wach im Bett, starrte auf das Fenster, horchte auf den ruhigen Atem meiner schlafenden Schwester Liza und war mir sicher, dass jeden Moment die Scheibe zersplittern würde und ich von einer Hand in der Größe eines Autos gepackt und durchs Fenster gezogen würde, um anschließend bei lebendigem Leib gefressen zu werden.

Später, als ich neunzehn war, fürchtete ich mich vor den Tagen, an denen mein erster Mann Doug auf Geschäftsreisen außer Haus war. Ich zog die Rollos schon lange vor dem Dunkelwerden herunter, weil mich die schreckliche Vorstellung trieb, dass ich beim Umdrehen plötzlich in ein Gesicht blicken könnte, das mich durch die dunkle Fensterscheibe anstarrte. Ich blieb so lange mit einem Buch auf der Couch sitzen, bis ich mich nicht mehr wachhalten konnte. Ich ließ den alten Schwarzweiß-Fernseher ausgeschaltet, damit ich auch bestimmt nicht überhören konnte, wenn ein Einbrecher den Türknopf zu drehen versuchte. Ich traute mich nicht zu duschen, weil ich mich nackt im Badezimmer verletzlich und hilflos fühlte und wusch mir stattdessen die Haare im Waschbecken. Nach einer gewissen Zeit wurde ich aber auch die Vorstellung nicht mehr los, dass sich jemand in die Wohnung schleichen könnte, während ich so über dem Waschbecken hing, und ließ mein Haar lieber ungewaschen, bis Doug wieder nach Hause kam.

Ich machte mir keine großen Gedanken darum, warum ich so ängstlich war. Damals erschien es mir einfach wie eine meiner Charakterschwächen, von der gleichen Art wie die, wegen derer ich zu dick oder zu mager wurde oder mich nicht zu sprechen traute, wenn Dougs redegewandte, politisch engagierte Freunde zum Abendessen zu uns kamen. Mit Ende zwanzig, Anfang dreißig hatte ich durchaus Gründe, Angst zu haben, war aber inzwischen besser darin geworden, sie unter Kontrolle zu halten oder zumindest zu verstecken. Ich zog die Rollos immer noch vor dem Dunkelwerden herunter, war aber inzwischen in der Lage, im Schlafzimmer anstatt auf der Wohnzimmercouch zu übernachten. Ich duschte auch dann, wenn ich allein im Haus war, ließ aber oft den Duschvorhang einen Spalt weit offen, damit ich die Badezimmertür sehen konnte.

Ich erzählte niemandem davon, dass ich mehrmals am Tag das überdeutliche Gefühl hatte, hinter mir würde ein Mann gehen, der einen Baseballschläger hoch über seinen Kopf erhoben hatte wie ein Golfspieler, der zu einem Dreihundert-Meter-Schlag ausholt. Ich wusste, dass seine nächste Bewegung sein würde, den Baseballschläger auf meinen Kopf zu donnern und ihn wie eine Melone zum Platzen zu bringen. Immer dann, wenn ich die Gegenwart dieses Mannes spürte, sog ich die Luft ein und drehte ruckartig meinem Kopf, um mich umzuschauen. Es war nie jemand da.

Ich hasste es, allein in dunkle Räume zu gehen. Manchmal ließ ich auch tagsüber das Licht an. Manchmal trat ich auch vor eine Tür, die ins Dunkle führte und nahm all meinen Mut zusammen, um mich hineinzustürzen – wie ein Pferd, das zu schnell auf einen Sprung zugaloppiert, vor dem es Angst hat. Sobald ich den Lichtschalter angeknipst hatte, schaute ich ängstlich auf den Duschvorhang oder die Schranktür, ob sich niemand dahinter versteckte.

All das wurde einfacher für mich, als ich Jahre später Luke hatte, Willies Onkel. Ich weiß nicht mehr, ob er selbst die Initiative ergriffen hatte, in dunkle Räume vorauszugehen oder ob ich ihn anfangs darum gebeten hatte, aber jedenfalls begann ich mich auf ihn als Vorhut zu verlassen, besonders, wenn ich nachts in den Stall musste. Es war ein typischer alter Milchviehstall, in dem es selbst dann noch jede Menge dunkler Winkel gab, wenn das Licht angeknipst war. Alte Arbeitsgeräte und Zaunmaterial stapelten sich in den Ecken und gaben das perfekte Versteck für jemanden ab, der dort warten und mir auflauern konnte. Der natürliche Lebensraum von Serienmördern. Von der Sorte mit Messer. Wenn ich an schlechten Tagen erst im Dunkeln nach Hause kam, ließ ich die Stallarbeit bei den Schafen aus, weil ich selbst mit Taschenlampe zu viel Angst hatte, das Gebäude zu betreten. Ich schämte mich dann zutiefst dafür, die Herde bis zum Hellwerden am nächsten Morgen im Stich zu lassen.

Aber alles wurde anders, sobald ich Luke hatte. Ich öffnete die alte Holztür und trat einen Schritt zurück, weg von der Dunkelheit. Luke lief hinein, und nach ein paar Augenblicken der Stille wusste ich, dass drinnen nichts war. Keine Monster unter dem Bett und keine gefährlichen Männer, die sich hinter Bauholz und Stacheldrahtrollen versteckten. Ich war immer noch nicht gerne im Stall, wenn es dunkel war, und beeilte mich, so schnell es ging wieder herauszukommen, aber zumindest konnte ich jetzt hineingehen und tun, was zu tun war.

Aber Willie war nicht Luke. Er hatte seine eigenen Monster. Anstatt mir zu helfen, mich sicherer zu fühlen, verschlimmerte er meine Angst. Willie konnte schneller aus totengleichem Schlaf aufspringen, als Ihr Gehirn das Wort „Schreck" verarbeiten kann. Schlief er im einen Moment noch fest, etwa abends gegen meine Schulter gekuschelt, so sprang er im nächsten auf die Beine und bellte BARRR-BARR-BARR, wobei er mit seinen Krallen meine Wangen kratzte.

Jedes Mal, wenn Willie zum Bellen aufsprang – oft auf ein Geräusch hin, das ich noch nicht einmal gehört hatte – schrak auch ich auf und schaute mich panisch um. Mit klopfendem Herzen und manchmal Übelkeit vor Angst zwang ich mich selbst, innezuhalten und Luft zu holen. „Beruhig dich, Willie", sagte ich. *Beruhig dich, Trisha,* dachte ich. Ich ließ bewusst meinen Körper locker und atmete tief, wie ich es auch bei den Hunden meiner Kunden machte. Ich tat alles, was ich konnte, um uns beiden entspannen zu helfen. Aber Willie brach fünf bis zehn Mal pro Abend aus schönster Ruhe in voll aufgedrehtes Bellen aus. Auch wenn es mich tröstete, wenn wir uns auf dem Wohnzimmerboden zusammenkuschelten, so begannen seine unvorhersehbaren Ausbrüche doch langsam an mir zu zehren. Ich fühlte mich allmählich, als würde ich in einem Kriegsgebiet leben und als seien Sprengsätze auf den Wohnzimmermöbeln verteilt. Es war für mich schon immer eine Herausforderung gewesen, mit meinen Ängsten zurechtzukommen, aber jetzt lebte ich mit jemandem zusammen, der sie schlimmer machte.

Aber dann kam Willie wieder herüber und leckte mein Gesicht. Er ließ ein Spielzeug in meinen Schoß fallen und sein Gesicht leuchtete vor Freude und Liebe heller als eine Neonreklame. Wie zwei Kinder spielten wir zusammen im Hinterhof, bis das Tageslicht schwand und der Mond hinter dem Hügel aufging.

Kapitel fünf

Als ich fünf war, fragte mich jemand, was ich denn werden wolle, wenn ich erwachsen bin. Der Überlieferung nach war meine Antwort: „Ich werde einen Farmer heiraten." Man könnte argumentieren, dass sich hier schon meine spätere Vorliebe für die Outdoor-Typen unter den Männern ankündigte, aber wahrscheinlicher ist, dass es meine Tierliebe widerspiegelte und die Annahme – die zu jener Zeit durchaus vernünftig war – dass die einzige Möglichkeit, sich mit Tieren zu umgeben, darin bestand, jemanden zu heiraten, der viele davon besaß. Im Arizona der frühen Fünfziger Jahre hatten Frauen Kinder, machten Betten und Thunfischauflauf. Männer hatten Karrieren, machten Hypothekengeschäfte und bauten Einkaufszentren.

Mein Vater, ein zutiefst konservativer Banker, glaubte die meiste Zeit seines Lebens, dass Frauen in der Männerwelt nichts zu suchen hätten. Als ich eines abends mit meinen Eltern und meinen beiden älteren Schwestern beim Essen saß, erklärte er uns ausführlich, dass Frauen deshalb nie Stellen mit Führungsverantwortung in einer Bank besetzen könnten, weil man sich nicht auf ihre Entscheidungsfähigkeit verlassen könne.

„Das liegt an ihrer Regel", konstatierte er, während wir um den neuen Teakholztisch herum saßen, der mit seiner Gehaltserhöhung von der Bank bezahlt worden war. „Frauen können Sekretärinnen und Lehrerinnen werden. Das sind perfekte Berufe für sie. Frauen versorgen und unterstützen andere, und in solchen Positionen sind sie nicht gezwungen, sich durchsetzen oder schwierige Entscheidungen treffen zu müssen."

Vielleicht war das einer der Gründe dafür, warum ich meine Sammlung aus zweiundfünfzig Plüschtieren – der große Pandabär, der schlaksige, langohrige Hund – jeden Nachmittag im Klassenzimmerstil hinsetzte, mich mit einer Miniaturtafel vor sie hinstellte und vor ihnen dozierte, wie man „Katze" und „Hund" buchstabierte.

Es besteht kein Zweifel daran, dass mein Vater seine Familie liebte und sich täglich darum kümmerte, uns zu versorgen. Wenn er im Haus war, war er für mich oft unzugänglich, aber im Garten verbrachte er Stunden mit mir. Er zeigte mir, wie ich seine geliebten Rosen so langsam gießen musste, dass ihre Wurzeln die Feuchtigkeit auch aufnehmen konnten. Ich nickte mitfühlend, wenn er beklagte, dass das Wüstenklima das Gedeihen von Lilien unmöglich machte. Er liebte Bücher und gute Literatur. Er führte mich und meine Schwestern zu den Buchregalen in seiner Höhle und suchte immer für jede von uns das richtige Buch zur richtigen Zeit aus. Irgendwann erklärte er mir einmal ehrfurchtsvoll, Bücher seien wie Juwelen in einer Schatztruhe, weil man sie öffnen und mit ihnen an beliebige Orte irgendwo auf der Welt reisen könne, ohne seinen heimischen Sessel zu verlassen.

Er ermunterte uns dazu, die Gedanken anderer zu lesen, aber nicht etwa dazu, unseren eigenen Ausdruck zu verleihen. Als meine älteste Schwester Wendy im Teenageralter war, erklärte sie ihm einmal, dass sie Schriftstellerin werden wolle. „Was solltest du schon zu sagen haben?" schnaubte er verächtlich. Als meine Mutter irgendwann abends aus dem Haus zu gehen begann, um an einem Malkurs teilzunehmen, schritt er stets mit einem Glas Whisky Soda in der Hand und hochgezogenen Augenbrauen unruhig auf und ab, solange sie weg war. Meistens stritten sie, wenn sie zurückkam, und schließlich gab sie den Kurs auf, obwohl sie Kunst liebte und echtes Talent hatte. Meinen Schwestern und mir wurde beigebracht, leise zu sein, wenn Vater von der Arbeit nach Hause kam. Wir sollten ihn nicht ansprechen, nicht in anderen Zimmern lachen und nicht die Diele entlangrennen. „Belästigt Euren Vater nicht. Er hatte einen harten Tag." Ruhe war in meiner Familie etwas sehr Wichtiges.

Ich war schüchtern und introvertiert. Mein bester Freund war ein Stofftier namens Beauregard, ein unförmiges, orange-beiges Wesen, das so groß war wie ich selbst. Beauregard kam überall mit mir hin, er schlief bei mir und hörte sich meine größten Geheimnisse an. Eines Tages warf mein Vater Beauregard aus dem Auto, als wir auf einem unserer seltenen Sommerausflüge einen Highway in Colorado entlangfuhren – als Strafe dafür, dass ich am letzten Rastplatz so eine Szene gemacht hatte: Ich hatte unbedingt aus einem öffentlichen Trinkwasserbrunnen trinken wollen, den meine Mutter für unhygienisch befunden hatte. Ich heulte, kreischte und schrie aus Protest und schniefte im Auto weiter unaufhörlich vor mich hin, als wir weiterfuhren.

Mein Vater, normalerweise ein freundlicher Mensch, packte in einem Anfall von Frustration Beauregard und warf ihn aus dem Fenster. Meine Mutter überredete ihn, umzudrehen und Beauregard wieder aus dem Gras des Straßenrandes aufzusammeln, in dem er lag.

Nach der ersten Klasse hatte ich die Seiten zu echten Tieren gewechselt. Unsere Terriermischlingshündin Fudge wurde meine engste Vertraute, aber meine große Leidenschaft gehörte den Pferden. Allein ihr Anblick machte mich glücklich. Ich bettelte meine Eltern schon an, mich die Ponys auf dem Jahrmarkt reiten zu lassen, als meine Beine noch so kurz waren, dass sie waagerecht vom Sattel abstanden. Meine beste Freundin und ich spielten in den Schulpausen „Pferd", indem wir unsere Turnschuhe wie Hufe warfen, unsere kurzgeschnittenen Haare wie Mähnen schüttelten und über den Schulhof paradierten – zwei ungelenke kleine Mädchen, die in ihrer Fantasie kraftvolle Hengste bändigten. Ich zeichnete ständig Pferde und spezialisierte mich auf die markanten Köpfe von Arabern mit ihrem konkaven Profil und auf die muskulöse Hinterhand von Quarter Horses. Ich sammelte Pferdefiguren und verbrachte ein ganzes Jahr damit, mir selbst beizubringen, wie ich winzige Trensen und Sättel aus Leder für sie anfertigen konnte.

Auch andere Tiere faszinierten mich. Ich hockte stundenlang im Dreck und beobachtete die Ameisen dabei, wie sie auf ihren winzigen Straßen hinter dem Haus unterwegs waren. Ich brachte Fudge bei, über eine Hindernisstange zu springen und Männchen zu machen. Aus dem Naturkundeunterricht in der Schule adoptierte ich eine Tarantula und nannte sie Lady Schick in ironischer Anspielung auf ihre haarigen Beine und einen neuen Rasierapparat gleichen Namens für Damen, der gerade herausgekommen war.

Meine Mutter, eine echte Tiernärrin, unterstützte meine Aktivitäten selbst dann noch, als sie so weit gingen, dass ich Spinnen mit ins Haus brachte. Sie sah, dass ich genauso tierverrückt war wie sie. Sie verstand, warum ich dasaß und den Ameisen zusah und schimpfte nie, wenn ich schmutzig wieder ins Haus kam. Sie bat den Bruder meines Vaters, für mein Reitferiencamp in Montana zu bezahlen, nachdem mein Vater sich geweigert hatte. Als ich noch keinen Führerschein hatte, fuhr sie mich jeden Samstag und Sonntag zum Reitstall und wieder zurück und beklagte sich nie darüber, dass sie dafür im Dunkeln aufstehen musste.

Aber es waren die Hunde, die sie am meisten liebte. Meine Schwestern und ich zogen sie damit auf, dass sie mehr Fotos von Hunden an den Wänden hängen hätte als von uns. Unsere Familie hatte immer Hunde gehabt, von Fudge dem Terriermix bis hin zu den Irish Settern, die Mutter schlussendlich gezüchtet und auf Shows im ganzen Land ausgestellt hatte. Wie viele Kinder es tun, die mit Hunden aufwachsen, lag auch ich auf dem Boden und erzählte Fudge meine Kindheitsgeheimnisse – in dem sicheren Glauben, dass sie mich verstand wie niemand sonst.

Vielleicht ist es deshalb nicht weiter überraschend, dass ich fünfundzwanzig Jahre lang Wissenschaft, Kunst und Empathie dafür einsetzte, „Problemhunden" zu einer Stimme zu verhelfen, zuzuhören, was sie uns zu sagen versuchen und ihnen zu helfen, wieder zusammen mit ihren Familien glücklich zu werden. Willie war ein weiterer dieser Hunde, aber diesmal war es meiner. Und es sah so aus, als ob er eine Menge zu sagen hätte.

Kapitel sechs

Es war ein frischer Herbsttag mit weißen, fluffigen Wolken hinter den Bäumen und leuchtend orangen Laubblättern, die schmetternde Akzente auf das verblassende Grün setzten, als ich zum Stall ging. Pip und Lassie liefen voraus, plüschige Dominosteinchen, die sich elegant durchs Gras schlängelten. Der drei Monate alte Willie blieb stehen, um den schleimigen Kadaver eines Regenwurms zu beschnüffeln. Ich dachte gerade darüber nach, wie viel Futter ich den Schafen geben sollte, als ein Kaninchen aus dem Busch sprang und nur ein paar Zentimeter vor Willie vorbeiflitzte. Er startete zur Verfolgung und seine Hinterbeine überholten wie bei einer Zeichentrickfigur seine Vorderbeine, als er mitzuhalten versuchte.

Mein Haus und mein Stall liegen zu nah an der Straße. Ich beneide immer die Freunde, die ihre Einfahrt in Kilometern anstatt in Metern messen können. Ich lebe ständig in der Angst, dass ich einen Hund an die Straße verlieren könnte und stelle mir das Asphaltband wie ein langes, dünnes Raubtier vor, das nur darauf wartet, ein Mitglied meiner Familie zu schnappen und zu verschlingen. Es gibt zwar nicht viel Verkehr, aber die Autos und Laster donnern vorbei wie Güterzüge, weil die Schwerkraft sie auf der einen Seite einen steilen Hügel herunterzieht und auf der anderen eine unübersichtliche Kurve lauert. Ein großer Teil des Farmlands ist eingezäunt, aber der Hof vor dem Haus und der Fußpfad zum Stall nicht. Anstatt alle Hunde anzuleinen, bis wir auf umzäuntes Gelände kommen, bringe ich unseren Hunden systematisch bei, niemals in die Nähe der Straße zu gehen. Wir gehen nie mit ihnen auch nur in die grobe Richtung spazieren und sie lernen, auf Zuruf sofort stehenzubleiben und zu kommen. Das würde bei noch so gutem Training nicht funktionieren, wenn ich ein Rudel Bluthunde hätte, die zum eigenständigen Arbeiten gezüchtet sind und deren Besitzer nur die Aufgabe hat, ihnen so gut er kann zu folgen. Aber Border Collies sind gezüchtet, sogar dann noch zu hören, wenn sie mit voller Geschwindigkeit fünfhundert Meter weit entfernt rennen. Ihnen eine „Vollbremsung“ beizubringen, kostet zwar ebenfalls Zeit und Mühe, ist aber leicht zu erreichen, wenn man es sich zur Priorität macht. Stadtbewohner finden die Vorstellung eines freilaufenden Hundes abwegig; die meisten Landmenschen können sich das Leben gar nicht anders vorstellen.

Als Lassie noch jünger war, war einmal eins meiner Mutterschafe von zuhause ausgerissen. Nach panischer Suche fand ich es schließlich mehrere Kilometer von der Farm entfernt in einem Wald, hatte aber keine Möglichkeit, es einzufangen. Ich eilte in der Befürchtung, dass es wieder verschwinden könnte, nach Hause und wusste, dass nur die magnetartige Anziehungskraft anderer Schafe in der Lage sein würde, es zu retten. Lassie half mir, ein paar Tiere der Herde eilig über eine Rampe auf meinen Truck zu treiben. Alle Finesse zum Fenster hinauswerfend rief ich nur noch hektisch „Bring sie rauf! Bring sie rauf!" Mit Lassie auf dem Beifahrersitz und den geschockten Schafen auf der Ladefläche fuhren wir einen steilen, holprigen Hügel hoch und ließen die Gruppe neben dem Wald, in dem der Ausreißer zitternd und fluchtbereit stand, von der Ladefläche herunter. Wie ich gehofft hatte, kam das Schaf aus dem Wald heraus und begab sich in die Sicherheit der Herde. Allerdings hatte ich nun sechs Schafe, die kilometerweit von zuhause entfernt auf freiem Feld standen und keine Möglichkeit, sie nach Hause zu bringen: sie konnten zwar vom Truck herunterspringen, aber nicht auf ihn herauf. Die einzige Möglichkeit war, dass Lassie sie etwa einen Kilometer weit zur Scheune des nächsten Nachbarn treiben würde, wo sie über Nacht bleiben könnten, bis ich einen Plan gefasst hatte.

Am nächsten Tag würden Lassie und ich, so hatten wir es uns mit ein paar Freunden ausgedacht, die Schafe über uneingezäunte Wiesen und durch den Wald bis zu etwa einem Kilometer von meiner Farm entfernt treiben. Ab da würden wir die Schafe für den Rest des Weges über die Landstraße lotsen müssen und beschlossen, dass wir mit Autos vor und hinter der kleinen Herde herfahren würden. Wir wählten eine ruhige Tageszeit mit wenig Verkehr aus, stellten unsere Uhren und verabredeten die Zeit, zu der wir uns treffen würden, als handele es sich um ein Militärmanöver. Ich ging voraus und Lassie hielt die Schafe zwischen sich und mir, als wir sie aus der Scheune des Nachbarn herausbewegten und dann einen Berg hinauf auf eine Wiese zu, wieder bergab durch ein Stück Wald auf die Straße zu steuerten. Als wir die Straße erreichten, waren wir noch keine zwei Kilometer weit gegangen, aber vor lauter Angst, die nervösen Schafe zu verlieren, war ich bereits fix und fertig. Als wir den steilen Berg in Richtung der Straße herunterkamen, rief ich mit klopfendem Herzen die Fahrer in den Begleitfahrzeugen an. Sie warteten schon zu beiden Seiten des Weges, der auf die Straße mündete. Lassie geleitete die Schafe auf den schwarzen Asphalt zwischen die Begleitautos und wir bewegten uns wie ein Viehtrieb aus einem Western mit leuchtenden Warnblinkern langsam voran.

Die fünfzehn oder zwanzig Minuten auf der Straße bis zum Ziel fühlten sich wie eine Ewigkeit an. Ich hatte vorher nicht bedacht, wie es sein würde, meine Hündin mitten auf der Straße laufen zu sehen – gewissermaßen nackt zwischen den Kiefern des Ungeheuers, vor dem ich sie so viele Jahre lang beschützt hatte. Als wir es endlich bis zur Farm geschafft hatten, waren meine Knie butterweich. Falls sich noch einmal ein Schaf unerlaubt von der Farm entfernt, werde ich an Ort und Stelle eine Verladerampe bauen. Wir waren an diesem Tag gerade noch einmal davongekommen, aber die Straße lauert weiterhin wie eine fette schwarze Schlange auf uns.

Willie war, was sein Training betraf, dem Lehrplan schon weit voraus: Er blieb stets ungewöhnlich dicht bei mir und kam, wenn ich ihn rief, aber als das Kaninchen aus dem Gehölz geschossen kam, setzte er ihm in Blitzgeschwindigkeit nach – in Richtung Straße.

Reflexhaft schrie ich: „WILLIE!“ Er stoppte schlitternd im gleichen Moment, faltete seinen Körper zu einer Bretzel und kam zu mir zurück gerannt. Ich lief weiter von ihm weg, um ihn zu motivieren, mich anstelle des Kaninchens zu jagen. Als er mich einholte, ließ ich mich auf den Boden fallen und sang begeisterte Lobeshymnen auf seine Großtat: „Guter Junge! Was für ein guter Junge!“

Willies Gehorsam lag außerhalb aller Maßstäbe. Ich brauchte seinen Namen nur zu flüstern, damit er seinen Kopf zu mir drehte, um auf weitere Anweisungen zu warten. Wenn ich leise „Ah-ah“ sagte, hörte er sofort auf, am Tischbein zu nagen oder auf die Anrichte zu springen. Irgendjemand hat einmal gesagt: „Unsere Fehler sind die Überschreitungen unserer Tugenden.“ Wie wahr das ist, und wie gut Willie es veranschaulichte! Auf ein leises Wort von mir warf er sich herum, aber er sprang vor Schreck einen halben Meter hoch, wenn ich aus Versehen etwas auf den Boden fallen ließ. Er liebte Menschen über alles, aber reagierte auf ihm unbekannte Hunde so, als ob sie Zombies wären, die sich ihm mit bluttropfenden Mäulern näherten.

Irgendetwas hatte Willie mit der Einstellung MAXIMAL in die Welt hinausgeschickt, wie ein Mixer, der auf höchster Stufe läuft. Ihn großzuziehen war wunderbar und furchtbar zugleich. Unter seiner Verrücktheit – seiner extremen Reaktion auf fremde Hunde, seiner Geräuschphobie und seinem desaströsen Verdauungssystem – lebte, so war ich mir sicher, der Hund, den wir alle uns wünschen: Vor Liebe und Loyalität nur so überschäumend und mit einem Gesicht, das funkelt, wenn man nach Hause kommt. Aber Willie hatte ein verzweifeltes Bedürfnis nach Sicherheit.

Das Dumme war – ich auch.

Kapitel sieben

Als ich ein junger Teenager war, 1964, fand ich mein zweites Zuhause im örtlichen Reitstall, wo meine Träume vom Arbeiten mit Tieren wahr wurden. Bonus: Es gab dort Cowboys.

Zu diesem Stall mit angeschlossenem Hotelbetrieb in Scottsdale, Arizona kamen Touristen wegen des warmen Klimas und des Ambientes von Cowboyhüten und Pferden. Wir nannten sie „Easterners", „Ostler", wobei wir Chicago als westliche Vorstadt von New York betrachteten. Karl, der leitende Pferdebursche, duldete mich und die anderen dort arbeitenden Mädels. Gerne zog er uns auf, wenn wir Mist aus den Boxen gabelten oder die schimmernden Flanken der Pferde striegelten. Karl war für die Mädchen und mich ebenso sehr Gesprächsthema wie die Pferde. Er hatte einmal in einer Marlboro-Werbung mitgespielt, oder zumindest erzählte er uns das. Wir wussten nie ganz genau, welche Rolle er dabei eigentlich gehabt hatte, aber mit seinem markanten Gesicht und der wettergebräunten Haut hätte er durchaus der Marlboro-Man sein können.

Der zweite Pferdebursche hieß Bud. Er war so mager und karg wie das Trockengrasland, aus dem er kam und sprach niemals viel. Als Bud eines Tages zwei junge Pferde einfahren wollte, geriet eins von ihnen in Panik und rannte mit weit aufgerissenen Augen in Richtung Stall los. Die Szene wirkte wie direkt aus einem altmodischen Western geschnitten – die Pferde donnerten mit wehenden Mähnen den Weg entlang, der Wagen schleuderte auf zwei Rädern um die Ecke und die Fahrleinen flatterten, während Bud die Kontrolle zurückzubekommen versuchte. Was er nicht schaffte – und der Wagen krachte gegen eine Pappel. Es hörte sich an, als würde eine Bombe detonieren. Als der Staub sich legte, sahen wir, dass die Pferde sich nicht verletzt hatten, aber Buds Arm wie Hackfleisch aussah. Die beiden anderen Cowboys fanden das lustig. Karl hänselte Bud, weil er die Kontrolle über die Pferde verloren hatte; Bud grinste, schob seinen Hut zurecht und verband sich seinen Arm.

Nachdem ich ein paar Jahre lang Heuballen gestemmt und Pferde für die Gäste gesattelt hatte, durfte ich irgendwann als Rittbegleiterin mit auf die Ausritte kommen. Ich ritt am Ende der Gruppe und behielt die Greenhorns zwischen mir und Karl oder Bud im Auge. Mir stets der Möglichkeit bewusst, dass die Gäste von ihren Reittieren stürzen könnten, trabte ich neben die Blonde mit Türkis-Halskette aus Detroit oder neben den Rotschopf aus Chicago mit seinen brandneuen Hirschleder-Chaps und zwitscherte ihnen enthusiastisch etwas über den geraden Sitz im Sattel zu.

Karl und Bud waren meine Helden und die Stars meiner nächtlichen Jugendträume, in denen ich die beiden mit meinem Pferdeverstand, meiner Reife, meiner wuscheligen Haarmähne und meiner glimmenden Schönheit beeindruckte. Ich gab nichts darauf, dass in meinem wasserstoffblonden Haar oft die dunklen Wurzeln durchschienen, dass ich mager und flachbusig war und nicht einmal dann geglimmt hätte, wenn man mich angezündet hätte. Aber ich entdeckte langsam meine eigene Sexualität, verbrachte meine Wochenenden mit meinen Beinen um muskulöse Pferdekörper geschlungen und mit einem zunehmend von Karls gebräunten Unterarmen und Buds blauen Augen abgelenkten Verstand.

Aber letztlich waren es die Pferde, die mich während meiner gesamten Highschool-Zeit jedes Wochenende zum Stall hinaus zogen. Während die anderen Schüler Footballspiele oder Sportclubtreffen besuchten, war ich in jeder freien Minute am Stall. Ich liebte die großen, gefühlvollen Augen der Pferde, ihre geschwungenen Hälse, ihre samtigen Nüstern und breiten, flachen Wangenknochen. Ich liebte die Geräusche, die sie machten – den synkopierten Rhythmus ihrer Hufe auf dem Lehmboden, den schnaubenden Atem oder die Protestquietscher zwischen zwei zickigen Stuten. Ich liebte ihren Geruch, der so kräftig, scharf und ganz und gar lebendig war.

Natürlich liebte ich es auch, sie zu reiten, und wollte gerne toll darin sein. Was ich nicht war. Ich war zwar gut und gelegentlich sogar sehr gut, aber ich war zu vorsichtig und zu ängstlich, um zu der Ausnahmereiterin zu werden, die ich gerne gewesen wäre. Mein von Haus aus mangelnder Mut sorgte dafür, dass ich Risiken aus dem Weg ging. Wenn keine Erwachsenen in der Nähe waren, die uns davon hätten abhalten können, ritten wir gerne Rennen auf offenen Geländeflächen, auf denen keine Kakteen oder Büsche wuchsen. Sobald wir am Rand der Ebene ankamen, warfen wir uns gegenseitig Blicke zu wie junge Männer, die nebeneinander in Autos an roten Ampeln stehen. Und als ob eine unsichtbare Ampel auf Grün gesprungen wäre, kauerten wir uns zeitgleich in unsere Sättel, lehnten uns vor und ließen die Pferde rennen.

Jede Gangart fühlt sich anders an. Ein Pferd mit einem weichen Schritt fühlt sich an wie ein Schaukelstuhl. Der Trab stößt und schüttelt, bei einem Pferd mehr als beim anderen. Man muss zuerst lernen, sich im Becken zu entspannen und einen Teil der Stöße damit anstatt mit der Wirbelsäule abzufangen. Der Galopp ist weicher, wenn auch für einen Anfänger alarmierend schnell. Aber nichts ist so, wie ein Pferd zu reiten, das von einem gewöhnlichen Alltagsgalopp in einen echten Renngalopp der Sorte Maximalgeschwindigkeit hochschaltet. Man denkt vorher schon, dass man fliegt und ist schockiert von der Geschwindigkeit, in der die Welt an einem vorbeirast und von der Kraft des Tieres unter sich – aber wenn das Pferd zu laufen, *wirklich* zu laufen beschließt, wird es plötzlich ganz flach unter einem und schiebt seinen Körper nach vorn. Der Sattel mit einem drin sackt plötzlich nach unten ab wie ein Flugzeug, das in ein Luftloch geraten ist. Eins der tollsten Gefühle auf der Welt! Ich liebte den Adrenalinstoß, das Gefühl der unbändigen Freiheit und die Kraft, die der Pferdekörper dabei auf mich übertrug. Aber trotzdem war ich immer die Erste, die sich wieder aufrichtete und ihr Pferd in einen langsameren Galopp bremste, bevor es in ein Kaninchenloch treten oder durchgehen und sich nicht mehr anhalten lassen könnte.

Als Karl und Bud mich eines Tages fragten, ob ich einen jungen Quarter Horse Hengst reiten würde, den sie gekauft hatten und der in lokalen Rennen starten sollte, war mein Wunsch, die beiden beeindrucken zu wollen, stärker als meine Ängste. Sie hatten nicht genug Geld, um einen richtigen Jockey bezahlen zu können. Ob ich – lattendürr und leicht genug, um ein Jockey zu sein – diesen Junghengst reiten würde, der bemuskelt war wie ein Gewichtheber auf Steroiden, zumindest im Training? Ich sagte ja.

Jahrelang hatte ich den Rennsport verfolgt und bittere Tränen geweint, als Tim Tam sich in den Belmont Stakes ein Bein brach. Ich phantasierte davon, als erste Frau das Kentucky Derby zu gewinnen. Das hier war meine Chance – meine kühnsten Träume waren wahr geworden! Wir, ein halbwüchsiges Mädchen und zwei erwachsene Männer, behielten die Sache für uns, wohlwissend, dass weder der Stallbesitzer noch mein Vater gutheißen würden, was wir taten. Letzterer hatte so große Angst vor Pferden, dass er mich selbst dann kein eigenes haben ließ, als mir eins geschenkt mitsamt freier Unterbringung und tierärztlicher Betreuung angeboten wurde. Das hier würde unser kleines Geheimnis sein.

Ein Rennsattel ist ein lächerliches Ding. Er ist nicht dazu gedacht, einen sicher auf einem Pferd zu halten. Er ist vielmehr ganz auf die Physik der Vorwärtsbewegung ausgerichtet und darauf, das Reitergewicht genau dahin zu platzieren, wo das Pferd es braucht, um schnellstmöglich laufen zu können. Die Steigbügel sind so kurz, dass man eigentlich auf dem Pferd steht und die Knie völlig zusammenfalten muss, um den Pferderücken mit dem Hinterteil berühren zu können. Es fühlt sich an, als würde man tiefstmöglich hockend auf einem Seil balancieren – und das ist noch schön und gut, solange das Pferd nur steht.

Für unsere ersten Trainingsstunden hievte Karl mich in den Sattel und wir vier gingen zusammen zum Stall hinaus: zwei Cowboys mit Dollarzeichen in den Augen, ein Junghengst von der Größe eines Traktors und ein mageres Teeniegirl, das zu feige war, zuzugeben, dass es Angst hatte. Wir gingen zu einem offenen Feld hinter dem Stall. Karl führte das Pferd am Halfter, während ich mich an den Rennsattel zu gewöhnen versuchte.

Nach ein paar Übungsstunden, nach denen ich noch mehr Angst hatte als vorher, sagte ich: „Alles klar!“ Und ja, natürlich könnten wir jetzt auf die Rennbahn gehen und unserem großen, kaum eingerittenen Pferd beibringen, wie man aus einer Startbox heraus startet. Auf dem Weg dahin fragte mich Karl, warum ich so still sei.

Ich zuckte mit meinen zwischen ihm und Bud in der Fahrerkabine eingeklemmten Schultern: „Ich bin bloß aufgeregt.“

Nachdem wir das Pferd ausgeladen hatten, trat Bud seine Camel in den Sand und führte uns zur Umzäunung der Bahn. Als wir an die Startbox kamen, erklärte Karl: „Halt die Zügel gut fest und greif dann mit den Fingern in die Mähne. Wenn er losläuft, musst Du Dich für die ersten Galoppsprünge gut festhalten.“ Ich tat, wie mir geheißen, und schon fanden Mister Riesenross und ich uns in die Startbox verfrachtet – einen beklemmend engen Metallkäfig, dessen Stäbe nur Zentimeter von meinen Knien entfernt waren. Als das Pferd sich zur Seite bewegte, streckte ich reflexhaft meinen Arm aus, um mein Bein vor dem Zerquetschtwerden zu retten.

Ich wollte da raus.

Ich zwang mich zum Ruhigbleiben und konzentrierte mich darauf, meine schraubstockartig um die Zügel geklammerten Finger in die Pferdemähne zu wickeln. Karl und Bud unterhielten sich, aber ich bekam nicht mit, was sie sagten. Es war heiß und der Schweiß begann mir von der Stirn zu tropfen. Ich lehnte mich vor und stemmte meine Füße in die winzigen, unmöglich hoch geschnallten Steigbügel. Bevor ich einen weiteren Atemzug tun konnte, brach plötzlich ein Geräusch los, als würde die Welt untergehen. Das Tor der Startbox sprang auf und Riesenross raste in Panik los. Meine Finger verloren den Halt in der Mähne und ich wurde einen halben Meter weit nach hinten katapultiert, wo ich auf der massiven Pferdekruppe herumhüpfte, aber immer noch die Zügel umklammerte, während wir die Bahn entlang donnerten.

An das, was als Nächstes passierte, erinnere ich mich nur verschwommen – ich sah nur Zaunpfosten und Tribünen verzerrt vorüberfliegen, als würde ich aus dem Fenster eines Rennwagens schauen. Ich versuchte, mich wieder in den Sattel zu ziehen, was ungefähr so war, als würde man auf dem Dach eines fahrenden Zugs entlang laufen. Schließlich merkte ich, dass ich wohl das Ganze zu Ende reiten könnte, wenn ich mich nicht bewegte, die Fäuste wie eingefroren um die Zügel gepackt und die Beine um das Pferdehinterteil geklammert ließ.

Irgendwann wurde Riesenross endlich langsamer und ich stellte fest, dass ich weder sterben noch schwer verletzt werden würde. Aber das Pferd war nicht der einzige von uns, der sich durch das unerwartet losbrechende Startsignal und das Krachen der auffliegenden Boxentür erschreckt hatte. Es hatte getan, was Pferde in Panik nun einmal tun: losrennen. Ich dagegen hatte getan, was vollkommen verängstigte Menschen tun: Ich hatte in die Hose gemacht.

Karl und Bud nahmen uns am Ende der Bahn in Empfang und ich rutschte vom Pferd, das ausgepumpt in Schritt fiel. Es führte kein Weg um meine Erniedrigung herum: Der dunkle Fleck auf meiner Hose macht allzu deutlich, was passiert war.

„Bist du okay?“, fragte Karl.

„Klar“, sagte ich. Wir luden den Hengst in den Hänger und fuhren schweigend zum Stall zurück.

Kapitel acht

Dies war auch das gleiche Jahr, in dem meine Mutter und ich auf Verwandtenbesuch zur Familie meines Onkels nach Texas fuhren. Meine Tante, eine vornehme Südstaaten-Lady aus gut situierter Familie, hatte uns zum Damenlunch in ihrem privaten Club auf dem Land eingeladen. Es gab Sandwiches unterm Sonnenschirm mit Blick auf den Pool und Eistee aus kalten Mattglasgläsern.

Als der Kellner zu uns kam, sagte ich: „Für mich nichts, mir reicht etwas zu trinken." Meiner Tante erklärte ich, dass ich nie zu Mittag essen würde. Oder frühstücken. Dass ich eine Diät machen würde und nur abends eine Kleinigkeit essen würde. Ein paar Häppchen Fleisch. Zehn Erbsen. Keine Kartoffeln.

„Aber Du bist rappeldürr!", stieß sie hervor. Sie hatte Recht. Ich war einsdreiundsiebzig groß und wog unter fünfzig Kilo. Mein Ziel waren siebenundvierzig. Vielleicht würde ich es auch auf fünfundvierzig schaffen.

„Du solltest besser aufpassen mit dem wenig Essen", sagte Tante Pat. „Ich habe gerade erst einen Artikel darüber gelesen, wie Diäten außer Kontrolle geraten können. Man nennt es Magersucht und es kann gefährlich sein."

Meine Mutter und ich lachten. Wir wussten nichts über Magersucht, und trotz der Tatsache, dass mein Verhalten und mein Gewicht klassische Anzeichen für diese Krankheit waren, erschienen uns die Sorgen meiner Tante übertrieben. Zwar ermahnte meine Mutter mich stets, mehr zu essen, aber man kann in einen Teenager nun einmal kein Essen hineinzwingen. Außerdem verstand sie, wie wichtig es war, attraktiv zu sein, und das wünschte ich mir geradezu verzweifelt. Auch sie wünschte sich das für mich.

Meine Mutter war hinreißend, eine atemberaubende Schönheit. Mein Vater traf sie zum ersten Mal, als sie eine Treppe hinunterstieg, um den Sohn eines

Geschäftspartners ihres Vaters zu sehen. Er stand unten, umgeben von einer Schar Freunde. Als einer seiner Kumpel sie die Treppe herunterschweben sah, ließ er sich zu Boden fallen und griff sich ans Herz – eine ihrer Lieblingsanekdoten. Ich war die Tochter, die ihrer Meinung nach am besten dazu geeignet war, diese Tradition fortzuführen. Meine älteste Schwester, die gerne Schriftstellerin werden wollte, wurde als „die Sensible" betrachtet (von meiner Mutter zugeordnete Lieblingsfarbe: blau). Sie war groß und blond und die Sorte schlaksiger Teenager, der später zu einer Schönheit heranwächst, aber während der Pubertät eine dicke Brille trägt und strebsam über Büchern kauert. Die mittlere Schwester (grün) war „die Kluge". Sie war aktiv und gesellig, bei den Lehrern beliebt und bekam gute Noten. Sie spielte in Schultheatergruppen mit und saß in allen möglichen Ausschüssen. Meine Farbe war rot und ich sollte „die Hübsche" sein, die man zum Klamottenkaufen mitnahm und auf eine Modelschule schickte.

Ich war außerdem „die Unkomplizierte"; zumindest behauptete meine Mutter, ich hätte „nie irgendwelche Schwierigkeiten" gemacht. Dabei machte ich vermutlich genauso viele Schwierigkeiten wie jedes andere Kind, aber meine Mutter betrachtete mich als das „gute Mädchen", bei dem man sich darauf verlassen konnte, dass es ruhig blieb und sich nicht beklagte. Viel weniger nobel war mein übergroßes Bedürfnis danach, das Boot ruhig zu halten und das Nasswerden zu vermeiden, wenn die See in der Familie stürmisch wurde.

Meine Eltern stritten sich, und zwar meistens übers Geld. Das Geschrei ging so unberechenbar los wie Sommergewitter in der Wüste, den Argumenten wurden mit zugeschlagenen Türen Nachdruck verliehen und sie wurden von eisernem Schweigen mit zusammengepressten Lippen gefolgt. Mein Vater saß jeden Abend mit zusammengezogenen Augenbrauen in seinem Sessel und umhegte ein Glas dünnen Whisky Sodas. Papa macht sich ständig Sorgen und hatte zutiefst Angst vor Konflikten oder Veränderungen. Einmal half ich ihm, eine Glühbirne in der Diele auszuwechseln, als es unerwartet an der Haustür klingelte. Er stand gerade auf der Leiter und wollte die neue Birne einschrauben. „Oh nein!", sagte er. Er stieg von der Leiter und begann im Kreis herumzugehen. „Da ist jemand an der Tür!", sagte er, als ob es sich um eine so ernste Krise handele, dass er nicht wusste, wie damit umzugehen wäre. Mit der von Teenagern so perfektionierten Herablassung sagte ich:

„Oh, das ist *echt* schrecklich." Ich erinnere mich nicht mehr, wer damals an der Tür war, nur an das aufgeregte Gesicht meines Vaters und seine Panik. Ich wunderte mich zwar, fand aber nie heraus, warum dieser Mann, der mit müheloser Eleganz (so empfanden es seine Freunde) ein großes Unternehmen führte, so ängstlich war.

Manche seiner Sorgen waren nachvollziehbar und drehten sich ums Geld. Die Wirtschaftsdepression hatte ihn hart getroffen, als er Kind war und ich vermute, dass er in dem Glauben groß wurde, der Boden könne ihm jeden beliebigen Moment unter den Füßen weggezogen werden, so, wie es vielen Kollegen und Freunden seines Vaters passiert war. Da half es nicht gerade, dass meine Mutter gern einkaufen ging und Geld für Dinge ausgab, die wir uns seiner Meinung nach kaum leisten konnten. An schlechten Abenden begann mein Vater, befeuert vom Whisky Soda, zu schreien. Nach einem solchen Streit zog sich meine Mutter in sich selbst zurück und das Haus füllte sich für Tage oder Wochen mit Schweigen von der Art, dass die Luft zum Schneiden war.

Als ich fünfzehn wurde, färbte ich meine Haare blond. Ich trug Miniröcke. Zu Weihnachten bekam ich ein Negligée geschenkt. Von meinen Eltern. Irgendeine leise Stimme in mir drin sagte „Das ist nicht richtig", als ich es aus der Schachtel heraushielt, ein lindgrünes durchscheinendes Ding mit falschen Federn daran.

Trotz unserer gemeinsamen Bemühungen betrachtete ich mich selbst als dick und unattraktiv, wie viele Magersüchtige es tun. Zwanghaft schrieb ich täglich auf, was ich aß und ob ich Gewicht verloren hatte. Jedes Kilo weniger war ein Sieg, jeder Bissen ungegessenes Essen ein Triumph. Ich erinnere mich nicht daran, dass ich Hunger hatte, wohl aber daran, dass ich nach Zucker lechzte. In einer Woche probierte ich es einmal mit Bulimie: Ich schüttete Zucker und Zimt auf Dutzende mit Butter bestrichene Brotscheiben und legte sie unter den Grill, bis sie zu dem süßen, knusprigen Geschmack reiner Sünde verschmolzen. Ich verspeiste fast einen ganzen Brotlaib mit einem Mal. Nach ein paar vergeblichen Versuchen, alles wieder in die Toilette zu erbrechen, gab ich auf und kehrte zu der Taktik zurück, fast nichts zu essen.

Meine Mutter sah mir beim Abendessen zu – zehn Erbsen, ein Bissen Fleisch, keine Kartoffeln – und schüttelte den Kopf. Manchmal kam meine älteste

Schwester Wendy, damals Mitte zwanzig, mit ihrem fünfunddreißig Jahre alten Freund Bruce zum Abendessen zu uns. Die beiden lebten in einem Gästehaus, das einmal für meine inzwischen längst verstorbene Großmutter gebaut worden war. Wendy war schwer krank gewesen, woraufhin die beiden von der Ostküste zurückgekehrt waren und ein paar Monate im Gästehaus wohnten, damit sie sich erholen konnte. Als sie ankamen, brachten sie Captain mit, einen die Zunge heraushängenden schwarzen Labrador, den Bruce und ich auf gemeinsame Spaziergänge in die mit Kakteen bestandenen Hügel hinter dem Haus mitzunehmen begannen.

Ich bot mich freiwillig an, mit dem Hund zu gehen, um meinen Eltern und der im Haus herrschenden Spannung zu entkommen. Ich hatte angefangen, auf diesen Spaziergängen heimlich Zigaretten zu rauchen, was mich mager hielt, aber mir mehr zu essen ermöglichte. Bruce, dessen langes, blondes Haar in der Sonne schimmerte, kam trotzdem weiterhin mit uns. Wir gingen zu einem Feldweg, der zwischen den stachligen Feigenkakteen und den Kreosotbüschen die Hügel hinaufführte. Es machte mir nichts aus, dass Bruce mitkam, denn er konnte manchmal ganz witzig sein. Vor allem aber wollte ich draußen in der Wüste und raus aus dem Haus sein.

An einem Frühsommertag musste ich einmal einen neuen Badeanzug kaufen. Ich war noch zu jung, um selbst Auto zu fahren, und aus irgendeinem Grund – Eltern keine Zeit? – wurde Bruce zum Fahrer und Modeberater ernannt. Nachdem ich ein paar Badeanzüge anprobiert und jeweils Daumen hoch oder runter von Bruce signalisiert bekommen hatte, entschied ich mich für einen und wir fuhren grinsend wie Piraten in einem schlechten Film nach Hause. Ich rannte den langen Flur zu meinem Schlafzimmer entlang und zog meinen neuen Badedress an, während Bruce und meine Eltern darauf warteten, dass ich meine neue Errungenschaft vorführen würde. Es war ein Bikini. Und zwar ein winziger.

Im Zimmer wurde es still – bis auf die Spottdrosseln, die aus dem Olivenbaum hinter dem Haus sangen. Ich wirbelte überschwänglich herum, verlangsamte aber meine Drehungen, als mein Vater mit tiefer und leiser Stimme sagte: „Du bringst diesen Badeanzug auf der Stelle zurück." Bruce zwinkerte mir zu, als ich in mein Zimmer zurückging, um ihn auszuziehen.

Er küsste mich ein paar Wochen später. Auf einem der Wüstenspaziergänge drehte er sich plötzlich zu mir und umfasste meinen Kopf mit seinen Händen. Er war groß, stark und glühte vor Leidenschaft wie ein Schürzenjäger in einem kitschigen Erotikfilm. Die einzigen Jungs, die ich bis dahin geküsst hatte, waren eben das gewesen – Jungs – mit ungeschickten Händen, Nasen, die im Weg waren und einem Atem, der nach Kartoffelchips roch. Bruces Kuss war der Kuss eines Mannes und bewirkte, dass mein Herzschlag einen Moment aussetzte. Außerdem fühlte er sich falsch an, schrecklich falsch. Ich schob ihn sofort von mir weg. Nicht von mir wegschieben konnte ich allerdings die Tatsache, dass einen flüchtigen, unfreiwilligen Augenblick lang irgendetwas in mir reagiert hatte, als er mich an seine Brust gezogen hatte. Vielleicht merkte er das, obwohl ich ihm sagte, dass er mich in Ruhe lassen sollte. Vielleicht wusste er es, obwohl ich ihm danach aus dem Weg ging, wo ich nur konnte, nie mehr mit ihm spazieren ging und jeden Blickkontakt vermied. Aber der Schatten seiner Anwesenheit blieb an mir haften, genau wie die Schuld, die ich empfand, weil mein Körper so unmittelbar auf ihn reagiert hatte.

Zur gleichen Zeit wurden die Lektionen meiner Mutter zum Hübschsein komplexer. Ja, gut auszusehen war wichtig, aber es waren auch Gefahren damit verbunden. Mehr als einmal erzählte sie mir die Geschichte, wie ein Handwerker mit einem Teppichmesser in der Hand ein neueres Foto von mir im Elternschlafzimmer bewundert hatte.

„Er schaute dich die ganze Zeit an und hielt dabei dieses Messer in der Hand. Es war furchtbar."

„Ach Mama", sagte ich, „sei doch nicht albern. Er hatte ein Teppichmesser in der Hand, weil er Teppichboden verlegt hat. Und was ist falsch daran, dass er etwas Nettes über das Bild gesagt hat?"

Aber als sie gegangen war, drehte ich mich zu meinem eigenen Portrait um und verspürte ein Schaudern. Als ich aus dem Haus auszog, legte ich das Foto ganz nach hinten in meinen neuen Schrank und holte es Jahrzehnte lang nicht mehr hervor.

Als Bruce ein paar Wochen nach dem Kuss zum ersten Mal in mein Schlafzimmer geschlichen kam, schlief ich fest. Ich wachte im Stockdunkeln auf und spürte, wie sein Gesicht über meinem schwebte. Seine riesige rechte Hand lag auf meinem Bauch. Die Klimaanlage sprang an, als er zu lächeln begann „Schschsch", machte er, während er ganz langsam, beinahe ehrfurchtsvoll, die Bettdecke herunter- und mein Nachthemd heraufschob.

„Was machst du da! Raus hier!", sagte ich.

„Sag kein Wort. Du weckst Deine Eltern auf."

Ihr Schlafzimmer lag direkt neben meinem. Ich versuchte, leise zu sein und zischte ihn wieder an, wegzugehen. „Willst Du wirklich jeden im Haus aufwecken?", antwortete er.

Ich verstummte. Der Gedanke, noch mehr Konflikte in der Familie zu verursachen, war lähmend. Die Streitereien und das Schweigen zwischen meinen Eltern hatten sich verstärkt. In diesem Jahr drehten sich viele Konflikte um Bruce, den meine Mutter überhaupt nicht leiden konnte. Seine schlüpfrigen Witze und seine robusten Trinkgewohnheiten stießen sie, die zur feinen englischen Dame Marke „steife Oberlippe" erzogen worden war, ab. Besonders angespannt war die Lage, weil meine älteste Schwester krank war und wir alle uns Sorgen um sie machten. Würde sie wieder gesund und sich erholen? Ich liebte und bewunderte sie, wie es nur eine kleine Schwester kann, und dachte, es würde sie umbringen, zu erfahren, dass ihr Partner untreu war. Wenn ich den Mund aufmachen würde, würde ich ihr noch mehr Schaden zufügen, und das, wo es ihr doch schon so schlecht ging.

In dieser ersten Nacht ließ er seine Hände auf meinem Körper auf- und abgleiten, während ich bewegungslos gegen die Wand gedrückt lag. Vor Jahren war einmal ein Skorpion aus dem Deckenventilator über meinem Bett gefallen, auf meiner Brust gelandet und dann meinen Hals hinauf auf mein Gesicht geklettert. Ich dachte, wenn ich mich bewegte, würde er mich stechen. Jetzt verspürte ich wieder das gleiche Gefühl der Lähmung, als Bruce mit seinen Händen über meinen Bauch, meine Babybrüste und meine Oberschenkel strich. Ich hatte Angst, auch nur das kleinste Geräusch zu machen, das meine Familie aufwecken könnte.

Er gewöhnte sich an, unvorhersehbar in mein Zimmer zu kommen: In der einen Nacht tauchte er auf, dann zwei oder drei Nächte lang nicht. Nie wusste ich, wann er wieder aufkreuzen würde. Er vergewaltigte mich nicht, sondern schien damit zufrieden zu sein, die Kontrolle über meinen Körper zu übernehmen. Er schien ihn nur ansehen und mit seinen fetten Händen darüberstreichen zu wollen. Er sog die Luft ein, wenn er die Bettdecke wegzog und ich ihn anzischte, dass er aufhören und weggehen sollte. Immer antwortete er: „Nur zu, mach nur, weck sie alle auf." Ich musste mich zwangsweise dazwischen entscheiden, entweder seine Übergriffe zu erdulden oder meiner Schwester das Herz zu brechen.

Ich rollte mich immer an der Wand zusammen, wenn ich seine Schritte den Flur entlangkommen hörte. Vor Abscheu wie eingefroren lag ich da, wenn er mich berührte. Langsam begann mir jede Nacht um die Zeit, um die er meistens kam, schlecht zu werden – mir war speiübel bis in den Magen hinein, als ob ich verdorbenes Fleisch gegessen hätte. Noch heute fühle ich mich oft körperlich krank, wenn ich von sexueller Gewalt höre. Jahrelang musste ich gegen aufkommenden Brechreiz ankämpfen, wenn ich etwas über die Belästigung eines jungen Menschen las.

Die Nächte, in denen er nicht kam, waren fast so schlimm wie die, in denen er es tat. Ich konnte nicht mehr schlafen – der Gedanke, dass er in mein Zimmer käme, wenn ich nicht bei Bewusstsein war, bewirkte, dass ich mich noch verletzlicher fühlte. Ich begann mit mehr Kleidern ins Bett zu gehen, was aber nur bewirkte, dass er länger brauchte, um mir dieselben auszuziehen.

Es ging nicht besonders lange so weiter, weil ich letztlich doch die Kraft aufbrachte und ihn zwang, Farbe zu bekennen. Wenn er nicht aufhörte, sagte ich, würde ich das ganze Haus aufwecken. Ich würde es meinen Eltern sagen, ich würde es meiner Schwester sagen, ich würde schreien und kreischen und das Haus einreißen.

Er kam nie wieder nachts in mein Zimmer und irgendwann wurde auch meine Schwester wieder gesund. Die beiden zogen in eine Wohnung in einer anderen Vorstadt. Aber selbst nach ihrem Wegzug lag ich nachts stundenlang wach, angestrengt horchend, ob keine Schritte den Flur entlangkämen. Ich hatte Angst, sie nicht zu bemerken, wenn ich nicht wach bleiben würde.

Kapitel neun

Eines Morgens, Willie war fünf Monate alt, wachte Pippy nicht auf, während wir anderen alle schon geschäftig im Zimmer herumliefen. Ich ging zu ihr herüber und streichelte ihre Schulter. „Pip? Pippy, Schatz, wach auf." Nichts. Ich sagte wieder etwas, diesmal lauter, und mein Hals schnürte sich zu, als sie nicht reagierte. Ich fürchtete den Tag, an dem sie nicht mehr bei uns sein würde. Pippy war zwar zu ängstlich, um sich gegen die Schafe zu behaupten, aber sie war eine perfekte Mutter für ihre Welpen und ein Kindermädchen für die Welpen anderer.

An all das dachte ich, als ich ihre Schulter massierte und hoffte, dass ich sie noch nicht verloren hätte. Sie war halbblind, größtenteils taub und zunehmend schwach, aber sie schien nicht zu leiden. Das heißt natürlich, wie wollte ich das wissen? Man kann Hunde nicht fragen, wie sie sich fühlen. Sie haben keine Stimme, um uns mitzuteilen, dass ihnen der Bauch wehtut oder sie einen schlechten Tag haben. Alles, was ich was wusste, war, dass sie immer noch ihre Nickerchen in der Sonne zu lieben schien, das Bauchkraulen am Abend und vor allem das Hühnchen- und Lammfleisch, das wir sie fressen ließen … warum auch nicht?

Endlich klopfte Pippy an jenem Morgen sacht mit dem Schwanz auf den Boden und hob den Kopf. Ich half ihr aus ihrem Körbchen und geleitete sie die Treppe hinunter. Sie sammelte sich ein bisschen, wie sie es jeden Tag zu tun schien, fraß ihr Frühstück mit Eifer und legte sich dann zu einem weiteren Nickerchen hin.

So, wie Pippy immer schwächer wurde, ging es mit Willie bergauf. Nach und nach wurden seine Durchfallattacken seltener. Ich lernte, was er fressen konnte und was nicht und fand eine Kombination von Nährstoffergänzungen, die ihm halfen. Auch im Verhalten machte Willie Fortschritte. Eine gute Freundin bot sich an, ihn ein paar Tage bei sich aufzunehmen, während ich auf Lesereise war. Wir machten ihn sorgfältig mit ihren anderen Hunden bekannt, und im Handumdrehen blühte Willie in der Gesellschaft anderer freundlicher Border Collies und vierer liebevoller Menschen auf. Das war ein guter Anfang: Er lernte, dass zumindest manche Hunde außerhalb seines eigenen Rudels ungefährlich waren und flitzte mit ihnen in einem schwarzweißen Streifenwirbel umher.

Als ich wieder zuhause war, begannen wir mit einem strukturierten Konditionierungsprogramm, um ihm bei der Akklimatisierung mit fremden Hunden zu helfen. Ich brachte ihm bei, mich anzuschauen, wenn ich „Schau!" sagte und fragte das dann ab, wenn er die Duftmarken anderer Hunde beschnüffelte. Mein erstes Ziel war, Willie ein automatisches „Schau" beizubringen – immer, wenn er einen anderen Hund sah, sollte er mich von sich aus anschauen, anstatt wie ein Verrückter zu bellen. Wenn er mich anschaute, bekam er ein Leckerchen oder sein Lieblingsspielzeug. Falls ich alles richtig machte, würde er irgendwann den Anblick eines anderen Hundes mit der freudigen Erwartung auf etwas Gutes verknüpfen. Das ist eine Technik, die wir Trainer oft benutzen, aber dieses Mal brauchte ich sie für meinen eigenen Hund.

Willie besserte sich und wurde beim Anblick und Geruch anderer Hunde weniger reaktiv. Er begann sogar Hunde auf Spaziergängen anzuschauen, wenn er sie begrüßen wollte, anstatt mit starrem Blick und langsam und wedelnder Schwanzspitze steif einzufrieren. (Langsames Wedeln bei einem versteiften Hund ist vergleichbar mit dem zuckenden Schwanz eines Löwen, der sich an eine Antilope anschleicht.) Jetzt wedelte er manchmal sogar mit lockerem Körper und geöffnetem Maul von den Schultern an nach hinten, als würde er sich freuen, einen anderen Hund zu sehen. Allerdings ließ ich ihn nicht auf Hunde treffen, die ich nicht kannte. Das war viel zu riskant, weil ich deren Verhalten nicht vorhersagen konnte. Wir begannen mit parallelem Gehen zu Hunden, deren sozialen Fähigkeiten ich vertraute – zuerst mit fünf Metern Abstand, dann drei, dann einem. Nach und nach begann er sich wohlzufühlen, wenn die beiden Seite an Seite die Straßen unserer Heimatstadt Black Earth entlang trotteten.

Auf diesen Ausflügen schloss Willie seine ersten neuen Freundschaften: Mit Ashby, einer fröhlichen kleinen Springer Spaniel Hündin, und Sydney, einem erwachsenen Australian Shepherd, der es liebte, mit Willie über die obere, auf das Farmhaus herunterblickende Wiese zu rennen. Außerdem begann Willie eine Kumpelaffäre mit Brody, einem Cavalier King Charles Spaniel, der jederzeit ins Haus kommen durfte, ohne dass er etwas dagegen einzuwenden hatte. Sie spielten Ringkämpfchen auf dem Wohnzimmerboden und verzauberten dabei uns Zuschauer.

Trotzdem blieb sein Kreis von Hundefreunden klein. Eines Tages fragte ich eine Freundin mit einem schwarzen Labradorrüden, ob sie herüberkommen und mir bei Willies Konditionierungsprogramm helfen könne. Willie und ich spielten draußen das „Schau"-Spiel, bis er zufrieden wirkte, und ließen erst dann die beiden Jungs in einem umzäunten Auslaufgelände hinter dem Haus frei. Ihre Begrüßung verlief höflich, höchstens ein bisschen steif vielleicht, und als sie beide einen entspannten Eindruck machten, brachten wir sie zusammen ins Haus.

Erinnern Sie sich an Jack Nicholsons Gesicht in *Shining*, als er durch einen Riss in der Tür blinzelt – mit irre glühenden Augen und wie zum Biss gebleckten Zähnen? Genau das war Willies Ausdruck, sobald die beiden Hunde das Haus betraten. Ich kann sein Gesicht, das er in diesem Moment zeigte, nicht anders als mit dem Wort „verrückt" beschreiben. Er sah so wütend und böse aus, als sei er geradezu besessen. Und doch war dies der gleiche Hund wie der, dessen Gesicht so weich und liebevoll sein konnte, dass ich manchmal meine gerade aktuelle Beschäftigung unterbrechen, mich zu ihm herunterbeugen und meinen Kopf an seinen lehnen musste.

Ich erzählte einer Freundin von der dunklen Seite von Willies Verhalten. Ihre Augen nahmen einen leeren Ausdruck an, als sie ihren Kopf ganz leicht zur Seite drehte. Sie glaubte mir nicht. Wie konnte man es auch jemand übel nehmen, wenn er nicht glaubte, dass dieses überschwängliche, menschenliebende Wesen in Panik geraten konnte, sobald man eine Schüssel zu fest auf der Anrichte absetzte oder dass er einen anderen Hund mit mörderischer Wut im Blick anschauen konnte? In neunundneunzig Prozent der Zeit war Willie ein leuchtendes Beispiel dafür, warum wir Hunde lieben. Er freute sich ein Loch in den Bauch, wenn er Besucher begrüßen und ihnen seine Spielsachen bringen konnte. „Ein Golden Retriever im Smoking", nannte ich ihn – er war liebevoll und lustig und strahlte die meiste Zeit pure Freude aus. Außer, wenn er es nicht tat.

Wir alle haben eine dunkle Seite. Als Teenager und mit Anfang zwanzig war ich in der Schule und am Arbeitsplatz im Büro immer die Fröhliche und Lustige. Ich war zwar ein wenig schüchtern und nie jemand, der gerne in Vereine oder irgendwelche Ausschüsse eintrat, aber immer konnte ich meine Klassenkameraden oder Kollegen mit einem Witz zum Lachen bringen. Niemand wusste, dass ich fünf bis sechs Mal am Tag, wenn ich die Straße entlangging, die Anwesenheit eines gesichtslosen Mannes spürte, der mit einem Baseballschläger hinter mir her schlich und bereit war, mich mit einem einzigen kräftigen Schlag auf den Kopf zu töten. Ich wusste, dass er in Wirklichkeit nicht da war, aber die Wahrnehmung seiner Anwesenheit war so stark, dass ich herumwirbeln musste, um mich zu überzeugen. Ich versuchte, das Gefühl zu ignorieren und zielstrebig weiterzugehen, aber die Empfindung war zu stark. Irgendwann hielt ich es nicht mehr aus und konnte nicht anders, als mich so schnell ich konnte umzudrehen, um noch einen Blick auf ihn zu erhaschen, bevor er verschwand. Und dann konnte es passieren, dass ich eine Stunde später mit einer Freundin spazieren ging und einen verstohlenen Blick hinter mich warf, während sie von ihrem gestrigen Date plauderte. Ich sah nichts außer Gehweg, Rasen und Bäumen, drehte mich wieder um und versuchte, unserer Unterhaltung weiter zu folgen.

Kapitel zehn

Als es Frühling 2007 wurde, war Willie zum Halbwüchsigen geworden. Die Rotschulterstärlinge waren zurück und ihre Rufe wehten durch die Bäume, als Willie und ich zu einer seiner ersten Lektionen im Schafehüten den Hügel hinaufstiegen. Der Pfad war von stattlichen Eichen und neu hochsprießenden Heckenkirschen gesäumt. Als wir ihn entlanggingen, flog in einer gackernden Kakophonie ein Schwarm Truthennen auf, als ob der Waldboden selbst sich in die Luft erhoben hätte. Endlich war der Schnee auf der oberen Wiese geschmolzen, auch wenn noch ein paar harte, schmutzige Flecken wie vor sich hin schimmelnde Eisberge auf der Schattenseite der Scheune lagen.

Mit seinen neun Monaten war Willie jetzt so weit, dass er beginnen konnte, das Dasein als Hütehund zu lernen. Es ist nicht etwa der Kalender, der einem sagt, wann ein Border Collie so weit ist, sondern immer nur der Hund selbst. Er muss körperlich reif genug sein, um mit den Schafen mithalten und sie überholen zu können, aber mindestens genauso wichtig ist, dass er Herz und Kopf an der richtigen Stelle hat. Manche Hunde sind schon mit sechs Monaten wild darauf, an den Schafen zu arbeiten, andere erst, wenn sie viel älter sind. Man kann nicht für sie entscheiden und man kann sie auch nicht fragen – zumindest nicht mit Worten. Die einzige Möglichkeit, wie man ihnen die Frage „Bist du soweit?“ stellen kann, ist, sie zu den Schafen zu lassen. Die Antwort ergibt sich daraus, was als Nächstes passiert.

Junghunde, die noch nicht bereit sind, werden den Schafen aus dem Weg gehen, indem sie scheinbar sehr beschäftigt den Boden abschnüffeln oder sich von Schmetterlingen ablenken lassen. Dann legt sich eines Tages ein Schalter um: Man bringt sie auf eine Schafkoppel und sie senken ihren Kopf, konzentrieren ihren Blick, als ob alles andere auf der Welt verschwunden wäre, und plötzlich gibt es für sie nichts mehr außer den Schafen. Wenn Sie einmal zusehen, wie ein junger Hund zum erstem Mal „auf Schafe anspricht“, werden Sie Gänsehaut bekommen. Es ist wunderschön und fesselnd, die intensive Konzentration des Hundes zieht einen in den Bann wie ein schwarzes Loch, das Energie ansaugt. Und mit neun Monaten wurde Willies Schalter umgelegt.

Seine ersten Versuche waren allerdings alles andere als ideal. Bevor er zur Herde hereindurfte, bellte er sie durch den Zaun hindurch an – ein Zeichen für Angst und nicht das, was man bei einem jungen Hund sehen möchte. Nachdem er zu bellen aufgehört hatte, flitzte er am Zaun auf und ab und steuerte dann auf die Herde zu, die in Panik auseinanderstob. Das ist eine furchtbare Angewohnheit und nur schwer wieder loszuwerden, wenn sie sich einmal festgesetzt hat. Aufgeregte, nervöse Hunde gehen gerne rüde auf die Schafe los und zwingen sie zur Bewegung, indem sie auf sie zurennen anstatt ruhig und selbstbewusst die Kontrolle zu übernehmen. Ich erstickte also diese schlechte Angewohnheit im Keim, indem ich Willie nicht mehr zur Stallarbeit mitnahm: wenn ich die Herde fütterte, musste er zuhause bleiben.

Gegen Ende seiner Jugendzeit hatte Willie dann genügend emotionale Kontrolle und körperliche Reife erreicht, dass ich ihn auf der Farm einer gutenFreundin zum ersten Mal an die Schafe ließ. Peg besaß eine kleine, eingezäunte Koppel, die dem Hund gerade genug Raum zum Arbeiten ließ, aber auch nicht allzu groß war, sodass wir jederzeit eingreifen und die Sache stoppen konnten, bevor sie außer Kontrolle geriet. Das Wort „Kontrolle" sollte bei der Zusammenführung von Hunden und Schafen allerdings nicht allzu ernst genommen werden. Der Hund muss lernen, sich aus eigenem Antrieb zu bewegen und jenen magischen Bereich zu finden, in dem er mit seinen Aktionen die Schafe bewegen kann, ohne sie in Panik zu versetzen. Die meisten Schäfer lassen Junghunde nur an solche Schafe, die Hunde gewohnt sind und sorgen dann dafür, möglichst immer zwischen Hund und Schafen zu bleiben, um die Schafe notfalls schützen zu können. (Manchmal ist es auch der Hund, der beschützt werden muss – Schafe schauen keine Filme und sind sich der Tatsache nicht bewusst, dass sie die hilflosen Opfer sein sollen). Es ist wie Wildwasser-Kajakfahren: Sie studieren die Route, bereiten Ihre Ausrüstung vor und üben Ihre Technik, aber letzten Endes müssen Sie Ihr Boot in den Fluss setzen und sich vom Wasser davontragen lassen.

Wenn ein junger Border Collie zum ersten Mal frei an die Schafe gelassen wird, kann alles Mögliche passieren. Eher selten kommt es vor, dass ein

Junghund die Schafe nur einmal ansieht, in einem perfekten Halbkreis um sie herumläuft, sie ruhig zu Ihnen bringt und Ihnen die Herde so akkurat serviert wie einen Martini in einem Fünf-Sterne-Restaurant. Genau das passierte, als die elf Monate alte Lassie zum ersten Mal Bekanntschaft mit Schafen machte. Sie war am Abend zuvor bei uns auf der Farm angekommen und sollte aus Gefälligkeit für ihre Züchterin nur ein paar Tage bleiben. Sie war in der Vorstadt aufgewachsen und hatte noch nie in ihrem Leben Schafe gesehen. Aus reiner Neugier ließ ich sie auf meine kleinste Koppel, wo sie auf die andere Seite der Herde lief, exakt da stehenblieb, wo sie musste und dann die Schafe vorsichtig auf mich zu trieb, als hätte sie schon monatelanges Training hinter sich. Ich rief die Züchterin an und fragte, ob ich sie behalten könnte.

Willie war ein typischerer Junghund. Als die Schafe sich zu bewegen begannen, stürzte er vor und jagte sie. Er hielt das für einen großen Spaß, aber eine Schafherde zu jagen wie ein Rudel Tennisbälle ist nicht gleich Hüten, und das Wegrennen vor einem Hund ist nicht gut für die Schafe. Es brauchte noch eine Übungsstunde, damit er mit dem Jagen aufhörte und ein paar weitere mehr, bis er den Mut aufbrachte, zwischen Schafe und Zaun zu gehen, um sie von letzterem loszueisen und zu mir zu bringen.

Schafe sind weder dumm noch wehrlos. Sie lernen schnell, dass sie sich nur eng am Zaun halten müssen und der junge Hund es dann schwer hat, sich zwischen sie und die feste, stabile Struktur zu zwängen, um sie von dort wegzubekommen. Mutterschafe wiegen zwischen 45 und 80 Kilo und haben Schädel wie Vorschlaghämmer, während Hütehunde nur um die 15 bis 20 Kilo auf die Waage bringen. Aggressive Schafe sind absolut dazu in der Lage, einen Hund gegen einen Zaunpfosten zu donnern und seiner Karriere damit ein Ende zu setzen, bevor sie überhaupt begonnen hat. Gute Schäfer suchen die Schafe für die erste Lektion eines Hundes sorgsam aus – nicht so aggressiv, dass sie den Hund angreifen werden, aber auch nicht so flüchtig, dass sie wie ungelenke Rehe über die Zäune zu springen versuchen, falls der Hund sie zu jagen beginnt.

Im Grunde geht es beim Schafehüten um die Kontrolle von Angst. Schafe sind Beutetiere. Sie werden zwar stehenbleiben und kämpfen, wenn ihnen nichts Anderes übrig bleibt, aber sie bevorzugen es, sich von Gefahren wegzubewegen. Außerdem sind sie soziale Wesen und haben ein Verständnis für

Bruchrechnung, was sie betrifft: Wenn hundert Schafe in der Herde sind, ist die Chance, von einem Raubtier getötet zu werden, nur eins zu hundert. Bei zehn Schafen ist sie eins zu zehn. Und wenn ein Schaf allein ist ... ja, sogar Schafe können rechnen. Sie möchten gern in einer Gruppe sein, je größer, desto besser, und sie möchten die Möglichkeit haben, vor Gefahren fliehen zu können.

Ein guter Hund kontrolliert die Schafe, indem er genau den richtigen Abstand und genau die richtige Geschwindigkeit findet, um sie zu bewegen. Er schüchtert sie ein bisschen ein, aber er verängstigt sie nicht. Zu dicht oder zu schnell und die Schafe werden entweder panisch davonstürmen oder aber sich umdrehen und kämpfen. Zu weit weg und zu zaghaft, und die Schafe verlieren den Respekt vor dem Hund und ignorieren ihn oder greifen ihn an. Dieser Abstand zwischen Hund und Schafen, der goldrichtige Punkt, an dem der Hund die Schafe kontrollieren kann, ohne sie zu überfordern, ist der so genannte „Balancepunkt". Er ist das Ziel aller Schäfer, denen das Wohlergehen ihrer Schafe am Herzen liegt. Der richtige Abstand zwischen Hund und Schafen variiert – bei flüchtigeren Schafen muss der Hund weiter weg arbeiten, während die reaktionsfauleren, die weniger auf die Anwesenheit des Hundes achten, einen viel dichter arbeitenden Hund brauchen. Die Schafe sind aber nur eine der Variablen: Verschiedene Hunde werden die gleichen Schafe aus unterschiedlichen Abständen arbeiten. Manche Hunde haben mehr Präsenz, mehr natürliche Autorität, die irgendwie auf die Psyche der Herde wirkt und sie in Bewegung bringt, ohne eine Panik auszulösen. Weniger selbstbewusste Hunde müssen näher herangehen oder manchmal auch vor- und zurücklaufen, um die Schafe mit Hilfe dieser Bewegung in Gang zu setzen anstatt mit dem ruhigen, gleichmäßigen Selbstvertrauen, das einen großartigen Hütehund ausmacht.

Einen Junghund an die Hütearbeit zu bringen, ist nichts für schwache Nerven. Man muss mit gleich dreierlei Ängsten balancieren: Der der Schafe, der des Hundes und seiner eigenen. An irgendeinem Punkt bleibt einem nichts anderes übrig, als die Leine abzumachen und das Universum entscheiden zu lassen, was als Nächstes passiert. Das war Teil des Grundes, warum Will und ich bei Peg waren. Sie hatte die passenden Schafe und die passende Umzäunung, und sie hatte mit dem „Starten" von Junghunden viel mehr Erfahrung als ich. Es war fast fünfzehn Jahre her, seit ich zuletzt einen Junghund mit Schafen bekannt gemacht hatte. Ob man seinen Job gut macht, hängt zum

Teil davon ab, dass man weiß, wann man eingreifen muss. Dazu braucht man die Reaktionsschnelligkeit eines Fußballtorwarts. Auf der anderen Seite muss man auch wissen, wann man sich herauszuhalten hat. Was noch viel schwieriger ist.

Willie hatte ganz klar Lust, zu arbeiten, traute sich aber nicht, zu nah an die Schafe heranzugehen. Ich hatte ihm in einigen Übungsstunden zuvor gezeigt, dass er gefahrlos zwischen Schafe und Zaun gehen konnte, indem ich ihn sanft am Halsband dorthin führte. Willie ging nicht in der Pose eines sich an die Beute anpirschenden Löwen auf die Schafe zu, wie selbstbewusste Border Collies es tun, sondern er rannte hinter den Schafen vor und zurück, um sie damit in Bewegung zu setzen und zu mir zu bringen. Hin und wieder versuchte er auch, von vorn mitten in die Schafe hinein zu rennen, bevor er nach hinten lief – ein Rückfall in das Verhalten, das er als Junghund schon am Zaun ausprobiert hatte. Er biss oder jagte die Schafe nicht, er stürzte einfach mit funkelnden Augen nach vorn und sprengte damit die Herde in alle Richtungen auseinander wie die Kugeln auf einem Billardtisch.

Er hatte ganz offensichtlich Spaß an dem Spiel: Jippie! Guck mal, wie sie rennen! Nach ein paar Gratisgeschenken, die man allen Junghunden lässt, damit sie den Spaß behalten, ging ich zwischen ihn und die Schafe und bewegte mich auf ihn zu, um ihn so von den Schafen wegzudrängen. Anschließend konnte er sie dann in besserem Abstand wieder umkreisen. Jeder Hütehund muss lernen, dass dieses Spiel Regeln hat, genau wie Kinder lernen müssen, dass es kein Baseball ist, den Werfer mit dem Schläger zu hauen. Aber wenn er die Regeln beachtet, darf er weiter arbeiten – und das ist etwas, auf das ein guter Border Collie versessener ist als auf alle Leckerchen in allen Futtermärkten der Welt zusammen.

Wir begannen, zuhause miteinander zu arbeiten, und langsam, ganz allmählich, gewann Willie Vertrauen. Er hörte auf, in die Schafherde hineinzurennen und begann in seine Fähigkeit zu vertrauen, die Herde bewegen zu können, ohne dabei vor und zurück rasen zu müssen. Das Arbeiten mit ihm war unglaublich leicht – er war reaktionsschnell, gehorsam und stoppte sofort, wenn ich das von ihm verlangte. In gewisser Hinsicht war es vielleicht sogar zu leicht. Nachdem ich ein paar Monate lang mit ihm auf der Farm trainiert hatte, beobachtete einer der besten Hütehundtrainer, Alasdair MacRae, Willie auf einem Kurs und sagte, dass sein gehorsames Wesen die

Kehrseite seines Zögerns sei, Druck auf die Schafe auszuüben. Meine Aufgabe bestand darin, sein gleichmäßiges Zugehen auf die Schafe zu fördern; er sollte „Kontakt" mit der Herde halten. „Kümmere dich noch nicht so sehr um die Geschwindigkeit", sagte Alasdair. „Sorg einfach dafür, dass er sich gerade weiter vor bewegt und dass er sich mit dem Gefühl, Druck auf die Schafe zu machen, anzufreunden beginnt." Genau das taten wir dann. Willie begann mir zu zeigen, wie es aussah, wenn man Stirn voran auf seine Angst zuging: Er hielt Kopf und Rute in Lauerposition und seinen Blick fest fixiert, während die Schafe Tag für Tag mürrisch vor ihm um die Wiese trotteten und die Rotschwänzchen, nach denen meine Farm benannt ist, um uns herum sangen.

Kapitel elf

Als ich achtundzwanzig war, ging meine erste Ehe zu Bruch und ich zog nach Madison, Wisconsin. Zwei Jahre später war ich völlig pleite und es ging mir miserabel. Eines Donnerstags nahm ich einen Tag von der Arbeit frei, um mich auf dem Boden meines kleinen Apartments am Seeufer in einer Pfütze aus Selbstmitleid zu suhlen. Da saß ich nun, fast dreißig, ohne Geld und ohne Hoffnung auf eine Zukunft in meinem derzeitigen Job als Verwaltungsassistentin in einer gemeinnützigen Organisation, die Gelder für Alkohol- und Drogenmissbrauchsprogramme sammelte. Zuvor war ich schon freiwillige Mitarbeiterin in einem Pferdestall, Verkäuferin in einer Modeboutique, angehimmelte Sekretärin in einem Fernsehstudio, Kassiererin, inoffizielles Mitglied eines Lehrerkollegiums, Schreibkraft in einem Statistikbüro, Beraterin für Jugendliche mit Problemen und eine lächerliche und in meiner Erinnerung verschwommene Nacht lang auch Go-Go Girl gewesen, das zum Tanzen auf einer privaten Party angeheuert worden war.

Ich war nicht gerade verrückt nach meinem Job bei der gemeinnützigen Organisation, aber es machte mir Spaß, unsere jährliche Konferenz zu organisieren. In meinem letzten Jahr dort war ich auch verantwortlich für die Präsentation einer Rede zum Thema „Frauen in Alkoholentzugsprogrammen“. (Zu dieser Zeit betrachtete man „Alkoholiker“ noch automatisch als männlich und auch die Entzugsprogramme gingen von einer ausschließlich männlichen Klientel aus. Frauen bekamen öfter Beruhigungsmittel als die Diagnose Alkoholismus.) Eine Stunde vor meiner Präsentation, als ich Lampenfieber vor der Rede hatte und nebenbei noch Dutzende von Konferenzdetails managte, fragte mich der Direktor, ob ich in einem Meeting als Protokollantin aushelfen könnte.

Jetzt? Wirklich? Natürlich sagte ich ja. Ich ging in den Konferenzraum, in dem fünfzehn Männer um einen Tisch herum saßen. Ich setzte mich hin, der Direktor sagte seinen Namen und bat die anderen, sich ebenfalls vorzustellen. Der Mann links von ihm stellte sich vor und drehte sich dann zur Person neben ihm um, damit diese weitermachen sollte.

Als sich fast alle Teilnehmer am Tisch vorgestellt hatten, begann mein Herz schneller zu schlagen. Bald würde ich an der Reihe sein. Meine Hände begannen zu zittern und es fiel mir zunehmend schwerer, die Namen der Teilnehmer mitzuschreiben. Schon mein ganzes Leben lang hatte ich Angst gehabt, vor vielen Leuten zu sprechen. Immer dann, wenn Menschen sich zu mir umdrehten und mich erwartungsvoll anschauten, schnürte sich meine Kehle zu und mein Kopf wurde leer. Als ich um die zwanzig war, begann ich sogar allein aus dem Grund zu stricken, dass ich Blickkontakt vermeiden konnte, wenn die Kollegen meines ersten Mannes zu Besuch waren.

Die Vorstellungsrunde am Tisch kam näher an mich heran. Ich legte mir im Kopf zurecht, was ich sagen wollte: „Ich bin Patricia McConnell und ich bin die Verwaltungsassistentin."

Ich hätte mir keine Sorgen machen müssen. Der Mann zu meiner Rechten sagte, was er zu sagen hatte und drehte dann den Kopf in meine Richtung. Als ich gerade den Mund aufmachte, um meinen Namen zu sagen, begann der Mann links von mir über mich hinweg zu sprechen. Es war ihm nicht in den Sinn gekommen, dass ich mich vorstellen könnte. Als Protokollantin und einzige Frau in der Gruppe erwartete man nicht von mir, dass ich etwas zu sagen hätte. Mit vor Erniedrigung glühendem Gesicht saß ich sprachlos schweigend da, während die Vorstellungsrunde um den Tisch weiterging.

Gerne würde ich Ihnen berichten, dass ich meine Berufslaufbahn allein wegen meiner tief verwurzelten Tierliebe eingeschlagen hätte. Es stimmt auch, dass dies meine Hauptmotivation war. Aber außer von meiner Liebe zu Tieren wurde ich noch von etwas anderem angetrieben. Nach Jahren, in denen ich das Gefühl gehabt hatte, keine Stimme zu haben, wollte ich einmal diejenige sein, die etwas zu sagen hatte, auch wenn ich Angst davor hatte. Jeder braucht eine Stimme und muss gehört werden. Vielleicht könnte ich *das* anderen geben. Vielleicht könnte ich es mir selbst geben.

Ich war dreißig, als ich mich 1978 als Erstsemesterstudentin an der Universität von Wisconsin-Madison einschrieb. Ich drückte nicht deshalb wieder die Schulbank, weil ich vorhatte, mit aggressiven Hunden zu arbeiten, sondern weil ich das Verhalten aller Tiere studieren wollte. Ich machte meinen Bachelor-Abschluss in Zoologie und arbeitete dann zwei Jahre lang mit Lisztäffchen, eichhörnchengroßen, unendlich niedlichen Gnomen mit Einstein-Frisur und einer Vorliebe für Mehlwürmer. Kurze Zeit später absolvierte ich ein Aufbaustudium, um mehr über Tierverhalten zu lernen.

Meine Forschungsarbeiten im Aufbaustudium starteten mit einer Semesterarbeit, die ich für meinen Zoologieabschluss im letzten Jahr benötigen würde. Ich brauchte ein Thema und einen Betreuer und wurde an Professor Jeffrey Baylis als Experten für Tierverhalten verwiesen. Ich wollte gerne die Verständigung zwischen Menschen und Tieren untersuchen und dachte, dass ich vielleicht über den Forschungsstand zum Einsatz visueller Signale in der Kommunikation mit Delfinen schreiben könnte.

„Es gibt nicht gerade viele Delfine in Wisconsin", sagte Baylis abschätzig. Mir rutschte das Herz in die Hose – und ich hatte gedacht, ich hätte eine tolle Idee gehabt. „Warum untersuchen Sie nicht eine natürliche Form der Kommunikation zwischen verschiedenen Spezies und schauen sich einmal die Signale an, die Schäfer ihren Hunden bei der Arbeit an den Herden geben?" Baylis wusste von dieser nuancierten Kommunikation, weil er eine ganze Zeit in Montana verbracht hatte, wo große Schafherden das Landschaftsbild prägen.

Was für eine dumme Idee, dachte ich, als ich nach unserem Treffen nach Hause fuhr. Wo zur Hölle sollte ich in Wisconsin, dem Staat der Milchkuh, einen Hütehundtrainer finden? Ich vermutete, dass ich bessere Chancen hätte, Delfine im Michigansee zu finden als Menschen, die eine Schafherde mit Hütehunden kontrollierten.

Manchmal ist es fantastisch, Unrecht zu haben. Bis zum nächsten Tag hatte ich herausgefunden, dass einer der besten Hütehundtrainer des Landes, Jack Knox, gerade einmal eine Stunde von mir entfernt lebte. Er war vor ein paar Jahren aus England hergekommen und hatte quasi ein Jahrhundert Weisheit im Schafehüten mitgebracht. Ein paar Tage später fuhr ich hin, um ihn und seine Hunde zu sehen.

Jack stellte mich einigen seiner Hunde vor und führte mich dann zu einer saftigen, weitläufigen Wiese, auf der in etwa vier- bis fünfhundert Metern Entfernung Schafe grasten. Jan, seine kleine, ganz schwarze Border Collie Hündin, trabte neben ihm her. Als wir stehen blieben, kreiste ein Rotschwanzbussard über unseren Köpfen und ließ seinen heiseren, dinosauerierartigen Schrei erklingen, während er sich von den Luftströmen tragen ließ. Jack flüsterte irgendetwas, so leise, dass ich nichts verstehen konnte, und Jan schoss unmittelbar zu unserer Linken los, als ob irgendeine Kraft, die zu stark war, um in ihrem kleinen Körper zu bleiben, sie vorwärts katapultiert hätte. Sie rannte in einem weiten Halbkreis zur Rückseite der Herde und schrumpfte zu einem winzigen schwarzen Punkt, je weiter sie sich entfernte. Sobald sie hinter den Schafen war, senkte sie ihren Kopf und schlich auf sie zu wie eine Katze, die einer Maus auflauert.

Langsam und bedächtig brachte sie die Herde zu uns. Nie ließ sie den Druck nach, aber sie forcierte ihn auch nie so sehr, dass sie die Schafe verängstigte und zur panischen Flucht veranlasste. Sobald sie die Schafe vor unseren Füßen abgeliefert hatte, legte sie sich hin, ließ aber keine Sekunde in ihrer laserartigen Konzentration auf die Herde nach. „Sie beobachtet das Leitschaf", erklärte Jack. „Ein guter Hund beobachtet die ganze Herde, während er um sie herumläuft und dreht etwa alle zwanzig Meter den Kopf, um sie anzusehen. Bis er hinter den Schafen ist, hat er schon herausgefunden, wo sie hinwollen, wenn sie anfangen, sich zu bewegen und welches das Leitschaf ist. Es ist für den Hund Teil seines Jobs, die Schafe zu lesen, und er kann das viel besser als wir. Unser Job als Schäfer ist, ihm zu sagen, wo wir die Schafe haben möchten – mal im Stall, um sie vor den Kojoten in Sicherheit zu bringen, oder mal auf einer frischen Wiese. In Hütewettbewerben arbeiten Mensch und Hund als Team, um die Schafe durch einen komplizierten Parcours zu schicken."

Ach du lieber Himmel. Was ich gerade gesehen hatte, ließ mir den Mund offen stehen, ich war vollkommen baff und wie Alice im Wunderland durch das Kaninchenloch in eine andere Welt gefallen. Die komplexe Kommunikation zwischen Schafen, Hund und Schäfer war fesselnd und jenseits von allem, was ich mir für meine Untersuchung von Kommunikation zwischen unterschiedlichen Spezies erträumt hatte. Und als ob das noch nicht genug gewesen wäre, war auch die Szenerie geradezu unwirklich schön. Die Kontrastfarben des Hundes traten vor dem grünen Hintergrund hervor, wie von einem Grafikdesigner komponiert. Den Hunden beim Arbeiten zuzuschauen war, wie in einen Landschaftskalender „Schönes Irland" einzutauchen, und zwar auf der Seite für Mai.

Ich konnte nicht genug davon bekommen, Jack beim Arbeiten mit den älteren Hunden und Anlernen der jüngeren zuzuschauen. Ich fuhr noch oft zu seiner Farm, um mir Notizen zur Kommunikation zwischen Hund und Schäfer zu machen. Die Wort- und Pfeifsignale von den Menschen zu den Hunden müssen klar und knapp sein, weil der Hund seine Augen auf den Schafen lassen muss, um die Kontrolle zu behalten. Das Schöne war, dass eine meiner Spezies in der Untersuchung „Mensch" war und ich den Schäfer nach der Bedeutung eines Signals fragen konnte oder danach, was er vom Hund wollte, nachdem er ihm etwas zugerufen oder zugepfiffen hatte.

Ich reiste zu einem Hütewettbewerb nach Tucson, Arizona, wo ich die Pfeifsignale von vierzehn Schäfern aufzeichnete, während sie ihre Hunde durch den Parcours steuerten. Wieder zuhause, maß ich jeden Parameter, der mir nur möglich war. Ich ordnete alle Sonogramme, also „Tonbilder", in Kategorien ein: „Walk up" (Geh ran) oder „Lie down" (Leg dich) zum Fördern oder Stoppen von Vorwärtsbewegung, „Come Bye" (zu mir hin) und „Away to Me" (von mir weg) zum Umrunden der Herde im oder gegen den Uhrzeigersinn.

Als ich die Pfeifentöne zum ersten Mal als Bild dargestellt sah, fiel mir auf, dass alle Pfiffe für „Walk up" ähnlich waren – kurze, wiederholte Noten. Auch alle „Lie down"-Signale waren ähnlich, sahen aber aus wie das Gegenteil von Walk up – einzelne Noten, oft sehr langgezogen und am Ende abfallend. Man konnte zufällig einen der Pfiffe herausgreifen, die die Bewegung des Hundes veränderten (Start vs. Stopp) und erkannte sofort, was sie dem Hund sagen sollten.

Es ergab einen Sinn, dass die Pfiffe sich so ähnelten. Sie werden von Schäfer zu Schäfer weitergegeben und könnten als Beispiel dafür dienen, was Biologen als „kulturelle Transmission" bezeichnen, also als Verhalten, das eher durch Lehren und Lernen als durch genetische Codes weitergegeben wird. Aber falls das stimmen sollte, warum waren dann die Pfiffe für Richtungswechsel so unterschiedlich? Wenn Signale wie Vokabeln in einer Sprache gelernt und weitergegeben wurden, warum wurden dann einige von allen Schäfern gemeinsam genutzt und andere nicht?

Die Frage führte mich zurück zu meinem Aufbaustudium. Ich hatte meine zwei Jahre Arbeit mit den Lisztäffchen sehr genossen, aber mein Herz gehörte weiterhin den Hunden.

Eines Tages sann ich auf einem Ausritt mit einem braven Araberwallach durch die Wälder darüber nach, warum manche Pfeifsignale einem Muster folgten und andere nicht. Plötzlich kam Wind auf und mein Pferd begann von den fremden Gerüchen, die er herantrug, nervös zu werden: es warf den Kopf und zackelte in kurzen Seitwärtsschritten, anstatt seinen üblichen bequemen Schritt zu gehen. „Hohooooo", sagte ich und zog das Wort zu einem langen, anhaltenden Ton. Es hielt an und plötzlich sah ich das, was ich gerade gesagt hatte, als Tonbild in meinem Kopf: Es entsprach genau dem der Pfeifsignale, mit dem die Schäfer ihre Hunde langsamer machten. Ohne nachzudenken, schnalzte ich, damit er weiter vorwärtsging und benutzte dabei die gleichen kurzen, wiederholten Noten wie die Schäfer, die ihre Hunde schneller machen möchten.

Zwar, so nehme ich an, schoben sich die Wolken nicht auseinander, damit die Engel dazwischen heraussingen konnten, aber der Moment, in dem ich die Lautsignale von Schäfern und Reitern zusammenbrachte, war einer von der Art, wie er einem Wissenschaftler nur ein oder zwei Mal im Leben vergönnt ist. Eureka! Plötzlich sah ich das Muster ganz genau: kurze, wiederholte Töne, um ein Tier zu beschleunigen, und langgezogene, um es zu beruhigen oder zu verlangsamen. Je mehr ich darüber nachdachte, desto mehr Beispiele für Signale fielen mir ein, die wir Haustieren geben und die dem gleichen Muster folgten. „Miez miez miez", sagen wir, um eine Katze anzulocken oder „Hooooooo" zu einem ängstlichen Pferd. Aber warum? Liegt es daran, dass wir Menschen gern Geräusche machen, die widerspiegeln, was wir möchten – entweder, weil wir Primaten sind und solche Töne von Natur aus machen (denken Sie nur an das „U-u-u" eines aufgeregten Schimpansen) oder weil wir bestimmte Töne mit einem zu erwartenden Ergebnis verbinden, weil sie einfach effektiver sind?

Mit der Suche nach der Antwort auf diese Frage ging ich zurück ins Aufbaustudium: Sind bestimmte Töne besser dazu geeignet als andere, Tiere schneller oder langsamer zu machen, oder benutzen wir nur alle aus Traditionsgründen die gleichen Signale? Falls ersteres zutreffen würde, müssten Menschen auf der ganzen Welt ähnliche Laute benutzen, um ihre Tiere anzutreiben oder zu bremsen, egal, welche Sprache sie sprechen oder mit welchem Tier sie arbeiten. So begannen drei Jahre, während derer ich Tonaufnahmen von über hundert Tierbesitzern aus so vielen verschiedenen Bereichen wie möglich machte – darunter Schäfer, Führer von Schutz- und Schlittenhunden, Renn-, Dressur- und Rodeoreiter und berittene Cowboys, die an Viehherden arbeiteten. Ich schaffte es sogar, mehrere Menschen aufzunehmen, die mit Katzen, Geflügel („Wie rufen Sie Ihre Hühner zurück in den Stall?"), Wasserbüffeln, Kamelen und Lamas „sprachen". Ich konnte Tierbetreuer mit siebzehn verschiedenen Muttersprachen aufnehmen, darunter Navajos, die ihre Pferde anfeuerten und koreanische Katzenbesitzer, die ihre Miezen zu sich riefen.

Für meine erste Feldstudie reiste ich nach Texas, um spanischsprachige Jockeys auf einer Galopprennbahn zwischen Dallas und Fort Worth aufzunehmen. In Dallas holte ich meinen Mietwagen ab und fuhr zur Rennbahn, um mich dort mit dem Trainer zu treffen. Ich war neugierig auf die Rennbahn: Meine Vorstellungen von Galopprennbahnen waren von den Fernsehübertragungen der „Triple Crown" geprägt – der drei größten Rennen in Kentucky, Preakness und Belmont, wo die Pferde wie glänzende, zum Leben erweckte Juwelen über den grünen Rasen tänzelten, wo die Stallgebäude prächtiger waren als die meisten Orte, an denen ich als junge Erwachsene gelebt hatte und wo die Wege von sorgfältig gepflegten Rosen und Nelken gesäumt waren.

Diese Bahn allerdings passte zu keinem dieser Bilder. Sie lag am Ende eines staubigen, unbefestigten Weges und drückte sich zwischen kauernde Holzgebäude, die so baufällig wirkten, dass es mich nicht überrascht hätte, wenn sie vor meinen Augen zusammengefallen wären. Ich schwang das schwere Uhler-Tonbandgerät über die eine und meine Kamera über die andere Schulter und hielt Ausschau nach dem Mann, der mir ein Treffen zugesagt hatte. Es war heiß, still und staubig. Nicht ein Vogel sang, aber ich hörte schwache Musik aus einem der Gebäude im Stalltrakt dringen. Ich ging darauf zu, befahl meinem Herz, mit dem Klopfen aufzuhören und steckte meinen Kopf in die Dunkelheit eines unbeleuchteten Stalls.

„Hallo?", rief ich. „Ich suche Roger, ist er hier?"

Drei schwach beleuchtete Gestalten sprangen auf die Füße. Zwei von ihnen verschwanden hinter großen Heuballen, nachdem sie irgendwelche unidentifizierbaren Gegenstände gegriffen hatten, die vor ihnen gelegen hatten. Der Übriggebliebene starrte mich geschockt an – ich weiß nicht, wer von uns beiden in dem Moment mehr Angst hatte. Es kam mir vor, als würde ich geradewegs in irgendeine böse Filmszene stolpern, in der das Leben, wie ich es bisher gekannt hatte, enden würde. Aus seiner Sicht sah die Sache allerdings auch nicht so gut aus. Da kam eine Fremde mit Tonbandgerät und Kamera in eine, wie ich später erfuhr, drogenverseuchte Lasterhöhle, die vom Rennverband geschlossen worden war.

Ich schaffte es, meine Frage zu wiederholen: „Ist Roger da?"

„Nein, ist er nicht", sagte er und verschwand im Hinteren des Stalls.

Ich wanderte weiter umher und fand zwar nicht Roger, aber einen anderen Trainer, der sich meiner erbarmte und tat, was er konnte, um mir zu helfen. „Trisha", sagte er, nachdem ich ihm erklärt hatte, warum ich hier war, „du solltest nicht hier sein. In den letzten paar Monaten sind hier drei Morde passiert. Echt gefährlich hier."

Oha. Ich erklärte ihm, wie weit ich gereist war und wie wichtig es für mich war, Tonaufnahmen von Reitern zu machen, die etwas anderes als Englisch sprachen. „Na gut, dann komm morgen zurück, wenn José hier ist. Er ist ein Guter. Er kennt jeden, und er wird Dir weiterhelfen."

José war so freundlich und zuvorkommend wie beschrieben. Er verbrachte den ganzen Tag damit, mich zu verschiedenen Gestüten und Trainingsställen zu fahren. Er übersetzte und erklärte, managte widersetzliche Pferde und verhalf mir zu einer ganzen Schatzkiste von Aufnahmen spanischsprachiger Reiter und Pferdepfleger. Ich ignorierte die dicken, länglichen Päckchen getrockneter Kräuter, die er bei seiner Ankunft den Trainern zusteckte und ich lehnte dankend ab, als er mir einen Joint von der Größe einer Zigarre anbot. Ferner lehnte ich auch seine Einladung ab, auf dem Heimweg an einem nahegelegenen See anzuhalten und den Sonnenuntergang anzuschauen. „Wirklich, José, Sie waren großartig, aber ich muss wirklich zurück und die Aufnahmen auswerten."

Die ewige Konversation, beinahe so alt wie die Menschheit, zwischen einem jungen, gesunden Mann und einer unwilligen Frau wurde fortgesetzt, bis der Mann, der verstanden hatte, dass mein ganzes Interesse sich um Geräusche drehte, letzten Endes sagte: „Ach Trisha, bitte komm doch mit mir zum See. Ich kann dir so schöne Geräusche machen.“

Nach Texas verbrachte ich einen Sommer in Montana mit Tonaufnahmen von Spanisch, Baskisch und Quechua sprechenden Schäfern und Reitern auf den weitläufigen Schaffarmen. Ich kann nicht sagen, warum, aber ich erinnere mich nicht daran, in Montana jemals Angst gehabt zu haben. Zwar verbrachte ich einen Teil der Zeit in den jeweiligen Familien, aber meistens war ich allein in einsam gelegenen Gegenden und nur umgeben von Männern, die fremde Sprachen sprachen. Möglicherweise machte ich mir Sorgen um die Qualität der Tonaufnahmen oder darum, wie ich mit dem Ziehen des Wohnwagens hinter Black Bart, meinem abgehalfterten Pickup-Truck zurechtkam, aber ich verspürte niemals die Art von Angst, die mich sonst an anderen Orten heimsuchte. Ich denke mir, dass dies teilweise daran lag, dass jeder, den ich traf, tadellos höflich war. Vielleicht fühlte ich mich nach meiner Jugend in Arizona im Westen mehr zuhause als an anderen Orten. Aber ich vermute, dass viel einfach damit zu tun hatte, dass ich in Montana war – Big Sky Country, Land des großen Himmels, wird es auch genannt, und das zu Recht. Jeden Abend saß ich draußen und sah zu, wie die Sterne am Nachthimmel erschienen – zehntausende und so hell wie winzige Stirnlampen. Jeden Tag verbrachte ich draußen in sanft hügeligem Grasland mit Pferden, Hunden und Schafen und den Menschen, die sich um sie kümmerten. Die Zeit gehört zu den glücklichsten meines Lebens.

Letzten Endes zahlten sich meine harte Arbeit und meine Abenteuer aus. 1988 wurde ich auf der Jahreskonferenz der Animal Behavior Society, der Gesellschaft für Tierverhalten, mit dem renommierten Allee Award für die beste Dissertation ausgezeichnet. Ich hatte nachgewiesen, dass Menschen auf der ganzen Welt ähnliche Laute benutzten, um ihre Arbeitstiere schneller oder langsamer zu machen. Ich überprüfte die Hypothese, dass diese Laute das Verhalten der Tiere direkt beeinflussten, an vier Würfen von Welpen, die ich auf dem Dachboden des Universitätsgebäudes aufzog. Und in der Tat zeigte sich, dass kurze, wiederholte Laute effektiver waren, um Welpen das Herkommen beizubringen, nicht aber für das Hinsetzen auf Kommando.

Letztlich führte ich auch noch nicht intrusive neurologische Tests durch, die ergaben, dass sich die Gehirne der Welpen nach dem Training in erster Linie und stärker als auf jedes andere Merkmal auf die Anzahl der Noten in den Signalen konzentrierten.

Ich hatte bis dahin noch nie etwas von irgendwelcher Bedeutung in meinem Leben gewonnen, und als mein Name bei der Preisverleihungsfeier aufgerufen wurde, schaffte ich es kaum, zur Bühne zu gehen. Noch nie hatte ich mich so geehrt gefühlt. Aber es war nicht die Auszeichnung, die mir auf lange Zeit wichtig war – es war die Bedeutung einer klaren Kommunikation zwischen uns und anderen Lebewesen. Dort und damals beschloss ich, die „schönsten Geräusche“, die ich konnte, für alle Wesen um mich herum zu machen.

Kapitel zwölf

Ich hatte mir ursprünglich vorgestellt, dass ich nach meinem Universitätsabschluss bestimmt eine Anstellung als Dozentin an irgendeiner kleinen privaten Hochschule in der Nähe finden würde. Aber die Recherchen zu meiner Dissertation hatten mir klargemacht, dass mich ein Leben, in dem ich mit meinen beiden Lieblings-Spezies, Mensch und Hund, zu tun haben würde, viel mehr interessierte. Wenn ich Beraterin für die Besitzer von Tieren mit ernsten Verhaltensproblemen werden würde, könnte ich gleichzeitig Lehrerin, Sozialarbeiterin und jemand sein, der den ganzen Tag lang mit Tieren arbeitete – ohne einen Rancher heiraten zu müssen.

Und so kam es, dass ich gemeinsam mit einer Freundin 1988 ein Unternehmen gründete, das sich auf die Therapie von Verhaltensproblemen bei Familienhunden spezialisierte. Nancy Rafetto und ich wussten viel über Tierverhalten, ein bisschen etwas darüber, wie man Menschen mit ihren Hunden half und nichts darüber, wie man ein Unternehmen führt. Wir starteten mit Hausbesuchen und damit, dass wir von Zuhause aus arbeiteten, aber langsam begannen die allabendlichen Anrufe an uns zu zehren. Die Kunden riefen zu allen möglichen und unmöglichen Zeiten an. Wenn das Problem nicht „Barry hat mich wieder angeknurrt, was soll ich machen?“ war, war es „Martha kommt NICHT ins Haus, wenn ich sie aus dem Garten hereinrufen möchte, und ich komme zu spät zu einem wichtigen Termin!“

Wir eröffneten ein Einraum-Büro in der rund vierzig Autominuten von Madison Stadtmitte entfernten Kleinstadt Black Earth, Wisconsin. Die meisten Leute hatten keine Ahnung, was wir da eigentlich machten – so bekamen wir jede Menge Anrufe, in denen wir gefragt wurden, ob wir auch Pudel scheren würden. Die meisten unserer Kunden wurden von Tierärzten zu uns geschickt, die froh darüber waren, ihre Patienten zu ausgebildeten Profis in Sachen Tierverhalten verweisen zu können. Und wir lernten recht schnell, dass das Dasein als Tierverhaltensberater täglich zwischen riskant und routiniert, herzerwärmend und herzzerreißend schwankt.

Meine erste Kundin war Petunia, eine Cockerspaniel-Mischlingshündin, deren Besitzerin erst am letzten Freitag nach Madison gezogen war und Petunia in ihrer Box allein in der neuen Wohnung gelassen hatte, als sie am darauffolgenden Montag zur Arbeit gefahren war. Als sie zurückkam, fand sie Petunia mit blutverschmiertem Gesicht vor, weil sie versucht hatte, sich durch die Drahtvergitterung der Box zu beißen, sowie ferner einen wütenden Vermieter, der sich beschwerte, dass der Hund pausenlos den ganzen Tag lang gebellt habe. „Sie haben zwei Tage, um das Problem zu lösen, oder sie sind hier raus", sagte er.

Petunia war ein klassischer Fall von Trennungsangst. Weil ihre Besitzerin noch keine Freunde in der Gegend hatte und sich auf ihrer neuen Arbeitsstelle auch noch keine freie Zeit nehmen konnte, verbrachte ich die nächsten zwei Wochen damit, Petunia zu zeigen, dass es nicht schlimm war, wenn sie allein in der neuen Wohnung blieb, während Frauchen auf der Arbeit war. Nachdem ich einige Zeit mit Petunia in der Wohnung verbracht hatte, stand ich jeweils von der Couch auf, nahm einen Schlüsselbund in die Hand und war ihr einige Leckerchen zu. Dann setzte ich mich wieder hin. Anschließend wiederholte ich das Ganze – Aufstehen, Schlüssel nehmen, Leckerchen werfen, wieder hinsetzen – zwanzig Mal. Alles, um Petunia zu zeigen, dass gute Dinge geschehen, wenn jemand den Schlüssel in die Hand nimmt. Als Nächstes nahm ich den Schlüssel in die Hand und machte fünf Schritte in Richtung Tür. Leckerchen für Petunia. Dann nahm ich die Schlüssel, ging den ganzen Weg bis zur Tür und fasste die Klinke an. Hühnchen für Petunia. Irgendwann verließ ich die Wohnung für dreißig Sekunden, dann eine Minute und dann zehn Minuten, während Petunia an einem mit Futter gefüllten Hohlspielzeug schleckte. All diese Schritte konditionierten Petunia dazu, sich gut anstatt verängstigt zu fühlen, wenn ihre Besitzerin die Wohnung verließ. Auch mich lehrten sie etwas, nämlich, dass Geduld und Ausdauer nötig sind, um Trennungsangst zu beheben. Das Ganze kostete mich zwei Wochen und etwa siebzig Stunden meiner Zeit, aber Petunia lernte, sich wohlzufühlen, während ihre Besitzerin auf der Arbeit war. Wenn ich mich recht erinnere, berechnete ich der Kundin hundertfünfzig Dollar und stellte weder Fahrtkosten noch Fahrtzeit in Rechnung. Aber der Tierarzt, der Petunias Besitzerin an mich verwiesen hatte, war beeindruckt, und so führte dieser Fall zu einem weiteren Fall, welcher wiederum drei neue Aufträge nach sich zog. Innerhalb kürzester Zeit waren Nancy und ich rund um die Uhr beschäftigt. Nach ein paar Jahren wechselte Nancy in eine Position an der Universität, die besser dazu geeignet war, die Pferdeleidenschaft ihrer Tochter zu finanzieren, aber ich blieb am Ball. Ich hatte Feuer gefangen und großen Spaß daran, als Übersetzerin zwischen zwei verschiedenen Spezies zu fungieren.

Bei meiner Arbeit wurde ich immer wieder von meinem Idol Jane Goodall inspiriert und betrachtete mich selbst als Feld-Verhaltensforscherin, die eben nur in Wohnzimmern anstatt in afrikanischen Wäldern arbeitete. Ich beobachtete die Hunde so, als würde ich das Verhalten einer Wildtierspezies erforschen – sorgsam registrierte ich jede Veränderung im Augenausdruck oder in Spannung und Form der Lefzen. Wenn man erst einmal ein erfahrener Beobachter ist, weiß man, dass Hunde die ganze Zeit über mit uns zu sprechen zu versuchen – man muss nur hinhören.

Ich lernte schnell, was jeder guter Trainer und Verhaltensexperte weiß: Hunde haben eine leise Stimme, die man gut verstehen kann, aber die meisten Menschen wissen leider nicht, wie man hinhört. Hundebesitzer brauchen oft einen Übersetzer, egal, wie sehr sie ihre Tiere lieben. Ihnen zu zeigen, wie sie mit ihren Hunden kommunizieren konnten, betrachtete ich als meine Hauptverantwortung. Zu verstehen, was ein Hund einem zu sagen versucht, ist zwar keine Astrophysik, aber andererseits ist es mit reiner Intuition auch nicht getan. Vor allem „hört" man mit seinen Augen.

Immer, wenn ich Hundeerziehungskurse gab, ließ ich einen der Besitzer einen schwierigen Rückruf zeigen, zum Beispiel, indem er seinen Hund von Futter wegrief, das ein Helfer in der Hand hielt. Die anderen Teilnehmer des Kurses sahen zu, wie der Besitzer seinen Hund für die richtige Ausführung lobte und ich bat sie, zu beschreiben, wie der Hund denn auf „Guter Junge, Bailey!" und die lobenden Tätschler auf den Kopf reagiert hatte. Durchgängig antworteten die Teilnehmer jedes Mal, dass die Bestärkung durch den Besitzer erfolgreich gewesen war. „Sie hat sich so gefreut!", sagten sie. „Gute Arbeit!" Wenn ich aber nachfragte, wie genau der Hund denn reagiert hätte, ging den Zuschauern auf, dass sie den Hund überhaupt nicht beobachtet hatten, sondern nur dessen Besitzer.

Dann wiederholten wir die gleiche Übung, und dieses Mal fiel den Zuschauern auf, dass Bailey sich wegdrehte, während er auf den Kopf getätschelt wurde und versuchte, der Hand seines Besitzers auszuweichen. Hatte Bailey das Tätscheln und das Lob gemocht? „Nein!" antwortete jetzt der ganze Kurs wie ein überraschter antiker Chor. Ich erklärte ihnen, dass die allermeisten Hunde das „Patsch-patsch" auf ihrem Kopf überhaupt nicht mögen und dass diese Art von vermeintlichem Lob es weniger anstatt mehr wahrscheinlich gemacht hatte, dass Bailey beim nächsten Rückruf wieder so schnell kommen würde. Als Nächstes beobachteten wir die Reaktion des Hundes, wenn er getrocknetes Hühnchenfleisch für das Kommen auf Zuruf bekam – dieses Mal vollführte Bailey einen Freudentanz und schaute seinem Besitzer direkt in die Augen: „Oh ja! Dieses Spiel gefällt mir! Können wir das nochmal machen?"

Das gleiche Phänomen – ein Hund, der ganz klar etwas kommuniziert, was aber von seinem Besitzer nicht bemerkt wird – beobachtete ich in meinem Büro fast täglich. Max kam geduckt in mein Büro gekrochen, während seine Besitzer sagten: „Oh, er ist in Ordnung. Streicheln Sie ihn nur!" In der Zwischenzeit stand Max mit großen, runden Augen stocksteif da und bat mich, doch bitte, bitte, bitte nicht näher zu kommen und ihn nicht mit meinen fremden Händen anzufassen. Wenn er ein Mensch gewesen wäre, hätte er geschrien. Oder geweint.

Ich liebte es, Dr. Dolittle zu spielen und als Brücke zwischen den Individuen zweier Spezies zu dienen, die einander zwar liebten, aber auch oft missverstanden. Was allerdings nicht immer einfach war.

Ich hatte noch nicht viele Kunden gehabt, als ein Rüde namens Tanker in mein Büro kam. Tanker war ein großer, wunderschöner Border Collie, der Menschen biss. Zu dem Zeitpunkt, als ich ihn sah, hatte er schon eine ganz schön dicke Akte angesammelt. Als er acht Monate alt war, hatte er den Briefträger gebissen. Den Tierarzt hatte er mit der Entschlossenheit und Unerbittlichkeit eines religiösen Fanatikers gebissen. Und zu guter Letzt hatte er seinen Besitzer George gebissen, der jetzt mit Tränen in den Augen in meinem Büro saß und mir erklärte, wie sehr er Tanker liebte und wie sehr er hoffte, dass ich ihm helfen könne.

George saß neben seiner Frau Cynthia und wippte mit den Füßen, während er sprach. Das Schaben seiner Lederschuhe auf dem Teppich wiederholte sich wie ein leiser Trommelrhythmus unter seinen Worten. Ich hörte ihm zu, aber hielt meinen Blick auf Tanker gerichtet, was mir unter den gegebenen Umständen angeraten schien. Der für einen Border Collie absolut riesige Rüde lag George zu Füßen und musterte mich mit stählernem Blick. Georges Augen dagegen waren sanft, als er darüber sprach, wie sehr er seinen Hund liebte, auch wenn Tanker ihn angeknurrt hatte, als er versucht hatte, ihn zu bürsten und auch wenn er ihn erst gestern Abend gebissen hatte, als er die Hand nach seinem Kopf ausgestreckt hatte, um ihn zu streicheln.

Tanker liebte es, sich ins Bett neben George und Cynthia zu kuscheln. Er schlief meistens auf Georges Seite – zweifellos deshalb, weil dort mehr Platz war, denn so groß Cynthia war, so klein war George. Sie war mindestens einsachtzig groß und ziemlich breit in den Hüften. George dagegen war lattendürr und maß höchstens einsachtundsechzig. Den ganzen Nachmittag, während wir uns unterhielten, konnte ich Emil Noldes Bild „Dünner Mann und dicke Frau“ nicht aus dem Kopf bekommen.

Cynthias Lachen war so groß wie ihr Körper und sie setzte es oft ein, um George zu unterbrechen und ihre Version der Geschichte zu erzählen. „Der schlaueste Hund, den ich je hatte“, sagte sie. „Tanker hat George komplett um den Finger gewickelt. Ich kann George einfach nicht davon überzeugen, dass er die Führung übernehmen muss, Sie wissen schon, der Alpha sein muss. Deshalb sind wir zu Ihnen gekommen – ich dachte, auf Sie hört er eher als auf mich. Wir beide lieben Tanker, aber mir ist klar, dass das hier langsam ernst wird und ich kann es nicht ertragen, zu sehen, wie er George herumschubst.“ Sie drehte ihren Kopf von mir zu ihrem Mann und sagte: „George? Zeig ihr, was er macht, wenn du ihn bürsten willst.“

George kramte die Hundebürste aus der riesigen Tasche, die Cynthia hereingeschleppt hatte, erhob sich von seinem Stuhl und hockte sich neben Tanker. Dann streckte er die Hand mit der Bürste nach ihm aus.

Das tiefe Grollen, das aus der Hundekehle kam, war nicht zu überhören. Tankers Körper versteifte sich und sein Maul schloss sich. Er drehte den Kopf, um Georges Hand anzustarren. Der weiße Fellfleck rund um sein Maul betonte die winzigen Falten, die sich um seine Lefzen bildeten, als er zu knurren begann.

„Zeig's ihr, George. Zeig ihr, wie er nach dir schnappt."

George hielt inne und betrachtete die Bürste. Sie hatte einen abgenutzten Rücken und Plastikborsten. Wieder war es im Büro für einen Moment still. Alles, was ich hören konnte, war die Wanduhr, wie sie die Sekunden heruntertickte und Tankers gedämpften Atem. Leise schlug ich vor, dass ich vielleicht diejenige sein könnte, die die Bürste in die Hand nahm, aber George antwortete darauf, indem er die Hand ausstreckte und Tankers Rücken mit der Bürste berührte. Tankers Kopf schwang so schnell herum, dass die Bewegung kaum wahrzunehmen war. Eben noch hatte er nach links geschaut, und nun, quasi im gleichen Moment, schaute er nach rechts. Sein Zähne trafen mit einem klackenden Geräusch auf die Bürste, während George die Hand zurückzog und „Nein!" schrie.

„Sehen Sie, was ich meine?", sagte Cynthia. „Er wird wirklich gefährlich."

„Gefährlich werden" war eine Untertreibung für einen Hund, der bereits mehrere Leute gebissen hatte, und zwar heftig und wiederholt. Ich spielte mit meinem Stift.

„Tanker ist sonst so ein guter Hund", sagte George. „Er ist so schlau, er denkt sich sogar seine eigenen Spiele aus! Er rennt die Treppe hoch und lässt einen Ball runterfallen, damit er ihm nachjagen kann. Unten fängt er ihn auf, rennt die Treppe wieder hoch und fängt wieder von vorn an. Können Sie sich das vorstellen?"

Wenn Leute mir sagen, ihr Hund sei besonders klug, antworte ich meistens: „Das tut mir leid." Schon früh hatte ich gelernt, dass schlaue Hunde öfter zu Problemhunden werden als andere. Es führt zu nichts besonders Gutem, wenn der Hund ein besserer Trainer ist als sein Besitzer, was trotz der Fähigkeit unserer Spezies, Schokolade und Klebeband zu erfinden, nicht selten vorkommt. Stecken Sie einen Hund und einen Mensch zwei Stunden lang zusammen in einen Raum und ich garantiere Ihnen, dass der Hund mehr Erziehungsarbeit übernommen hat.

„Die meiste Zeit ist Tanker so liebevoll. Wir hatten gehofft, dass er ein Therapiehund werden könnte – Sie wissen schon, wie man sie in Altersheime mitnimmt, um den Senioren eine Freude zu machen. Er ist so ein toller Hund, zumindest meistens, und er liebt Menschen. Wir dachten, er könnte so vielen Menschen ein Trost sein, wenn er nur nicht beißen würde. Meinen Sie, Sie können ihm helfen?“, fragte George.

Ihm helfen? An diesem Punkt dachte ich eher darüber nach, wie ich mir selbst helfen könnte, denn es war nun Zeit, dass ich ihn zur näheren Einschätzung anfassen musste. In der Verhaltenstherapie ist die direkte Arbeit mit einem Hund das Äquivalent zur genauen Untersuchung des Patienten bei einem Arzt. Man kann einfach nicht beurteilen, was mit einem Hund los ist, bis man nicht selbst mit ihm interagiert hat. Aber Tanker war nicht der Hund, mit dem ich an diesem Nachmittag zu tun haben wollte. Ich hatte meine Karriere gerade erst begonnen und es war lange her, seit ich zuletzt mit aggressiven Hunden gearbeitet hatte. Außerdem war ich todmüde. Ich hatte schon drei Kunden gehabt, bevor Tanker hereinkam, und letzte Nacht hatte ich wegen Albträumen schlecht geschlafen. Seit ein knapp vierzig Kilo schwerer Mischling meine Hand zwischen seine Zähne genommen hatte (was mein Fehler war), träumte ich in letzter Zeit öfter davon, von einem ganzen Hunderudel angegriffen zu werden. Dann wachte ich schreiend auf, das Bild riesiger, spitzer Zähne noch vor mir, die mich zerrissen, während ich hilflos auf dem Rücken lag.

Nachdem das ein paar Monate lang so gegangen war, beschloss ich, dass mein Gehirn und mein Körper versuchen sollten, die Realität der Arbeit mit aggressiven Hunden miteinander zu versöhnen. Also begann ich, mich mit Zähnen anzufreunden: „Oh, Charlie“, sagte ich zum Beispiel, „was für große Zähne du hast! Und sie sind *so* schön weiß!“ Die Träume verschwanden, und nach einer Weile hatte ich kein Problem mehr damit, mit Tieren zu arbeiten, die Teppichmesser in ihren Mäulern hatten und auch bereit waren, sie einzusetzen. Damals war mir noch nicht klar, wie wichtig es war, dass ich mich meinen Ängsten in einem Kontext stellte, in dem ich mich auskannte und in dem ich die Kontrolle hatte.

Tanker lag zu Cynthias Füßen und starrte mir mit der Art von Blick direkt in die Augen, wie Terence Hill ihn den Schurken zuwirft, bevor die Schlägerei losgeht. Ich wusste, dass ich die direkte Arbeit mit ihm nicht einfach umgehen konnte. Mit Kunden darüber zu sprechen, welches Verhalten ihre Hunde zeigen, ist das eine, aber es selbst zu sehen, ist etwas anderes. „Gut“, sagte ich, als ich von meinem Stuhl aufstand, „ich kann Ihnen keine Garantien dafür geben, was wir erreichen werden, aber ich kann sagen, dass den meisten Hunden geholfen werden kann. Und man kann unmöglich wissen, inwiefern sie sich bessern können, bevor man nicht mit dem Behandlungsplan begonnen hat.“ Ich schaute Cynthia an und sagte: „Bevor ich Georges Frage beantworten kann, muss ich ein bisschen mit Tanker arbeiten. Ist das in Ordnung?“

„Er ist ganz der Ihre, meine Liebe“, sagte Cynthia. „Aber seien Sie vorsichtig – er ist höllisch schnell.“

Ich schaute zu Tanker, der mir weiterhin geradewegs in die Augen schaute. Ich atmete durch.

Ich griff mir eine Handvoll Leckerchen, stand auf und ging halb durch den Raum. „Hey, Tanker“, lockte ich, legte meinen Kopf zur Seite und winkte mit einem Leckerchen. Tanker legte den Kopf schief und klopfte mit dem Schwanz zwei Mal auf den Boden. Fump fump.

Ich klopfte auf meinen Oberschenkel. Tanker stand auf und kam mit langsamem Schwanzwedeln auf mich zu. Allerdings hatte sein Wedeln nichts Freundliches. Schwanzwedeln ist wie Lächeln – meistens bedeutet es Nettigkeit, aber nicht immer. Kennen Sie diese Filme, in denen der Killer lächelt, bevor er den Abzug drückt? Oder das kalte Lächeln von jemandem, der Sie auf einer Cocktailparty direkt vor Ihrer Verabredung bloßstellt? Tankers Wedeln lag irgendwo zwischen dem Gesichtsausdruck eines kaltblütigen Killers und dem hämischen Grinsen eines Rivalen. Er machte ganz klar, dass er zwar interagieren wollte, aber nur zu seinen Bedingungen.

„Tanker, sitz“, sagte ich und hob meine rechte Hand zu einem Sichtzeichen. Tanker ließ sein Hinterteil geradezu begeistert zu Boden ploppen. Offensichtlich war das hier ein Spiel, das er mochte. Cynthia und George lachten. „Ist er nicht süß?“, sagte sie.

„Guter Junge, Süßer,“ sagte ich und warf ihm ein Leckerchen hin. Er fing es aus der Luft wie ein Seelöwe im Zirkus und kam zu mir zurück gelaufen. Er war aufgestanden, um das Leckerchen zu holen, so konnte ich jetzt wieder „Sitz“ von ihm verlangen. Wumm, ließ er sein Hinterteil zu Boden fallen, hob die rechte Pfote wie zum Gruß und legte den Kopf schief. Ich hatte den deutlichen Eindruck, dass er Spaß hatte. Cynthia und George zerflossen nur so vor Liebe.

„Guter Junge, Tanker.“ Ich bewegte mich einen Schritt nach vorn. „Platz,“ sagte ich ruhig und zeigte auf den Boden.

Tankers Maul schloss sich und sein Körper versteifte sich ganz leicht. Verdammt. Ich trat an seine Seite, zeigte ihm das Leckerchen in meiner rechten Hand und legte es langsam auf den Teppich, während ich wieder sanft „Platz“ sagte.

Tanker drehte den Kopf und schaute mir mit einem Blick in die Augen, der beinah mein Herz stillstehen ließ. Bis dahin hatte ich noch nie am eigenen Leib erfahren, was es heißt, wenn einem „das Blut in den Adern gefriert“. Es ist nicht nur, dass man die Luft anhält oder einen Adrenalinstoß spürt, der einem den Magen zusammenschnürt und das Herz rasen lässt. Zwar ist es all das, aber man kühlt plötzlich innerlich auf eine Art und Weise ab, die nichts mit dem Wetter zu tun hat. Tankers Blick wurde ganz ruhig und stählern, als ob er mich daran erinnern wollte, dass er mit Zähnen bewaffnet war, die zum Zerreißen von Haut und Fell gemacht waren. Dieser Blick bedurfte keiner Analyse – mein Körper verstand ganz genau, was er bedeutete und begann Alarm zu melden wie die blinkende Warnleuchte für überhitzte Motoren.

Ich versuchte es anders. Ich lockte ihn. Ich zeigte ihm wieder das Leckerchen, sagte „Ooooch, schade“ und steckte es mir selbst in den Mund. Es war Trockenfisch aus Alaska. Es schmeckte absolut grässlich.

„Mmmmm, wie gut!“, sagte ich und lächelte gequält, als ich das furchtbare Zeug kaute. George sah der Aufführung mit großen Augen zu. Cynthia brach in schallendes Gelächter aus und klatschte George aufs Bein.

„Das wird ihm zeigen, wo der Frosch die Locken hat!“, gluckste Cynthia. George lächelte, sah aber verwirrt aus.

Genau wie Tanker. Er starrte mich weiterhin an, aber sein Blick war jetzt weicher. Er schenkte mir seine volle Aufmerksamkeit und wartete, was als

Nächstes kam. Das sah nach einem guten Anfang aus und gab mir Mut zum Weitermachen.

Ich zeigte ihm ein weiteres Leckerchen, lockte ihn mit einer fließenden Bewegung zu Boden und sagte „Platz“. Tanker sah das etwa zwanzig Zentimeter unter seiner Nase wartende Leckerchen an, die Augen fest auf das Futter in meiner Hand geheftet. Meine eigenen Augen hielt ich auf Tankers Schulter gerichtet, lauernd auf das kleinste Anzeichen dafür, dass er sich herumwerfen und in meine Hand beißen könnte. George und Cynthia waren still. Ich konnte ihre gebannte Aufmerksamkeit spüren, ohne sie anzusehen. Die atemlose Stille im Raum wurde vom Nachmittagszug unterbrochen, der ein paar Blocks entfernt pfiff.

Tanker legte sich nicht hin. „Och, schade“, sagte ich und zog das Leckerchen wieder weg. Diesmal tat ich nur so, als ob ich es essen würde, versteckte es in der hohlen Hand und steckte es in die Tasche. Tanker stand auf und kam bis auf dreißig Zentimeter an mich heran. Er hob den Kopf, um wieder Blickkontakt zu mir aufzunehmen, und wieder hörte ich ein Knurren. Er hielt seinen Blick direkt in meine Augen gerichtet und kam steif auf mich zu. „Gib mir das Leckerchen, Schlampe“ – Hunde können das sagen, nur eben nicht laut – „oder ich beiße dich.“

Toll. Und was nun? Selbst locker bleiben – ich wusste, wie wichtig das war, also atmete ich ein paar Mal tief durch und entspannte meine Haltung, was nicht gerade einfach war, wo mein Herz gerade so stark klopfte, dass ich es von innen an meinen Brustkorb schlagen fühlte. Ich hatte Angst, keine Frage. Die wichtigere Frage war, ob das auch für Tanker gleichermaßen offensichtlich war.

Vielleicht. Ich war noch nicht über viele Hunde gestolpert, die zwölf Mal gebissen hatten. Aber ich hatte genug Erfahrung, um zu wissen, dass ich in diesem Moment in Gefahr war und dass ich beim kleinsten Fehler gebissen werden könnte. Genauso sicher war ich, dass ich aus dieser dummen Lage entkommen könnte, wenn ich Tanker diese Runde gewinnen lassen und mich zurück hinter meinen Schreibtisch bewegen würde. Ich warf einen kurzen Blick zu ihm hin: Ein alter Schiffsdampfer aus Mahagoni, den ich für hundert Dollar irgendwo aufgelesen hatte. Er sah aus wie ein Bunker, hinter dem ich mich verstecken konnte, bevor die Bomben fielen.

Aber da waren Cynthia und George, die von mir die Wunderkur für ihre Probleme erwarteten. Und da war Tanker, dicht an mir dran und sehr persönlich, der geduldig meine nächste Bewegung abwartete.

Ich hielt meinen Kopf ruhig, meinen Atem gemessen und meinen Blick abgewandt, während ich aus dem Handgelenk ein weiteres Leckerchen hinter Tanker warf. Wir sahen es im Bogen durch die Luft fliegen und dann, wie Tankers weiße Schnauzenspitze ihm erst nach oben und dann nach hinten um sich herum folgte. Er sah sich noch einmal zu mir um, direkt in meine Augen, bevor er sich umdrehte und das Stück Hühnchen mit seiner dicken rosa Zunge vom Teppich wischte.

Als er sich wegdrehte, atmete ich aus und warf einen verstohlenen Blick auf Cynthia und George. Sie hatten nur Augen für Tanker. George hatte den Kopf geneigt und war offensichtlich verzaubert von Tankers Fähigkeit, Futter aus dem abgetretenen Teppich zu saugen. Cynthia saß da und starrte, zuerst auf ihn, dann auf mich. Ich leckte mir über die Lippen und nahm einen neuen Atemzug.

Nächste Runde. Was ich als Nächstes versuchen wollte, beinhaltete, dass ich mich auf den Boden herunterlassen musste, mit meinem Gesicht mitten in Tankers Gefechtszone. Der Plan gefiel mir nicht besonders, aber er schien die beste Option zu sein. Ich wusste, dass das Ergebnis dieses Moments unsere Beziehung ein für allemal bestimmen würde. Wenn ich Tanker zeigen konnte, dass es Spaß machte, das zu tun, was ich verlangte, könnte ich der ganzen Sache zwischen ihm, Cynthia und George eine Wendung geben.

„Hey, Hübscher!“, rief ich, entschieden munterer. Tanker drehte sich um, um mich anzuschauen, und ich schwöre, er sah belustigt aus. Er kam näher und sah zu, wie ich ein Stückchen Hühnchenfleisch aus dem leinernen Leckerchenbeutel holte, den ich um meine Hüfte trug. Ich hielt das Leckerchen in meiner rechten Hand und zeigte es ihm. Als seine Nase mit Zucken antwortete, verlangte ich wieder „Sitz“ von ihm. Nachdem er gehorcht hatte, ließ ich mich auf ein Knie nieder und streckte mein anderes Bein parallel zum Boden in etwa vierzig Zentimetern Höhe aus.

Dann bewegte ich das Leckerchen nach unten zum Boden, auf die andere Seite meines ausgestreckten Beins. Um daran zu kommen, würde Tanker sich hinlegen und teilweise unter meinem gestreckten Bein durchkriechen müssen. Ich forderte ihn zu gar nichts auf, sondern konzentrierte mich nur darauf, mein Bein gerade gestreckt und das Leckerchen am Ort zu halten und ihm nicht in die Augen zu schauen. Er versuchte aufzustehen, als ob er sich über mein Bein lehnen und so an das Leckerchen kommen wollte, aber ich nahm es weg und verlangte wieder Sitz. Er setzte sich. Guter Anfang. Ich lockte ihn wieder mit dem Leckerchen unter meinem Bein. Wie einen Esel mit der Karotte lockte ich ihn so nach vorn, dass er sich erst hinlegen musste.

Die Hunde, die nicht versessen auf Hühnchen sind, können Sie an einer Hand abzählen. Tanker gehörte zum Glück nicht zu ihnen. Ein dünner Speichelfaden hing ihm seitlich aus dem Maul. Das Futter war immer noch fünf Zentimeter entfernt. Alle Augen waren auf seinen Kopf gerichtet, als er endlich mit den Vorderbeinen einknickte, um an das Futter heranzukommen. „Guter Junge!", schmeichelte ich und gab das Leckerchen zur Belohnung fürs Hinlegen frei, auch wenn es nur ein teilweises Hinlegen gewesen war.

Ich brachte ihn wieder in die sitzende Position zurück und lockte ihn ein weiteres Mal herunter. Nach langem Zögern lag Tanker flach auf dem Boden. „Jawohl! Was für ein guter Junge du bist!", rief ich und gab ihm gleich mehrere Stücke Hühnchen aus meiner Tasche.

„Guck mal, ist er nicht schlau?", sagte George.

„Eher verfressen", antwortete Cynthia, aber sie lächelte.

Tanker und ich wiederholten die Übung noch ein paar Mal, bis sie sich wie ein Spiel anzufühlen begann – für ihn hoffentlich genauso wie für mich. Natürlich hatte ich eigentlich gar nichts von ihm verlangt, ich versuchte lediglich, einen Weg zu finden, wie er sich in meiner Gegenwart hinlegen würde. Beim vierten Versuch begann er sich ohne Zögern hinzulegen und ich sagte „Platz", kurz bevor seine Vorderbeine einknickten und den Boden berührten. Beim siebten Versuch sagte ich „Platz" mit dem Futter vor meinem Bein. Diesmal musste er sich nicht hinlegen, um an das Futter zu kommen, aber wie erhofft tat er es trotzdem. Beim nächsten Mal streckte ich mein Bein nicht mehr aus und blieb neben ihm hocken. Was auch deswegen eine gute Sache war, weil meine Oberschenkelmuskeln seit einigen Minuten quasi vor Schmerzen schrien.

Er legte sich hin. Gott sei's gepriesen und gepfiffen, er legte sich nur deshalb hin, weil ich ihn darum gebeten hatte. Ich gab ihm den Rest meines Hühnchens und ging zu meinem Schreibtisch, wobei ich den Impuls unterdrückte, dahinter abzutauchen. Meine Beine zitterten, natürlich nur von der Anstrengung, die es gekostet hatte, auf dem einen Bein zu hocken und das andere auszustrecken.

Als ich wieder zu Atem gekommen war, unterhielten wir uns lange darüber, wie Tanker nun lernen sollte, dass es in seinem eigenen Interesse war, wenn er tat, was man ihm sagte. Die beiden mussten fröhliche und freundliche Wege finden, seinen Verstand zu beeinflussen, anstatt Gehorsam von ihm erzwingen zu wollen. Beide brachen in schallendes Gelächter aus, als ich vorschlug, George solle doch künftig Cynthia mehr verwöhnen als den Hund. Cynthia gefiel die Idee, Tankers Intelligenz zum Formen des richtigen Verhaltens zu nutzen und wir arbeiteten ein paar Übungen für die nächsten Wochen aus. Wir verabredeten, dass sie in zwei Wochen wieder vorbeikommen sollten.

Als sie gegangen waren, war ich nicht optimistisch. So schlaue Hunde wie Tanker, die nach dem ersten Versuch begreifen, worum es geht, können furchtbar anstrengend zu trainieren sein – geben Sie ihm nur ein Leckerchen, nachdem er gerade gebellt hat und Sie haben einen Nonstop-Kläffer. Bringen Sie ihn sofort wieder ins Haus, nachdem er im Garten Pipi gemacht hat, und er lernt, das Pipimachen draußen zurückzuhalten, um länger im spannenden Garten bleiben zu können. Tanker war schlau, keine Frage. Wie sich herausstellte, waren Cynthia und George es auch. Sie engagierten sich beide gleichermaßen und wurden zu zwei meiner besten und liebsten Kunden. Tanker hörte auf zu beißen und setzte sein Gehirnschmalz für Besseres ein, bis die Besuche der drei zu rein freundschaftlichem Vorbeischauen wurden, wenn sie gerade auf dem Weg zu ihrem Ferienort im Norden Wisconsins waren.

Cynthia starb einige Jahre später an Krebs. George sagte mir, er wüsste nicht, wie er ohne Tanker, der sich neben ihn gekuschelt hatte, die schwarzen Nächte durchgestanden hätte.

Nachdem ich mit Tanker gearbeitet hatte, tat ich das Gleiche mit Hunderten anderer Hunde, deren Verhalten als „aggressiv“ abgestempelt worden war. Manche Hunde waren einfach nur deshalb „aggressiv“, weil sie gelernt hatten: Zeig deine Zähne und du bekommst, was du willst. Sie wollten niemanden verletzen; sie wollten nur, was sie eben wollten und hatten herausgefunden, dass Drohen ein effektives Mittel dazu war. So war es bei Tanker. Aber die meisten Hunde sind „aggressiv“, weil sie Angst haben. So wie Samantha, eine Spaniel-Irgendwas-Mischlingshündin, die wie eine pelzige kleine Dynamitstange mit gezündeter Lunte in meinem Büro saß. Ihre Besitzer beteuerten: „Oh, sie ist in Ordnung! Streicheln Sie sie nur“, während sie bewegungslos dastand, züngelte und ihren Kopf wegdrehte. Sie sagte in der einzigen Sprache, die sie hatte: „Streck nicht die Hand nach mir aus und fass mich nicht an. Nicht jetzt, nur nicht jetzt.“ Genau wie unvorbereitete Schüler im Klassenzimmer vermeiden auch Hunde den Blickkontakt, wenn sie sich am liebsten unsichtbar machen und jeden Kontakt vermeiden würden. Sich ihnen dann aufzudrängen, führt selten zu etwas Gutem.

Andere Hunde drängelten so frenetisch in mein Büro wie Jobbewerber, die beim Bewerbungsgespräch einfach nicht aufhören können, von sich selbst zu sprechen. Die Besitzer lachten dann immer, wenn ihre Hunde wie hyperaktive Flummibälle von einer Wand zur anderen hüpften. Ein massiger Labrador sprang einmal sogar auf meinen Schreibtisch, donnerte gegen meinen Bildschirm und wirbelte Papiere vom Tisch wie Laub in einem Herbststurm. „Er ist überfreundlich!“, gluckten seine Besitzer. Auf mich wirkte er gar nicht freundlich, sondern eher vollkommen außer sich. Hunde können Angst auf verschiedene Art und Weise ausdrücken – von knurrend in einer Ecke sitzen über so bewegungslos wie ein Stofftier dastehen bis hin zu hysterischer Aktivität. Oft versuchen Hunde uns mitzuteilen, wie viel Angst sie haben, aber Menschen können dem gegenüber vollkommen unempfänglich sein. „Er ist gerade nur dominant“, sagen sie über einen Terrier, der Angst vor fremden, über seinem Kopf schwebenden Händen hat. „Sie hat ihren eigenen Kopf!“ höre ich mindestens einmal in der Woche, in diesem Fall über eine Colliehündin, die tagsüber nicht in ihre Box wollte, weil sie Angst hatte, allein zu sein.

Warum sollten Hunde eigentlich keine Angst empfinden? Im Vergleich zu uns sind sie klein. Sie haben nur wenig Kraft. Wir kontrollieren ihr Fressen, ihre sozialen Kontakte und wann sie zur Toilette gehen dürfen. Und vor allem haben sie keine Stimme. Sie können nicht sagen „Bitte fass nicht nach meinem Kopf und häng nicht über mir, während du mir in die Augen starrst." Oder „Ich habe Angst vor dem Hund da, der direkt auf mich zukommt, und die Leine und der Gehweg zwingen uns beide gerade eine unhöfliche, unerwünschte Begegnung auf, der wir beide aus dem Weg gehen würden, wenn du uns nur lassen würdest." Also tun sie das einzige, was ihnen übrig bleibt: Manche Hunde versuchen sich zu ducken oder zu verstecken, während andere ihrer Angst durch Knurren oder furchtsames Bellen Ausdruck verleihen – mit angelegten Ohren, die Lefzenwinkel zu einer Angstgrimasse zurückgezogen.

Ich mochte sie alle, ganz besonders die furchtsamen und verängstigten, die verzweifelt jemand brauchten, der sie hörte, verstand und ein Gespür dafür hatte, was sie durchmachten. Mein Mitgefühl für sie war stärker als meine eigene Angst, gebissen zu werden und mein eigenes Bedürfnis danach, mich der Angst in einer Umgebung zu stellen, die ich selbst kontrollieren konnte. Hunden kann man einen Maulkorb anlegen. Menschen nicht.

Kapitel dreizehn

Als das fahle Licht eines Wintersonnenaufgangs durch das Fenster sickerte, hörte ich den ersten Frühlingsgesang einer Schwarzkopfmeise:“Wo-hiiin, wo-hiiin!“ Im Winter hierbleibende Standvögel wie Meisen oder Kardinale beginnen zu singen, wenn die Tage im Februar länger werden. Die Temperatur spielt dabei keine Rolle. Wenn ich diese fließenden Melodien zum ersten Mal höre, erkläre ich den Frühling und pfeife auf Schnee und Eis.

Ich tappte zu Pippy Tay hinüber, die fest auf ihrem Hundebett unter dem Fenster schlief. „Pippy. Pippy, wach auf, Schätzchen.“ Nichts. Ich sagte ihren Namen noch einmal, lauter diesmal, und strich ihr sanft über die Schulter. Sie schien weniger zu reagieren denn je. Atmete sie noch?

„PIPPY!“ Jetzt schrie ich. „Wach auf, Pippy!“ Ich schüttelte ihre Schulter. Mir stiegen Tränen in die Augen, der Gedanke, dass sie in der Nacht gestorben war, verhärtete sich zu Eiszapfen in meinem Bauch. Und dann blinzelte sie und hob den Kopf. Ihr Schwanz machte klopf, klopf, klopf, während mir Tränen der Erleichterung die Wangen herunterliefen.

Pip war der unkomplizierteste und sanfteste Hund, den ich je gehabt hatte. Sie liebte jeden, egal ob er zwei oder vier Beine hatte. Sie mag als Hütehund eine Niete gewesen sein, aber sie war das ultimative Kindermädchen und ich wollte noch nicht, dass die Peter-Pan-Geschichte zu Ende ging.

Nachdem wir die Treppe heruntergegangen waren, brachte ich sie zum Pippimachen nach draußen und passte auf, dass sie auf der eisglatten Auffahrt nicht ausrutschte. Pippy hockte sich hin, und als ihr Körper sich wieder aufrichtete, begann sie zu zittern und zucken. Ihre Hinterbeine gaben nach und sie sank in Richtung des schneebedeckten Bodens, sich vorn aufbäumend wie ein sinkendes Schiff und mit wie trunken pendelndem Kopf. Ich rannte zu ihr und legte sie sanft hin. Dabei überprüfte ich ihre Augen auf offensichtliche

Anzeichen des Vestibulärsyndroms, eine verschreckende und unangenehme, aber meist vorübergehende Störung im Innenohr, die Schwindelsymptome auslöst. Es sieht furchtbar aus und ist für den Hund ganz klar sehr schrecklich, geht aber meist nach einigen Tagen oder Wochen vorüber. Wenn es das Vestibulärsyndrom wäre, müssten Pippys Augen von links nach rechts hin und her zucken. Leider nichts dergleichen. Ich hob sie hoch, was keine leichte Aufgabe war, und trug sie zurück ins Haus. Etwas später am Morgen schien sie sich erholt zu haben und der Tierarzt Dr. John konnte nichts finden, was mit ihr nicht stimmte, außer dass sie gut über sechzehn Jahre alt, vollkommen taub und teilweise blind war.

Ein ähnlicher Anfall wiederholte sich ein paar Tage später und sie wurde danach noch schwächer. Jim und ich ließen sie nicht mehr allein, aus Angst, dass es ihr schlechter gehen und sie einen langsamen, angstvollen Tod erleiden könnte. Wir wurden zu Sklaven des Kalenders. „Kannst du Montagnachmittag übernehmen, wenn ich den Morgen mache und unsere Freundin Barbara den Dienstag?“ Gegen Ende der Woche wurde klar, dass es nun Zeit war. Pippy am Leben zu halten war nun wirklich nicht mehr als eben das: Pippy am Leben zu halten. Es erinnerte mich an meine Mutter, wie sie in ihren letzten Lebensjahren sagte: „Mein Körper ist nur noch eine Last. Ich möchte ihn einfach loswerden.“

Wir entschlossen uns an einem Sonntagnachmittag, Pippy gehen zu lassen. Dr. John sagte zu, herauszukommen und sie bei uns zuhause auf die letzte Reise zu schicken, nachdem wir zuvor noch einmal ihr Leben gefeiert hatten. Meine letzten Vorbereitungen drehten sich um die anderen Hunde. Lassie und Tulip konnten ruhig im Arbeitszimmer warten, während wir uns im Wohnzimmer von Pippy verabschiedeten. Aber Willie? Ein Bündel halbwüchsigen Überschwangs, das Bewegung und Aufmerksamkeit brauchte, während ich mir ein ruhiges Wochenende mit meiner lieben alten Freundin wünschte. Eine gute Nachbarin mit viel Platz und vielen springlebendigen Border Collies sagte netterweise zu, ihn für das Wochenende zu nehmen.

Pippy starb mit ihrem Maul voll Hühnchen und mit gekraultem Bauch. Nachdem sie gegangen war, brachten wir Tulip und Lassie herein. Wir verbrachten lange, bittersüße Stunden neben Pippys Körper sitzend und versuchten, die Lücke zwischen „Pippy hier“ und „Pippy fort“ zu schließen.

Am nächsten Morgen fuhren wir ihren Körper zur Tierarztpraxis. Diese hatte zugestimmt, sie in ihrem Tiefkühlfach aufzubewahren, bis der Boden hier bei uns auf der Farm so weit aufgetaut war, dass wir sie begraben konnten. Wir legten ihren immer noch warmen, zusammengerollten Körper in den weißen Nebel des Tiefkühlfachs und sagten noch einmal auf Wiedersehen. Das war der Moment, in dem mich das ganze Ausmaß ihres Todes am stärksten traf. Als ich mich zum Gehen umdrehte, gaben meine Knie nach und ich ging zu Boden, genauso erstaunt wie alle anderen um mich herum darüber, dass mein Körper einfach kollabiert war. Mein Gott, wie es wehtut, einen Hund gehen zu lassen.

Danach fuhren Jim und ich vom Tierarzt geradewegs zur Nachbarin, um Willie abzuholen. Er grinste, sprang hoch und drehte sich vor Freude im Kreis – nur, dass er dies leider auf drei Beinen tat. Er konnte seinen linken Vorderlauf überhaupt nicht belasten, seit er unglücklich auf dem Eis ausgerutscht war. Unsere Freundin fühlte sich deswegen schrecklich, als ob es irgendwie ihre Schuld gewesen wäre. Wir versicherten ihr, dass dem natürlich nicht so war und sagten danke-danke-danke dafür, dass sie Willie genommen hatte, während wir uns von Pippy verabschiedet hatten.

Ich weinte auf dem ganzen Heimweg, tiefe, würgende Schluchzer übernahmen die Kontrolle über meinen Körper wie ein außerirdisches Wesen. Ich hatte zwei Jahre extremer medizinischer Pflege von drei altersschwachen Hunden hinter mir, und es war noch nicht vorbei. Tulip brauchte immer noch ungeheuer viel Pflege. Lassies wiederholte Blasenentzündungen machten mich und ihren Tierarzt wahnsinnig. Ich hatte gerade einen Hund verloren, den ich sechzehn Jahre lang geliebt und bewundert hatte und war vor Kummer am Boden zerstört. Andererseits fühlte ich auch eine gewisse Erleichterung nach den langen, erschöpfenden Sorgen um Pippy. Ich brauchte eigentlich unbedingt eine Atempause, aber Willies Verhaltensprobleme verlangten meine ständige Energie und Aufmerksamkeit.

Jedes Mal, wenn Willie sich beim leisesten Geräusch erschreckte und wie von seinem eigenen, panikartigen Bellen getrieben hochfuhr, sprang ich mit, und zwar noch höher. Wenn er mit wild aufgerissenen Augen zum Fenster rannte, stand ich zitternd im Wohnzimmer und versuchte, ruhig zu atmen. Ich versuchte, mit ruhiger und tiefer anstatt angstvoller, schriller Stimme „Alles in Ordnung Willie, Fehlalarm“, zu sagen. Jahrelang waren es Dinge, die wie aus heiterem Himmel kamen – plötzliche, laute Geräusche oder schockierende Filmszenen – die mein Herz zum Rasen brachten und meinen Körper darauf vorbereiteten, um sein Leben zu kämpfen. Während der letzten Jahre war es mir eigentlich sehr viel besser gegangen – das heißt, bis Willie kam und bewirkte, dass es mir schlechter ging als je zuvor.

Als wir an jenem Morgen im Auto nach Hause fuhren, wusste ich sofort: Willies Schulterverletzung würde viel Pflege über eine lange Zeit und die Belastung bedeuten, einen besonders aktiven und reaktiven Hund endlos lange Monate ruhig halten zu müssen. Als wir so durch die Schneefelder fuhren, die ebenso blauweiß waren wie der Winterhimmel, weinte ich mir die Seele aus dem Leib vor Trauer um Pippy und tiefer Verzweiflung über das ständige und erschöpfende Drama namens Willie.

Kapitel vierzehn

Inzwischen war der Frühling auf der Farm voll ausgebrochen, auch wenn er spät gekommen war. Die Gold-Gleditschie hatte ihre gelbgrünen Blätter einen ganzen Monat später als sonst entfaltet. Die blaue Grasmücke hätte schon längst in den Wäldern auf der anderen Straßenseite singen müssen. Jedes Frühjahr hörte ich ihren unmusikalischen, irgendwie prustenden Gesang, und er brachte mich immer zum Lächeln. Ich vermisste ihn und fragte mich, ob er je noch kommen würde.

So, wie ich es nun jeden Tag machte, wenn ich von meiner Arbeit mit Kunden nach Hause fuhr, ließ ich mein Auto den Hügel auf der Landstraße, die auf unsere Farm zuführte, herabrollen und versuchte, die Herausforderungen des Tages hinter mir zu lassen. An manchen Tagen war es leicht. Ich sah viele Fälle, die relativ routinemäßig zu erledigen waren: Junge Paare brauchten Rat, wie sie ihren sanftmütigen Hund auf das in ein paar Monaten ankommende Baby vorbereiten sollten. Andere Kunden hatten Hunde, die Angst vor lauten Geräuschen hatten. Nachdem ich die Vorgeschichte erfragt und den Hund ein bisschen kennengelernt hatte, erklärte ich dann stets, wie man etwas, das der Hund sehr mag, mit einer niedrigschwelligen Version von dem kombiniert, was ihm Angst macht. Sobald Hunde einmal lernen, dass Babyschreie oder Donnergeräusche zum Essen von Hühnchen führen, können sie ihre Meinung sehr schnell ändern. Man muss es richtig und in der richtigen Reihenfolge machen, aber die Grundlage dessen, was man „klassische Gegenkonditionierung" nennt, ist in allen Fällen die gleiche.

An anderen Tagen fühlte ich mich, als ob die Kunden und ihre Hunde mit mir nach Hause fahren würden. Dann kam ich voller Kummer und Mitgefühl für jemanden auf der Farm an, der in meinem Büro gerade darüber geweint hatte, dass er seinen geliebten Begleiter vielleicht würde einschläfern lassen müssen. An diesem einen Tag hatte ich ein Muskelpaket von schwarzem Labrador namens Marvin getroffen, der bester Freund eines Polizisten gewesen war, bis dieser eine Frau mit einem dreijährigen Kind geheiratet hatte. Der

Hund hatte zuvor noch nie mit Kindern zu tun gehabt und sein anfängliches Unbehagen und die Versuche, dem Kind aus dem Weg zu gehen, waren nun in offene Aggression übergegangen. In der Woche, bevor ich ihn sah, hatte Marvin das Kind ins Gesicht gebissen und begann nun auch die Mutter anzuknurren. Die Tränen liefen dem Mann herunter, als wir die Möglichkeiten besprachen – darunter auch die, für Marvin ein neues Zuhause ohne Kinder zu finden.

Ich hatte an diesem Morgen vier Kunden gesehen, was dem üblichen Arbeitspensum entsprach. Jede Konsultation dauerte ein bis zwei Stunden zuzüglich einer weiteren halben Stunde, in der ich meine Notizen in den Rechner eingab.

Nach Marvin hatte ich einen Springer Spaniel gesehen, der so zwanghaft Steine fraß, dass er schon drei Mal operiert worden war. Die Tierärztin hatte gesagt, dass eine weitere Bauchöffnung mit irgendwelchen Aussichten auf Erfolg einfach nicht mehr möglich sein würde, weil weiteres Narbengewebe die natürliche Peristaltik des Verdauungsapparates beeinträchtigen würde. Ich entwarf ein Trainingsprogramm, in dem es darum ging, dass der Hund immer dann, wenn er einen Stein sah, sich umdrehen und ein Spielzeug holen sollte. So sollten weitere Rückfälle vermieden werden. Außerdem schlug ich vor, neben dem schulmedizinischen Rat auch noch einen aus der fernöstlichen Medizin einzuholen, um das Zwangsverhalten an sich zu behandeln.

Am frühen Nachmittag kam eine Kundin mit einem großen, tapsigen Mischling, dessen fröhliches Benehmen gegenüber Menschen sein mörderisches Verhalten gegenüber anderen Hunden Lügen strafte. Zu dem Zeitpunkt, als ich ihn sah, hatte er den Yorkie seiner Besitzerin getötet und drei weitere Hunde verletzt. Seine Besitzerin war schon älter und relativ gebrechlich und hatte auch nicht viel Geld für eine Verhaltenstherapie, geschweige denn für die Behandlungskosten der Hunde, die ihr Hund verletzt hatte. Ihr Hund selbst war kein junger Hüpfer mehr, und die Chance, ihn erfolgreich zu vermitteln, gering. Sie weinte, als ihr klar wurde, dass ich keine Wunderkur für sie und ihren Hund anzubieten hatte.

Danach kam ein Paar mit einem kleinen, sahnebonbonfarbenen Hund namens Trinket in mein Büro. Der Mann schaute die Frau die ganze Zeit über nicht ein einziges Mal an. Die Frau schaute den Mann die ganze Zeit über kein einziges Mal an. Der Hund folgte ihnen dicht und legte sich dann unter einen Stuhl, als ob er sehr erschöpft wäre. Ich fragte, warum sie hier seien und wie ich helfen könne, obwohl sie bei der Terminverabredung schon gesagt hatten, dass der Hund ständig ins Haus machen würde. Stille.

Ich verließ meinen Schreibtisch, um Trinket zu begrüßen, die bei meiner Annäherung zaghaft wedelte. Ich suchte ein paar Leckerchen hervor und begann, Spiele mit ihr zu spielen. Trinket war ein Bichon-Pudel-Mix aus dem Tierschutz und hatte ihr ganzes Leben als Gebärmaschine in einer Welpenfabrik verbracht. Sie lebte auf, als wir die Basisübungen Sitz, Platz und Bleib durchgingen, für die sie jeweils kleine Futterbelohnungen bekam. Sie stellte ihre Ohren auf und leckte meine Hand, wenn ich sie anfasste. Sie lernte schnell und war sahnebonbonsüß. Ich setzte mich zurück, schaute die Frau, Diane, direkt an und sagte: „Auf jeden Fall sind Sie nicht hier, weil Ihr Hund dumm ist. Sie ist mindestens so schlau, wie sie niedlich ist! Aber ich habe verstanden, dass Sie Probleme mit der Stubenreinheit haben?"

Diane brach in Tränen aus. Harold, ihr Mann, erklärte, dass Trinket im ganzen Haus urinieren und koten würde. Immer, wenn sie in ihrer Box gelassen wurde, kotete sie hinein und beschmierte sich über und über damit. Immer, wenn die beiden nach Hause kamen, mussten sie sie daraus hervorziehen und baden. Jeden Morgen fanden sie beim Aufstehen Kot im Hundebett, auf dem Teppich, auf ihrem Bett. Sie sagten mir, dass sie „alles" versucht hätten, und jetzt hatte Harold genug, er konnte die ganze Schweinerei nicht mehr ertragen. Er wollte sie der Tierschutzorganisation zurückgeben, die sie aus der Welpenfabrik herausgeholt hatte oder sie einschläfern. Aber Diane liebte Trinket und konnte die Vorstellung, sie aufzugeben, nicht ertragen. Die beiden hatten wegen des Hundes gestritten, seit sie ihn bekommen hatten, und jetzt waren beide wütend und müde. Harold dachte über die Scheidung nach.

Und dann begannen Diane und Harold, sich in meinem Büro zu streiten, wobei sie zweifellos genau den gleichen Streit wiederholten, den sie schon seit Monaten führten. Ich unterbrach sie freundlich und fragte, ob es hilfreich wäre, wenn ich ihnen erklären würde, was meiner Meinung nach das Problem in erster Linie verursachte. Anschließend könnten wir dann über die Behandlung und die Erfolgsaussichten sprechen. Sie nickten.

Trinket hatte jahrelang in einem kleinen Drahtkäfig gelebt und wurde, außer, um gedeckt zu werden, nie hinausgelassen. Sie hatte gelernt, dort zu machen, wo sie schlief und damit den grundlegendsten aller hündischen Instinkte zu missachten – das eigene Nest sauber zu halten. Außerdem schien sie unter Trennungsangst zu leiden, da sie ihr ganzes Leben lang mit anderen Hunden in einem Raum gelebt hatte. Sie mochte zwar keine Gelegenheit gehabt haben, mit ihnen zu interagieren, aber sie war nie wirklich allein gewesen, wie sie es jetzt war, wenn Diane und Harold zur Arbeit gingen.

Die gute Nachricht war, dass die beiden noch nicht ganz „alles" getan hatten – es gab noch eine Menge, das sie tun konnten, um das Blatt zu wenden. Trinket musste Stubenreinheit so lernen, als ob sie ein Welpe wäre – alle paar Minuten hinausgehen und ein besonderes Leckerchen dafür bekommen, wenn sie draußen gemacht hatte. Diane und Harold müssten Reinigungsprodukte benutzen, die den Uringeruch im Teppich neutralisierten, damit Trinket das Haus nicht mehr als Toilette einordnete. Ihre Trennungsangst würde mit dem gleichen Schritt-für-Schritt-Programm behandelt werden können, wie ich es bei Petunia angewendet hatte. Die schlechte Nachricht war, dass es bei Hunden aus Welpenfabriken, besonders bei so kleinen wie Trinket, nicht immer gelingt, sie ganz stubenrein zu bekommen. Aber auf jeden Fall würden wir die Lage sehr, sehr viel verbessern können. Ich konnte nicht garantieren, dass sie sich jemals perfekt verhalten würde, aber ich würde alles in meiner Macht Stehende tun, um den Dreien zu helfen.

Für Diane klang das großartig. Weniger dagegen für Harold, der zwar ganz klar Diane liebte und auch Trinket gern lieben können wollte, aber emotional von den Verhaltensproblemen des Hundes einfach erschöpft war. Dieses Szenario ist für Verhaltenstherapeuten und Trainer häufig: Oft kommen die Menschen erst dann zu uns, wenn sie von dem Problem so ausgelaugt sind, dass sie kaum oder keine Energie mehr für ein Behandlungsprogramm übrig haben. Schon früh hatte ich in meinem Job gelernt, dass es nicht nur darum ging, den Besitzern zu sagen, wie sie ein Problem lösen oder damit umgehen können, sondern auch, ihnen durchdenken zu helfen, wie viel Energie sie haben, um es in die Tat umzusetzen.

Diane begann wieder zu weinen. Harold versuchte, sich zusammenzureißen und rieb sich die Hände, als ob er sich die Sorgen davon abwaschen wolle. Trinket saß mit fragendem Blick zwischen ihnen.

Wir unterhielten uns eine Weile darüber, wie man die beiden Probleme, Unreinheit und Trennungsangst, behandeln konnte. Dann gab ich ihnen meine private Telefonnummer und sagte ihnen, dass sie mich jederzeit anrufen konnten. Ich hob Trinket hoch und setzte sie auf meinen Schoß, streichelte das Fell zwischen ihren Augen und versuchte ihr mitzuteilen, dass sie geliebt und künftig vielleicht auch besser verstanden werden würde. Sie gingen, Trinket auf Dianes Arm. Harold gab mir die Hand und dankte mir für meinen Rat.

Ich war todmüde, als mein Auto in die Einfahrt zur Farm einbog. Als ich damals Verhaltensberaterin wurde, hatte man mich gewarnt, dass ich die meiste Zeit mit Aggressionsverhalten verbringen werden würde. Ich hatte mich auf ein gewisses Maß an Gefahr eingestellt und dass ich ein oder zwei Mal gebissen werden könnte, wusste aber auch, dass ich das Risiko, verletzt zu werden, mit Wissen und sorgfältiger Planung verringern konnte. Worauf ich allerdings nicht vorbereitet war, war der emotionale Zoll von Fällen à la „Muss ich meinen Hund einschläfern oder abgeben?“ Tag für Tag, Woche für Woche. Nach dem Tag, der gerade hinter mir lag, wünschte ich mir nichts als einen langen, entspannten Spaziergang im Wald mit meinen Hunden, ohne mir über irgendwelche Verhaltensprobleme Gedanken machen zu müssen.

Als ich nach Hause kam, erledigte ich die Hausarbeit und absolvierte dann mit Willie seine täglichen Übungen, um die Heilung seiner gerissenen Sehne in der Schulter zu unterstützen. Dann sammelte ich seine Lieblingsleckerchen und Lieblingsspielsachen zusammen und fuhr zu einem nahegelegenen Park, in dem angeleinte Hunde erlaubt waren. Solange Willies Verletzung noch heilte, begannen wir erst mit kurzen Spaziergängen an der Leine, um ihn wieder in Bewegung zu bringen. Die Anleinpflicht im Park bedeutete außerdem, dass wir gefahrlos an Willies Konditionierung daraufhin arbeiten konnten, sich in Gegenwart anderer Hunde wohler zu fühlen, weil niemand direkt auf ihn zugelaufen kommen konnte. Als wir über den Rasen losgingen, drehte Willie sich nach links und brach in wildes Bellen aus – mit heller Panik in seiner Stimme. Ich fuhr zusammen, mein Herz raste. Ich wusste nur zu gut, dass meine Reaktion die von Willie nur verschlimmern würde und mir war geradezu übel bei der Vorstellung, dass vielleicht einiges von meinen eigenen Problemen auch zu Willies beigetragen haben könnten. Also atmete ich zwei Mal tief durch, um mich selbst zu beruhigen.

Als ich mich umdrehte, um nach der „Bedrohung“ zu sehen, erwartete ich einen sich nähernden Hund – aber es war nur ein großgewachsener Mann, der hinter uns her schlenderte und ganz offensichtlich nichts anderes vorhatte als einen entspannten Spaziergang. Kein Hund, nur ein Mann. Er trug einen Hut, der ihn noch größer erscheinen ließ. Willie bellte weiter, als er sich näherte. Ich versuchte, Willies lautstarke Agitation zu ignorieren, was irgendwie dem Versuch glich, ein neben meinem Ohr abgefeuertes Maschinengewehr zu ignorieren. Ich verlangte von Willie „Sitz“ und versuchte mich selbst zu sammeln. „Weeer ist denn das?“, schaffte ich es zu sagen und bemühte mich um eine so unbeschwerte Stimme, als ob wir das gleiche Spiel spielen würden wie immer dann, wenn sich uns fremde Hunde näherten. Ich gab Willie ein Leckerchen, als er sich nach mir umschaute, um seine Assoziation zwischen dem näherkommenden Mann und Dingen, die er mochte, zu konditionieren.

Ich fühlte mich hohl. Nun hatte Willie noch ein weiteres Problem – Angst vor fremden Männern. Willie hatte Menschen immer geliebt, aber während ich uns beide beruhigte, fiel mir ein, dass er in der letzten Woche schon vor dem Paketboten zurückgewichen war. Außerdem hatte er ungewöhnlicherweise einen Freund angebellt, der am Tag danach zu Besuch gekommen war. Ich nahm die wenige Energie, die ich noch hatte, zusammen, ging weiter und versuchte mich darauf zu konzentrieren, warum wir in den Park gekommen waren – um an seiner Angst vor fremden Hunden zu arbeiten.

„Schau!“, sagte ich zu Willie, als er seinen Kopf einem West Highland Terrier zudrehte, dem wir begegneten, nachdem der Mann an uns vorbeigegangen war. Willie schaute zu mir, anstatt den anderen Hund anzuknurren und bekam ein Leckerchen. Wieder sagte ich „Schau“, belohnte ihn für die richtige Reaktion und ließ ihn dann wieder den Westie anschauen. Diesmal wartete ich, in der Hoffnung, dass er sich nun von sich aus mir zuwenden würde. Dieses „automatische Anschauen“ oder „Auto-Guck“, wie ich es nenne, hatten wir erarbeitet, damit Willie lernte, den Anblick anderer Hunde mit etwas Gutem zu verknüpfen anstatt auf sie zu reagieren wie auf Serienmörder mit der festen Absicht, uns beide abzuschlachten.

Willie begann, mir den Kopf zuzuwenden, als der Westie wegging, aber bevor ich das Leckerchen in sein Maul befördern konnte, kamen drei unangeleinte, stürmische Jagdhunde auf uns zu gerannt. Willie explodierte – und ich konnte es ihm nicht übelnehmen. Von ihm zu verlangen, ruhig zu bleiben, während er von drei großen, bellenden Hunden umzingelt wurde, war so, als ob man von einem Achtjährigen die Lösung einer Integralrechnung auf einer Wasserrutsche verlangen würde. Ich brachte Willie ins Auto, fuhr an einen ruhigeren Ort und unternahm einen neuen Versuch. Ich schaffte ein paar gute Durchgänge, als die anderen Hunde weit genug weg waren und keine fremden Männer ihm Angst machten, sodass Willie sich auf die Leckerchen oder das Spielzeug konzentrieren konnte. Als es dunkel wurde, fuhr ich endlich nach Hause. Ich war vollkommen erschöpft.

Ich gab Willie Gelegenheit, sich zu lösen, bevor wir hineingingen, aber er wollte nicht. Ich ging in die Küche und bastelte ein einfaches Abendessen für eine Person zusammen, weil Jim nicht zuhause war. Als ich mich gerade zum Essen hingesetzt hatte, roch ich den scharfen und nur zu gut bekannten Geruch von Hundedurchfall. Der Stress im Park war zu viel für Willie gewesen, und er hatte den Wohnzimmerteppich mit flüssigen braunen Pfützen eingeschmiert.

„Verdammt, Willie!“, sagte ich. Gerne hätte ich Ihnen gesagt, dass ich leise gesprochen hatte, aber dem war nicht so. Es gab mehr als genug Gründe, ihn überhaupt nicht zu korrigieren – er konnte nicht anders, es war zu spät, er war schon gestresst – aber meine Worte waren keine Korrektur. Sie waren Ausdruck meiner eigenen Erschöpfung und Frustration. Ich dachte an Harold, wie sehr er Diane liebte und Trinket gerne lieben würde, und wie zutiefst erschöpft er doch von dem ständigen Konflikt war. Er wollte Erholung, wenn er nach Hause kam und nicht noch eine weitere schwierige Herausforderung. Genauso ging es mir, und ich wusste, dass die Fassung zu verlieren und Willie anzuschreien das Schlechteste war, das ich tun konnte. Aber ich tat es, weil meine Erschöpfung stärker war als mein Verstand und mein Wissen.

Willies Probleme schienen endlos. Seine Schulter heilte, aber er brauchte Physiotherapie und ständige sorgfältige Aufsicht über das Maß seiner Bewegung – gar nicht so einfach bei einem Hund, der es schafft, einmal im Kreis herumzuwirbeln, bevor man auch nur ein Wort herausbringen kann. Wenn meine Aufmerksamkeit auch nur für den Bruchteil einer Sekunde nachließ, würde Willie den ganzen Heilungsprozess der letzten Wochen zunichte machen. Es war, als würde man ein einziges Stück Popcorn-Mais in eine Pfanne mit heißem Öl legen und es herauszuholen versuchen, bevor es aufpufft. Den ganzen Tag, jeden Tag.

Auch Willies Angst vor anderen Hunden erforderte Energie und Aufmerksamkeit, um ihr entgegenzuwirken. Wir waren noch weit von „fertig“ entfernt, wie die freilaufenden Hunde im Park bewiesen hatten. Wenn er sich frei im Haus bewegen konnte, bellte er mit hartem Blick und fliegenden Speichelfäden wie wild am Fenster, wenn jemand draußen einen Hund die Straße entlangführte. Er geriet in Panik, wenn ein fremder Hund näher als sechs Meter an ihn herankam, was zum Glück nur sehr selten vorkam, da ich ihn so sorgfältig kontrollierte. Jetzt musste ich auch noch das gleiche Konditionierungsprogramm hinzufügen, um Willie fremde Männer mit etwas Wundervollem verknüpfen zu lassen. Ich wusste genau, was ich zu tun hatte, aber ich wusste auch, dass es viel Zeit und Energie kosten würde, es durchzuziehen.

An diesem Abend waren meine Batterien leer. Nachdem ich Willie für etwas angeschrieen hatte, für das er nichts konnte, kamen auch noch Scham und Bedauern zu Ärger und Erschöpfung hinzu. Ich machte das Chaos sauber, warf mein Abendessen in den Mülleimer und ging ins Bett. Jim kam spät am Abend heraus auf die Farm und kuschelte sich neben mich. Ich hörte die ganze Nacht lang seinem ruhigen Atem zu, bis der Himmel heller wurde und die Zaunkönige mit ihrer Rocksonate den Tag begrüßten.

Kapitel fünfzehn

Willies Schulter wurde besser, und dann auch wieder nicht. Immer dann, wenn es so aussah, als hätte er sich wieder ganz erholt, erlitt er einen Rückfall. Auch nicht gerade hilfreich war, dass er sich zu einem außergewöhnlich großen und langen Border Collie entwickelt hatte und aussah wie ein Marathonläufer, der seine Laufschuhe weggegeben hatte, um jetzt Profi-Fußballer zu werden. Hütehunde müssen zwar auch lange Strecken laufen, aber ein großer Teil ihrer Arbeit ähnelt der eines Quarter Horses, sprich sie müssen bei Höchstgeschwindigkeit ihre Beine in den Boden stemmen, um sich nach links oder rechts zu werfen und so die Herde zu kontrollieren. So sehr Will diese Arbeit liebte, so wenig war er dafür gebaut.

Aber es war nicht die Arbeit an den Schafen, die Willies schlimmste Verletzung verursachte. Ein Hund, der bei uns zu Besuch war, krachte im Spiel gegen ihn und ließ ihn winselnd auf drei Beinen zurück. Der Orthopädie-Spezialist an der Lehrklinik der tiermedizinischen Fakultät der Universität Wisconsin stellte fest, dass er sich die Bizepssehne in der früher schon verletzten Schulter gerissen hatte. Möglicherweise war auch noch anderes umliegendes Gewebe beschädigt. Wir konnten es entweder mit weiterer Ruhe und Rehabilitation versuchen oder sofort operieren. Ruhe würde monatelangen Aufenthalt in der Box und Leinenzwang bedeuten, eine Operation natürlich auch. Es schien ratsam, die Sache lieber ein für allemal zu erledigen.

Willie lief am Tag seiner Operation mit von den Schultern an nach hinten wedelndem Körper in die Tierklinik. Fröhlich humpelte er neben dem Techniker her in die hinteren Räume und warf mir nur einen kurzen Blick zu. Während er geöffnet auf dem Operationstisch lag, rief mich die Ärztin an die Tür, um mir zu sagen, dass nicht nur die Bizepssehne gerissen sei, sondern auch noch eine weitere Sehne und zwei Bänder stark geschädigt seien und man sie nicht operativ heilen könne. Außerdem könnte man keine Aussage darüber treffen, ob die Operation zu einem wieder arbeitsfähigen Hütehund führen würde. Möglicherweise würde er permanent gehandicapt bleiben. Ob ich wollte, dass die Operation trotzdem fortgeführt wurde? Ich sagte ja und fühlte mich miserabel.

Am Tag nach der Operation brachte man Willie dann ins Sprechzimmer – wacklig, mit leerem Blick und zu einem Viertel rasierten Körper. Die Ärztin hatte die Enden seiner zerfetzten Bizepssehne glatt geschnitten, durch ein Loch gezogen, das sie in den Oberarmknochen gebohrt hatte und sie dann an Ort und Stelle festgeschraubt. Als ich die Schraube auf den Röntgenbildern sah, erschrak ich über ihre Größe. Sie sah groß genug aus, um ein Haus zusammenzuhalten.

Ich setzte mich hin und streichelte ihn schweigend angesichts seiner Zerbrechlichkeit, während die Tierärztin mir erklärte, dass absolute Ruhe in den nächsten Wochen unerlässlich sei, damit die Schraube gut mit dem Knochen verwachsen könne. Ohne den weißen Pelzkragen um seine Brust und das schwarze Fell auf seiner Schulter war Willies Haut samtweich, aber gesprenkelt wie die eines Appaloosapferdes. Die Operationswunde war riesig. Er wirkte so hilflos und verletzlich.

Ich trug ihn ins Auto und fuhr so langsam, wie der Verkehr es zuließ. Als wir zuhause ankamen, übernahm Jim, hob Willie vorsichtig aus dem Auto und legte in sanft vor seine Box. Er ging hinein und schlief in dieser Nacht ruhig, war am nächsten Morgen aber schon mit dem Morgengrauen wach. Als ich ins Zimmer kam, begrüßte er mich mit Grinsen, Schwanzwedeln und einer 360-Grad-Drehung in der Box: „Ich bin in Ordnung, lass uns spielen gehen!"

Natürlich war er nicht in Ordnung. Schon die kleinste abrupte Bewegung könnte den Heilungsprozess zunichte machen. Willie würde sich mehrere Wochen lang fast gar nicht bewegen dürfen, damit seine Knochen heilen konnten. „Nicht bewegen" sollte im Wörterbuch als Antonym zu „junge Border Collies" aufgeführt sein, finde ich. In seiner Box verhielt er sich gut – er ging gerne hinein und winselte oder bellte selten, wenn er darin war, konnte aber, egal, wie klein sie war, ein ganzes Gymnastikprogramm darin absolvieren. Ein junger Border Collie wird nicht lange in einer Box bleiben, ohne damit anzufangen sich im Kreis zu drehen – was bedeutete, dass ich ihn auch dann weiter bewachen musste, wenn er eingesperrt war. Wenn er sich zu viel bewegte, setzte ich mich neben die Box und versuchte, ihn mit meiner

Stimme zu beruhigen. Mir vollkommen dessen bewusst, dass die Begriffe „Box“ und „Ruhe“ nicht kompatibel waren, machte ich ihn mit einer Leine an mir fest, wann immer es möglich war. Ich kochte und aß mit ihm an der Seite zu Abend. Abends sahen wir zusammen fern wie zwei aneinander gekettete Häftlinge, die ihre Zeit gemeinsam absaßen.

Nach dem ersten Monat führte Willies Inaktivität dazu, dass er unnatürlich ruhig wurde. Den ganzen Tag nur herumzuhängen, macht Menschen müde, und auch Willie wurde zu einer Art Sofa- beziehungsweise Deckenrutscher. Er lief und schlief nun mit einer resignierten Trägheit an der Leine, was zweifellos teilweise auch daran lag, dass ich ihn ständig dafür bestärkte, wenn er sich langsam bewegte. Aber er war immer noch Willie und ließ sich von Geräuschen alarmieren, die andere nicht einmal hörten – falls sie denn überhaupt existierten. Jedes Mal, wenn Willie so aussah, als wäre er zum Aufspringen bereit, durchlief mich eine Welle der Angst. Würde er im falschen Moment hochspringen und bewirken, dass seine Schulter auseinanderfiel?

Der primitive Teil meines Gehirns, der für das Einschalten des Systems „Kampf oder Flucht“ zuständig war, begann Überstunden zu machen. Es gab zuhause keine Zeiten, zu denen ich mich entspannen konnte. Ständig war ich bereit, in Lichtgeschwindigkeit zu reagieren, falls Willie sich zu schnell bewegen sollte. Ich bekam langsam wieder Schlafstörungen und wurde im Dunkeln ängstlicher. Ich ging abends nicht mehr wie sonst in den Wald und ich nahm eine Taschenlampe mit, wenn ich in die Scheune ging, damit ich nicht im Dunkeln den Lichtschalter suchen musste. Jeden Abend, wenn ich die Schlafzimmervorhänge im oberen Stockwerk schloss, hatte ich Angst, dass ein Fremder unten unter der Hoflampe stehen und zu mir heraufstarren könnte.

Nach acht Wochen waren Willies Knochen so weit verheilt, dass wir mit Physiotherapie für seine Muskeln, Sehnen und Bänder beginnen konnten. Jim kaufte eine Rampe, über die Willie ins Auto steigen konnte, wenn wir zwei Mal pro Woche zu Courtney Arnold, der Reha-Spezialistin der Universitätstierklinik, fuhren. Zwischen den Therapiestunden absolvierten Willie und ich seine Übungen streng nach Vorschrift, drei Mal am Tag eine halbe Stunde, acht lange Monate lang. Er wurde zum reinsten Zirkushund – Balancieren auf Wackelbrettern, Sitzen auf großen, luftgefüllten Bällen oder Laufen auf dem Unterwasserlaufband in der Rehaklinik, wobei ich ihn mit Leckerchen vorwärts lockte.

Aus dem Frühling wurde Sommer und aus dem Sommer Herbst. Der Gerberstrauch wurde blutorangenrot, die Grillen zirpten wie winzige Kettensägen und die Stare lärmten, wenn sie sich in Schwärmen auf den Telefonleitungen sammelten. Willies Ruhigstellung und Bewegungsübungen wurden fortgeführt, bis ihm endlich erlaubt wurde, wieder zu traben. Immer noch an der Leine und immer noch höchst reguliert. Unsere erste Hausaufgabe war: „Zehn Minuten Gehen an der Leine, dann zehn Sekunden Trab, dann nochmals zwei Minuten Gehen. Je nachdem, wie er sich macht, können Sie das Traben auf dreißig Sekunden steigern. Beim nächsten Termin schauen wir uns an, ob er Fortschritte gemacht hat."

Beim ersten Mal, als Willie draußen traben durfte, hob er seinen Kopf und schaute mich an wie ein kleiner Junge, der gerade Eiscreme entdeckt hat. Beim zweiten Mal wurde er so aufgeregt, dass er einmal komplett im Kreis sprang, bevor ich ihn daran hindern konnte. Ich nannte ihn „Rip Van Willie" nach der Romanfigur, die zwanzig Jahre lang geschlafen hatte und dann endlich aufgewacht war.

Nachdem ich ihn aus der Kreisbewegung heraus zurückgezogen hatte, drehte er sich zu mir um und schaute mir direkt in die Augen. Er seufzte lang und tief und drehte seinen Kopf weg, als wir die Auffahrt hinauf- und hinabgingen. Er weigerte sich, mich noch einmal anzuschauen.

Anstatt sich von diesen kurzen Momenten der Freiheit ermuntern zu lassen, wurde Willie depressiv. Die Abende waren von seinen tiefen Seufzern geprägt. Es war so, als ob jeder neu gefundene Moment von Freiheit ihn daran erinnern würde, was er vermisste und die Dinge nur schlechter anstatt besser machen würde.

Willie war nicht der Einzige, der depressiv war. Ihn in langsamem Trab zu halten war so, als wollte man eine Wunderkerze davon überzeugen, doch nur auf einer Seite abzubrennen. Ich war immer noch sieben Tage die Woche und vierundzwanzig Stunden am Tag auf Habacht-Stellung, um zu verhindern, dass Willie sich seine Schulter zerrte, bevor sie ganz verheilt war. Außerdem war nun vieles von dem weggefallen, was ich im Leben am meisten mochte. Kein gemeinsames Arbeiten an den Schafen. Keine langen, leinenlosen Spaziergänge in den Wäldern. Kein fröhlicher, freilaufender Hund, der sich zu mir umdrehte: „Kommst du? Beeil dich!" Mir war nicht klar gewesen, wie viel mein Glück mit unserer gegenseitigen Freiheit zu tun gehabt hatte. Der Heilungsprozess streckte sich nun schon über ein Jahr hin und schien endlos. Ich zählte die Monate zusammen, die Willie wegen seiner Schulter in der Box oder an der Leine verbracht hatte und stellte fest, dass er über ein Drittel seines Lebens in verletzungsbedingter Einschränkung verbracht hatte. Und während all dieser Zeit konnte ich in meiner Aufmerksamkeit nicht einen Moment nachlassen, damit er keinen Rückfall erlitt.

Langsam begann ich, Willie weniger als meinen Therapiehund zu sehen als vielmehr den Grund dafür, warum ich selbst Therapie brauchte.

In der dunkelsten Nacht dieser dunklen Zeit lag ich auf der Decke, streichelte Willies Bauch und wünschte, ich hätte ihn nicht behalten. Einen Hund wie Willie hatte ich nicht beantragt. Beim Anblick seines glücklichen Gesichts konnte mir das Herz aufgehen, aber sein Ausdruck kalten Zorns konnte mir das Blut in den Adern gefrieren lassen. Sein ankuschelndes Wesen wiegte mich in süßem Seelenfrieden, der aber in einer einzigen Sekunde zerstört werden konnte, wenn er in Panik auf die Füße strampelte, mich hochfahren und für den Rest des Abends am Rand des Nervenzusammenbruchs verbringen ließ.

Es war Zeit, den Tatsachen ins Auge zu sehen: Willie laugte mich nicht nur aus, sondern er brachte Dinge zum Vorschein, von denen ich gedacht hatte, dass ich sie schon vor Jahren begraben und vergessen hatte.

Kapitel sechzehn

Es war im Spätsommer 1966. Clarisse, meine beste Freundin auf der Highschool, und ich hatten uns zu einem Modelkurs angemeldet. Sie hatte tolle, lange Beine und eine leuchtend rote Haarmähne. Ich hatte kurze, plumpe Beine und eine dicke Matte blondgebleichter Haare, bekam aber während meiner Schulzeit einige Modeljobs angeboten, darunter einen auf einer bevorstehenden Veranstaltung.

Man hatte ein Dutzend von uns Teenie-Möchtegern-Models angeheuert, um die Vorstellung der neuesten Modelle eines Autoherstellers zu unterstützen: Wie junge Fohlen sollten wir um die Autos herumhüpfen, während sie auf die Hauptbühne rollten. Ich war fünfzehn und hatte mich wie ein Cheerleader mit minikurzem rotem Röckchen und einer hautengen Bluse aufgebretzelt. Wir hielten alle Pompons und probten in einem stadionartigen Gebäude. In kleinem Kreis standen wir in der Mitte der ovalen Arena zusammen und kamen uns winzig vor angesichts der unendlichen leeren Sitzreihen, die sich um uns herum bis zur Gebäudedecke erstreckten. Ich machte mir Sorgen, ob mein Haar sich kräuselte oder der Pickel auf meinem Kinn vielleicht nicht gut genug mit Makeup bedeckt war. Das Mädchen neben mir hatte eine perfekte Haut und glänzendes, schwarzes Haar, das sie alle paar Sekunden aus dem Gesicht schüttelte. Ich verengte meine Augen zu Schlitzen, als sie zum vierten Mal wiederholte: „Was hat er gesagt?“

Der Bühnenmanager hatte uns Anweisungen gegeben und dabei öfter auf sein Klemmbrett geschaut als zu uns. „Lauft da rüber“, sagte er. „Geht da hin. Schüttelt Eure Pompons. Könnt Ihr Euer Haar ein bisschen werfen?“ Das Mädchen mit der cremezarten Haut warf den Kopf in den Nacken und ihr Haar zurück. „Ja klar, so“, sagte sie.

Er redete weiter, während wir um ihn herumstanden und zu verstehen versuchten, was er sagte, bevor seine Worte in dem riesigen leeren Raum um uns herum verhallten. Die einzigen anderen Geräusche kamen von den Technikern, die fünf Ränge über uns die Bühnenbeleuchtung installierten und sich gelegentlich etwas zuriefen.

Die mir im Kreis gegenüberstehenden beiden Mädchen kicherten gerade über einen Witz, den eine von ihnen gemacht hatte, als plötzlich jemand „Passt auf!“ schrie. Der Bühnenmanager packte das Mädchen vor mir und riss es zurück. Gleichzeitig kam ein lebensgroßer Dummy genau dort, wo sie gestanden hatte, von oben durch die Luft geflogen. Ich erinnere mich ganz genau, wie ich dachte: „Das ist nicht lustig.“ Das musste ein schlechter Scherz sein. Mein Verstand war nicht dazu in der Lage, das lumpige Ding, das da durch die Luft geflogen kam, als Person zu identifizieren. Erst ein oder zwei Sekunden, nachdem es nur ein paar Handbreit vor mir auf dem Boden gelandet war, begriff ich, dass es kein Dummy war – sondern ein lebender Mensch.

Er traf flach auf dem Boden auf, platt auf dem Bauch, Arme und Beine ausgestreckt. Seine Kleidung und sein Körper platzten beim Aufprall auf wie eine Wassermelone, die man auf den Asphalt fallen lässt. Meine Augen wanderten als Erstes zu dem Riss auf der Rückseite seiner Jeans, der seine leuchtend weiße Unterwäsche bloßlegte. Meine erste Reaktion war Verlegenheit. Ich dachte, und ich erinnere den Satz noch glasklar Jahre später: „Schon in Ordnung, Mister, Sie brauchen sich nicht schämen, wir gucken nicht auf Ihre Unterhose.“ Es kam mir nicht in den Sinn, dass gerissene Hosen nicht das Hauptproblem waren. Dann sah ich, dass seine Arme nackt waren und dass sie ebenfalls aufgeplatzt waren. Als mein Gehirn zu verstehen begann, was passiert war, hob er den Kopf und machte ein gurgelndes Geräusch. Und dann ließ er den Kopf sinken und starb.

Rot. Frisches, fließendes Blut ist schockierend rot. Ein stärker werdendes Rinnsal daraus quoll unter seinen Hüften und Oberschenkeln hervor. Das Blut floss schnell und breitete sich in perfekter Symmetrie zu einem glänzend roten Dreieck zwischen seinen Beinen aus. Eins der Mädchen rannte zu ihm hin, hielt seine Hand und seine Stirn. Die meisten von uns standen erstarrt und mit verschlagener Sprache da. Hilflos.

Innerhalb von Minuten brachte man uns weg, in den Randbereich der Arena. An einem verlassenen Hot Dog- Stand fand ich ein Münztelefon und durchwühlte mein Portemonnaie nach einem Zehner. Als ich ihn in den

Münzschlitz steckte, hörte ich das Heulen einer sich nähernden Krankenwagensirene.

„Mama? Mama, kannst du jetzt sofort kommen und mich abholen?"

„Was ist los?", fragte sie. Sie hatte meinen Anruf fürs Abgeholtwerden erst in ein paar Stunden erwartet.

„Ein Mann ist runtergefallen. Ich glaube, er ist tot. Hier ist überall Blut. Bitte, kannst du kommen und mich abholen?" Ich ging nach draußen, setzte mich auf eine Betonstufe und wartete auf sie, in der Sonne schwitzend und auf die leere Parklücke starrend.

Am nächsten Tag lasen meine Eltern und ich einen Artikel darüber in der Zeitung, während meine Mutter wie jeden Morgen Eier mit Speck briet. Ein siebenunddreißig Jahre alter Elektriker, verheiratet mit zwei Kindern, war aus zwanzig Metern Höhe zu Tode gestürzt. Wir sprachen seinen Namen aus und dachten voller Mitgefühl an seine Frau und Kinder. Danach sprachen wir nie mehr darüber – es kam uns nie in den Sinn, das zu tun. Mich selbst zwang ich, es zu vergessen, damit es mich nie mehr verstören konnte.

Was es natürlich tat. Willies hyperaktive Schreckreaktion ließ mich meine eigene Reaktion auf Dinge erkennen, die „aus heiterem Himmel" passierten. Sein Verhalten bewirkte, dass es mir schlechter ging, zwang mich aber auch, mir einzugestehen, dass der Anblick eines vom Himmel fallenden und vor meinen Füßen sterbenden Mannes eine ständige Warnleuchte in meinem Gehirn angeknipst hatte. Und dieses Signal war mit Willenskraft alleine nicht auszuschalten.

Kapitel siebzehn

Wenn erst einmal ein Mann aus dem Himmel gefallen und zu deinen Füßen gestorben ist, bleibt dein Gehirn darauf vorbereitet, dass dies wieder passieren könnte. Willies Reaktivität und die Anforderung an mich, immer unmittelbar zu reagieren, um ihn ruhig zu halten, machten mich nervöser und ängstlicher, als ich es je gewesen war. Viele der Ängste, die ich längst überwunden geglaubt hatte, waren zurückgekommen. Meine Schreckreaktion war wieder auf PANIK zurückprogrammiert. Ich hatte wiederholt den Albtraum, dass ich machtlos oben auf einer Klippe stand, während Willies Onkel Luke in einen reißenden Fluss zu Tode stürzte. Jeden Tag, wenn ich von der Arbeit nach Hause fuhr, stellte ich mir vor, dass das Haus mitsamt den Hunden darin zu Schutt und Asche verbrannt sein könnte. Dann blinzelte ich jedes Mal und schüttelte meinen Kopf, um das Bild zu vertreiben, aber ich wurde es nicht los, bis ich am Abend nach Hause kam und vor Erleichterung darüber, das Haus immer noch stehend vorzufinden, nach Luft schnappte.

Ich erstarrte, wenn jemand eine abfällige Bemerkung an mich richtete. Ich war schnippisch zu Jim oder den Mitarbeitern in meinem Büro, wenn ich frustriert oder gestresst war. Mein „besseres Ich" wurde zunehmend schwieriger zu finden – es schien angesichts anderer Meinungen entweder zu verstummen und einzufrieren, oder ich sagte etwas, das ich später bedauerte. Ich zwang mich selbst, die Person zu sein, die ich gerne sein wollte – die Person, die zu sein auch jeder andere von mir erwartete. Einen Großteil der Zeit gelang mir das auch und ich gewöhnte mich daran, launisch, übernächtigt und erschöpft zu sein. Aber nicht immer. Nicht oft genug.

Ich war fix und fertig. Meine emotionalen Speicher waren leer und ich hatte nichts mehr in Reserve. Willie war mit seinen Bewegungseinschränkungen bemerkenswert gut zurechtgekommen, aber ein junger Border Collie mit Bewegungsstau ist wie ein Auto mit hoch drehendem Motor, aber angezogener Handbremse. Wenn man die Reifen nicht irgendwann in Gang setzt, fängt es an zu qualmen. Aber die Tierärzte erinnerten mich immer wieder daran, dass schon eine einzige plötzliche Bewegung ausreichen könnte, um all die Mühe, die wir uns bis jetzt gemacht hatten, wieder zunichte zu machen. „Eine einzige schnelle Bewegung" war quasi zu Willies zweitem Vornamen geworden.

Ich erschrak jedes Mal, wenn er sich zu schnell zu bewegen begann und fühlte mich, als könne die Katastrophe jeden Moment über uns hereinbrechen. Ich war inzwischen so angespannt, dass ich diejenige war, die beim leisesten Geräusch aufsprang.

Ich hatte es satt, Willie Tricks beizubringen oder zu versuchen, ihn geistig zu beschäftigen, satt, stets den nächsten Hüpfer zu fürchten. Und selbst nach all unserem Training schien Willies Angst vor fremden Hunden immer noch krankhaft zu sein. Manchmal eskalierte sie auch zu erschreckender, ungezügelter Wut. Wir machten gute Fortschritte – er ertrug es inzwischen, andere Hunde zu sehen, solange diese ihn nicht überraschten und nicht zu schnell zu nahe kamen, aber jeder Schritt vorwärts kostete Zeit, Geduld und Energie. Er zeigte selbst auf den kleinsten Reiz immer noch eine Überreaktion und hatte Angst vor lauten Geräuschen oder seltsamen Formen.

Dass er meine anderen Hunde wegen Ressourcen angriff, war zwar weniger geworden, bedurfte aber trotzdem weiterhin ständiger Wachsamkeit. Er reagierte zwar gut darauf, wenn männliche Besucher ihm Leckerchen zuwarfen, aber ich überwachte diese Begegnungen krampfhaft aus Angst, irgendetwas könnte schiefgehen und Willies Angst verschlimmern anstatt verbessern. Sein Verdauungssystem war mit dem Älterwerden stabiler geworden, aber ich musste höllisch aufpassen, was ich ihm fütterte. Er brauchte chinesische Medizin, Probiotika, nur bestimmte Arten von Protein wie Rind- oder Schweinfleisch, aber keine anderen (und um Himmelswillen kein Hühnchen), er brauchte chiropraktische Behandlung, drei schulmedizinisch ausgebildete Veterinäre sowie ständiges Training und ständige Konditionierung.

Jetzt war ich an der Reihe, Hilfe zu suchen. Mit Willie zu meinen Füßen liegend rief ich meine Mitarbeiterinnen ins Büro und erklärte ihnen, dass das Leben mit ihm so schwierig geworden war, dass ich nicht mehr wusste, was ich tun sollte. Es ist kein leichter Job, jeden Tag Kunden zu helfen, deren

Hunde für Gerichtsverfahren sorgen oder deren Katzen Großmütter ins Krankenhaus befördern. Bei Verhaltensproblemen von Haustieren Rat zu suchen wird oft als nebensächliche „Neurosenpflege" von Menschen abgetan, denen es zu gut geht. Aber Hundeverhaltensprobleme können ernst sein. Todernst. Sich zu fragen, ob Ihr Hund, der vor Ihrer Heirat stets Ihr bester Freund war, vielleicht demnächst Ihren dreijährigen Sohn beißen wird, ist keine nebensächliche Frage. In Angst vor einem 45 Kilo schweren Hund zu leben, der Ihnen aufzulauern begonnen hat, ist nicht etwas, das Sie ignorieren könnten. Ich hatte nicht gewusst, wie viel Gefühlsschmerz und Leiden meiner Kunden ich jeden Abend mit nach Hause nehmen würde wie Zigarettenrauch, der in meiner Kleidung hing. Und wenn ich dann zuhause ankam, war da mein Willie, dessen Verhaltensprobleme jeden Abend die körperliche und emotionale Energie einer ganzen Woche einforderten.

Meine Kolleginnen hörten aufmerksam zu, bis eine von ihnen sagte: „Trisha, ich weiß, du liebst Willie, aber er war ein Albtraum ab dem Moment, wo du ihn bekommen hast. Du arbeitest jeden Tag hart an ernsten Verhaltensproblemen und du kannst es nicht gebrauchen, beim Nachhausekommen wieder von vorne anzufangen. Schau dich doch nur an! Du bist fix und fertig. Das ist nicht fair Dir, ihm und Deinen anderen Hunden gegenüber."

Als Ergebnis unserer Diskussion machte ich den folgenden Plan: Ich würde ihn so lange behalten, bis seine Schulter ganz verheilt war und in der Zwischenzeit alles tun, was ich konnte, um seine Verhaltensprobleme zu behandeln. Dann würde ich an diesem Punkt neu bewerten, wie die Dinge standen und ihn entweder behalten oder ein neues Zuhause für ihn finden. Natürlich warf das die Frage auf: Was für ein Zuhause könnte das sein? Wer sollte einen Hund wie Willie wollen? Aber gut, damit würde ich mich später befassen, falls es nötig sein sollte.

Die Diskussion war nachdenklich, objektiv und familiär, so wie die Gespräche, die ich jede Woche mit meinen Kunden führte. Manchmal mussten sich Besitzer der Tatsache stellen, dass ihr Hund so gefährlich war, dass er eine Bedrohung für die öffentliche Sicherheit darstellte. Andere mussten erkennen, dass sie, so sehr sie ihren Hund auch liebten, niemals glücklich werden würden, solange sie in der Angst leben mussten, dass ein Kleinkind ihn am Schwanz ziehen könnte oder solange sie sich vor einem Hund fürchten mussten, der sie durchs Haus verfolgte wie ein bewaffneter Serienmörder.

Es half, dass ich mir die professionelle Objektivität meiner Mitarbeiter anhören konnte. Aber diesmal sprachen wir über mich und meinen Hund. Ich fühlte mich hundeelend. Wie konnte ich auch nur darüber nachdenken, Willie nicht zu behalten? Den Hund, der seufzte, wenn er seinen Kopf gegen meinen Hals drückte und dessen glückliches Gesicht man nur als strahlend bezeichnen konnte? Wenn Willie ein guter Hund war, war er ein sehr, sehr guter Hund und ich liebte ihn inzwischen so sehr, wie ich alle meine Hunde je geliebt hatte. Aber wenn er seine schlimmste Seite zeigte, war er erbärmlich: Er lebte stets am Rande des Terrors und konnte im Handumdrehen in eine Wut verfallen, die so extrem war, dass er verrückt zu sein schien.

Mir stand keins der Hindernisse im Weg, die meine Kunden oft an wirksamen Verhaltenstherapien hinderten. Ich wusste, wie man einen Hund konditioniert, damit er seine Angst vor lauten Geräuschen überwinden kann – ich erklärte anderen regelmäßig, wie man das machte. Willies gesundheitliche Probleme waren ermüdend und kostspielig, aber nicht unüberwindbar. Mir stand die beste tierärztliche Versorgung im Land zur Verfügung und ich konnte es mir leisten, dafür zu bezahlen. Ich hatte ein Buch darüber geschrieben, wie man mit Hunden umgeht, die aggressiv gegenüber anderen Hunden sind. Ich hatte jede Menge hundeverrückter Freunde, die gern ihre Hunde zur Verfügung stellten, damit Willie sie treffen konnte oder die ihm gerne zeigten, dass fremde Männer ein Hort von Leckerchen und Spielsachen anstatt von Angst und Gefahr waren. Ich hatte Hunderte von Hunden gesehen, die andere Menschen oder Tiere ernsthaft verletzt hatten. Eine Kundin hatte sich eine lange Wunde am Unterarm selbst genäht, aus Angst, dass man ihr ihren Hund wegnehmen könnte, wenn sie zum Arzt gehen würde. Willie hatte nie jemanden verletzt.

Aber da war noch etwas anderes – etwas, über das ich mir selbst nie zu sprechen erlaubt hatte. Ich war genauso schreckhaft wie Willie. Seine Reaktivität ließ mich hochfahren, und ich wusste, dass meine eigenen Schreckreaktionen bei ihm das Gleiche bewirkten. Wir lebten in einem Teufelskreis, in dem jeder den Zustand des anderen verschlimmerte. In meinem tiefsten Inneren wusste ich: Trotz all meiner professionellen Erfahrung bedeuteten meine eigenen Probleme, dass ich nicht die ideale Besitzerin für Willie war.

Tief betrübt leinte ich Willie an und wir gingen die Tür hinaus zum Auto. Ich ließ ihn vor dem Kofferraum sitzen und warten, während ich die schwere Rampe vor dem Rücksitz herauszog und sie so an die Stoßstange anlegte, dass er ins Auto klettern konnte, ohne zu springen und seine Schulter wieder zu verletzen. Es fiel Willie schwer, zu sitzen und zu warten, während ich die Rampe um das Auto herumschleppte. Als ich mich zu ihm umdrehte, um ihn freizugeben, saß er zitternd und mit großen Augen da – fast überwältigt von der Energie, die es ihn kostete, zu gehorchen und seine beinah außer Kontrolle geratenen Impulse zu beherrschen. Sein Gesicht drückte den verzweifelten Wunsch aus, loszuspringen – zu laufen, laufen, laufen, oh-bitte-ich-muss-laufen! Gleichzeitig wollte er so sehr ein ganz braver Hund sein, der allerbeste Hund, den man sich nur vorstellen kann.

Das war der Moment, in dem mir schlagartig klar wurde: Ich kannte Willie so gut, wie ich mich selber kannte. Ich wusste, wie es ist, wenn man gegen die Dämonen in seinem Inneren ankämpft und trotzdem unbedingt verzweifelt gut sein möchte. Wenn man so ängstlich ist, dass das kleinste Geräusch einen hochfahren lässt, ist das jedes Mal so, als ob einem eine Bombe unter den Füßen hochgegangen ist. Ich wusste, wie es sich anfühlte, wenn man nach außen fröhlich und freundlich war, aber trotzdem einen großen Teil seines Lebens in Angst verbrachte.

Ich schaute in sein flehendes Gesicht und mein Herz öffnete sich so weit und schnell, dass mir die Knie weich wurden. Als ich Willie aus seinem Sitz entließ und er ins Auto kletterte, wusste ich, dass ich ihn nie wegschicken könnte. Ich setzte mich neben ihn, ließ mir von ihm die Tränen von den Wangen lecken und flüsterte: „Ich will, ich will, ich will, Willie, ich will Himmel und Erde in Bewegung setzen, um uns beiden zu helfen."

Kapitel achtzehn

Nachdem ich Willie gegenüber mein Gelöbnis abgegeben hatte, wurde mir klar, dass ich nicht mehr alleine mit meinen Problemen zurechtkommen würde. Ich brauchte Hilfe. Ich verabredete einen Termin mit einer Therapeutin, Mare Chapman, die mir von Freunden empfohlen worden war. Vor Jahren, bevor ich Willie bekommen hatte, hatte ich sehr davon profitiert, mit Anne Simon Wolf zu arbeiten, einer glänzenden Therapeutin. Sie hatte mir geholfen, einen Großteil der Schuld- und Schamgefühle loszuwerden, die ich immer noch wegen des Vorfalls mit dem Freund meiner Schwester verspürte und die seit Jahrzehnten wie ein schwarzer Dolch in meiner Brust steckten. Wie hatte ich nur so schwach sein können, als Bruce damals in mein Schlafzimmer kam? War es mein Fehler, dass er es überhaupt getan hatte? Hatte ich mit ihm geflirtet und meine eigene Schwester betrogen, ohne es überhaupt zu wissen?

Ich hatte damals am sogenannten Hoffman-Verfahren teilgenommen, einem einwöchigen Kurs, der Aufschreiben, Gruppengespräche und geleitete Meditationen kombinierte, um Menschen vom Ballast ihrer Vergangenheit zu befreien. Auch viel körperliche Aktivität kam darin vor, zum Beispiel, fünfundvierzig Minuten lang nonstop voller Wut auf ein Kissen als Symbol für die eigenen inneren Dämonen einzuschlagen. Ich hatte den Plastikknüppel genommen, den der Lehrer mir gereicht hatte und startete damit den Angriff auf das Kissen als Verkörperung meiner Scham. Anfangs hatte ich großen Spaß, aber nach zehn Minuten kam es mir vor, dass ich auf keinen Fall auch nur noch einen Moment lang weitermachen könnte. Irgendwie tat ich es dann aber doch, für zehn weitere Minuten, dann zwanzig. Irgendwann verfiel ich in eine Art Trancezustand, der meinen Verstand und meinen Körper in einer Art und Weise zusammenführte, wie ich es noch nie erlebt hatte. Als ich fertig war, fühlte ich mich leichter, weniger verdichtet, als ob ich Gewicht verloren hätte, indem Luft zwischen die Moleküle meines Körpers eingeströmt wäre.

Ich beobachtete auch mich selbst und mein Verhalten und versuchte, auch meine negativen Eigenschaften ehrlich zu betrachten, von denen ich annahm, dass ich sie von meinen Eltern übernommen und dann verändert hatte, um gegen sie zu rebellieren. Meine Liste der negativen Eigenschaften begann mit „zu beschäftigt". Beschäftigt, ständig beschäftigt, das war ich. Ich leitete ein Unternehmen, das fünfzehn bis zwanzig Hundeschulstunden pro Woche anbot und daneben zahlreiche Beratungsstunden für ernste Verhaltensprobleme bei Hunden und Katzen. Ich hatte Mitarbeiter und mehrere Praktikanten zu führen. Ich hielt an der Universität von Wisconsin-Madison eine Vorlesung über die Biologie und Philosophie der Mensch-Tier-Beziehung. Ich beantwortete jede Woche Hörerfragen in einer Radiosendung. Ich schrieb Bücher, hielt Vorträge und Wochenendseminare rund um die Welt, managte eine kleine Farm mit zwanzig Schafen, drei Hunden und einer Katze sowie fünf Hektar Wald- und Wiesenflächen, um die es sich zu kümmern galt. Das einzige, worum ich mich nicht kümmerte, war ich selbst.

Vor dem Hoffmann-Kurs hatte ich stets widersprochen, wenn Freunde sich besorgt darüber äußerten, wie wenig Zeit zum Ausspannen ich hätte. „Ich mache nicht zu viel!", blaffte ich eines Tages eine besorgte Freundin beim Essen an. „Ich habe es satt, wenn Leute mir ständig sagen, dass ich zu viel machen würde. Ich mache NICHT zu viel!" Später lachten wir darüber.

Durch den Kurs begann mir aufzugehen, dass mein ständiges Beschäftigtsein sowohl die Gewohnheiten meiner Mutter widerspiegelte als auch Ausdruck dafür war, dass ich die Beschäftigung mit Ereignissen aus meiner Vergangenheit vermeiden wollte.

Die Wissenschaftlerin in mir liebte die Tatsache, dass die positive Langzeitwirkung auf die psychologische Verfassung der Teilnehmer durch solide Forschung nachgewiesen war. Die ganze Woche war anstrengend, verstörend und erheiternd zugleich, aber sie bot einen sicheren Ort, um brutal ehrlich herauszufinden, wer ich war und wer ich eigentlich sein wollte. Ich begann, mir selbst zu verzeihen – dafür, dass ich zu beschäftigt war, zu schwach, zu kritisch anderen gegenüber und dafür, was mit dem Freund meiner Schwester passiert war. Ich holte die fünfzehn Jahre alte Trisha zurück und überschüttete sie mit Mitgefühl dafür, dass sie ein verwirrtes junges Mädchen war, das sein Bestes tat, um mit einer schwierigen Situation fertigzuwerden.

Aber das Schuldgefühl darüber loszuwerden, was in meinem Schlafzimmer passiert war, war nur die eine Sache. Mich von dem tiefgreifenden Trauma zu erholen, dass ein Mann durch die Luft gefallen und vor meinen Füßen gestorben war, war die andere. Jahre später machte Willies überzogene Schreckreaktion mir klar, dass ich mich noch nicht davon erholt hatte.

Eine Definition des Wortes „Schock" ist „etwas, das den Verstand oder die Gefühle wie mit einem starken, unerwarteten Schlag erschüttert". Kein Wunder, dass ich jahrelang einen Mann mit einem Baseballschläger hinter mir gespürt hatte, der immer nur darauf wartete, auszuholen und mir den Schädel zu zertrümmern. Ja, ich hatte einen Schlag auf den Kopf bekommen, aber nicht so, wie ich es mir vorgestellt hatte. Einen Schock zu erleben ist etwas anderes als sonstige unangenehme Erfahrungen, weil er eine Reaktion auf etwas Unerwartetes ist. Mit unvorhersehbaren Ereignissen kann man schlechter umgehen als mit vorhersehbaren – das ist Standardwissen für jeden Verhaltensexperten. Bis zu dem Zeitpunkt, als Willie mich in eine zweite Therapierunde schickte, hatte ich nicht gewusst, welche Macht das hat, was manche „Schrecken" nennen. Echter Schrecken ist weit mehr als nur das gewöhnliche Er-schrecken wie zum Beispiel das kichernde Gruseln, nachdem jemand auf einer Schlafanzugparty eine unheimliche Geschichte erzählt hat. Echter Schrecken ist eine Art geistiger Abwesenheit, ein Identitätsverlust, in dem man nach dem Psychologen Guillaume Vaiva „angesichts einer unglaublich erscheinenden Realität das komplette Fehlen von Affekt (weder Furcht noch Angst) erlebt, zusammen mit der Unfähigkeit, zu denken oder zu sprechen."

Es ist unmöglich, mit Worten die Erfahrung richtig zu beschreiben, dass man in einer Situation weder sprechen noch denken kann, aber nachdem ich es selbst erlebt habe, fühle ich mich gezwungen, es zu versuchen. Das Wort, das dieses Gefühl am besten einfängt, ist vielleicht „betäubt" – ein Zustand, in dem die eigene Existenz vorübergehend angehalten ist.

Schock oder Schreck kann eher ein Vorläufer von PTBS, einer posttraumatischen Belastungsstörung, sein, als das traumatische Erlebnis selbst. Eine Studie fand heraus, dass eine „unmittelbare Schreckreaktion" von Verkehrsunfallopfern (von denen ein Viertel PTBS entwickelt hatten) eher die Symptome einer PTBS auslöste als das Erleben von „Angst, Hilflosigkeit oder Entsetzen".

Während ich mit der Therapie weitermachte und selbst zu den Themen Trauma und Angst recherchierte, lernte ich, dass schlimme Schocks tiefgreifende Auswirkungen auf die Gehirnfunktion haben können. Wenn Ihr Leben bis jetzt ein Hase-und-Igel-Spiel war, stellt sich Ihr Gehirn auf ständige Wachsamkeit ein. Wir alle haben Erwartungen an unser Alltagsleben, die so tief verwurzelt sind, dass wir nie darüber nachdenken: Zum Beispiel, dass wir von unserem Haus zu unserem Auto gehen können, ohne von einem großen fliegenden Raubtier in die Luft gerissen zu werden. Dass niemand vom Himmel fallen und vor unseren Füßen sterben wird. Wenn wir erst einmal einen Schock erlebt haben, verändert das unsere Wahrnehmung der alltäglichen Ordnung und der primitivste Teil unseres Gehirns bleibt auf Daueralarm geschaltet. Es ist ein verzweifelter und unlogischer Versuch, auf Dinge vorbereitet zu sein, die so schnell passieren, dass man sich unmöglich darauf vorbereiten kann.

Es war mein nonverbales, unbewusstes Gehirn, das von dem Anblick des gewaltsamen und schockierenden Todes eines Mannes am meisten betroffen war. Trotz meiner vorherigen Versuche in der Therapie konnte ich mein Gehirn nicht aus dem Alarmzustand herausreden, in den es auf primitivste Art und Weise geraten war. Es war gewissermaßen umprogrammiert: Die Gehirnstruktur der Opfer von stark traumatischen Erlebnissen verändert sich erheblich. Der Hypothalamus schrumpft und die Amygdala wird hyperaktiv.

Mit keiner Willenskraft der Welt würde ich das bei mir ändern können, aber ich begann, einige meiner eigenen Ängste zu verstehen. Der Mann mit dem Baseballschläger war der Versuch meines Gehirns, mich ständig wachsam und bereit für das nächste Desaster zu halten. Dunkle Räume waren der ideale Ort für unerwartete Schocks, weil ich mich nicht auf meine Augen verlassen konnte, um etwas kommen zu sehen. Willies übermäßige Schreckreaktion verschlimmerte die Versuche meines umprogrammierten Gehirns, ständig kampf- oder fluchtbereit zu sein. Und das passierte nicht nur dann, wenn Willie in der Nähe war.

Eines Tages schauten Jim und ich den Film *Angel Heart*. Es ist ein toll gemachter, aber schrecklich brutaler Film, den ich längst hätte abschalten sollen, bevor die Kamera sich auf den Körper einer jungen Frau scharfstellte, die mit ausgebreiteten Armen und Beinen auf dem Rücken lag und zwischen deren Beinen sich ein Dreieck aus erschreckend rotem Blut bildete. Ein Mann hatte sie mit einer Pistole erschossen, während er mit dieser in sie eingedrungen war. Ich erstarrte in meinem Sessel, kaum fähig zu atmen, zu blinzeln oder aufzustehen und zu gehen. Als der Film vorbei war, konnte ich mich nicht bewegen. Kein Stück. Als Jim mich ansprach, antwortete ich nicht und drehte ihm nicht einmal den Kopf zu. Ich konnte ihn hören und ich wollte ihm antworten, aber ich konnte weder sprechen noch mich bewegen. Ich dachte: So muss sich Katatonie anfühlen.

Jim kam zu mir, besorgt über mein Schweigen, und ich wollte so gerne sprechen und ihm sagen, dass alles in Ordnung war. Aber egal, welche Worte sich in meinem Gehirn bildeten – meine Lippen bewegten sich nicht. Er sprach mich mit meinem Namen an, wiederholt, nahm meine Hand und berührte mein Gesicht. Mein Drang, mich mitzuteilen, wurde überwältigend, aber noch immer nicht konnte ich die Kluft zwischen den Worten überwinden, die sich in meinem Kopf bildeten und der Anstrengung, die es erforderte, sie auszusprechen.

Ich fühlte mich damals irre, hart an der Grenze des Wahnsinns und war entsetzt von dem Gedanken, dass der Schock des Anblicks auf dem Bildschirm mich buchstäblich gelähmt haben könnte.

Nach ein paar Minuten, die mir wie eine Ewigkeit vorkamen, war ich in der Lage, meine rechte Hand zu bewegen. Ich begann sie zu schütteln und Schreibbewegungen damit zu machen. Jim brachte mir Papier und Stift, und ich schrieb „BLUMEN" – womit ich mitzuteilen versuchte, dass ich gerne Bilder von Blumen sehen wollte. Er verstand und rannte los, um mir einen Bildband zu bringen. Er schlug eine Seite mit einer Explosion von leuchtend roten Tulpen auf. Rot. Oh Gott, nicht rot. Mein Kopf zuckte zurück und ich ruderte mit den Armen wie ein Robbenbaby. Ich schrieb „BLAU", er blätterte die Seite um und da waren friedliche, sanfte Blau- und Lilatöne.

„Tut mir leid. Ich bin in Ordnung. Tut mir leid." Das waren meine ersten Worte an Jim, und er gab sie an mich zurück: „Es tut mir so leid, Trisha, mir war nicht klar, dass der Film so brutal ist. Wir hätten ihn nie anschauen dürfen." Er hielt mich, tröstete mich, wir berührten und küssten uns und lagen die ganze Nacht lang zusammen.

Ein paar Tage später sah ich meine Therapeutin Mare, die mir herauszufinden half, warum ich so dramatisch auf den Film reagiert hatte. Sie bat mich, mich hinzulegen, ein paar Mal tief durchzuatmen und mich zu entspannen. „Atme einfach und achte darauf, was dir in den Kopf kommt, was auch immer es ist.“ Ich lag ein paar Minuten still, die Klimaanlage brummte. Nichts kam, außer einem Jucken am Bein und dem Gedanken, dass ich bessere Gedanken haben sollte.

„Bleib einfach dabei“, sagte Mare. „Atme weiter und erzähl mir, was dein Körper zu sagen hat.“

Nach und nach, von irgendwo, tauchte die Farbe Rot in meinem Bewusstsein auf, bis sie alles war, an das ich denken konnte. „Ich sehe rot“, sagte ich Mare. „Ich weiß nicht warum. Warum rot?“

„Atme einfach weiter und konzentriere dich auf das Rot. Versuche, nichts zu erzwingen, lass es einfach in deinen Kopf, wenn es bereit dazu ist.“

Langsam formierte sich das Rot zu dem Blutfächer zwischen den Beinen der Frau im Film, und dann sah ich das Bild des Mannes, der im Stadion gestürzt war und das schockierend rote Fließen aus seinem Körper, das ein perfektes Dreieck aus Farbe zwischen seinen Beinen bildete.

„Der Mann, der fiel“, wie ich ihn zu nennen begonnen hatte, war eine Erinnerung, zu der ich nur selten zurückkehrte; ich hatte sie in den dunkelsten Winkel meines Verstandes verbannt. Aber dann kam Willie und zeigte mir, dass bloßer Wille zum Vergessen nicht ausreichte, um sie verschwinden zu lassen.

Mare half mir, das Geschehene zu verarbeiten und allmählich davon zu heilen, indem ich mein Mitleid für den verstorbenen Elektriker ausdrückte. Ich lehnte mich zurück in die Kissen, den Kopf gegen die Wand gelehnt und sprach zu ihm. Ich sagte ihm, wie leid es mir tat, dass er gestorben war und betete für seine Familie: „Mögen Sie sicher sein. Seien Sie glücklich. Finden Sie Frieden.“

Später heuerte ich einen Detektiv an, um seinen Namen herauszufinden, weil ich das Bedürfnis hatte, ihm eine Identität zu geben – er sollte mehr sein als eine namenlose Person. Er hieß Albert S. McCarthy, und ab jetzt begann ich für mehrere Wochen jeden Tag damit, dass ich zu ihm sprach.

Sprechen allein war aber nicht genug, um mein Gehirn von „Alarmbereitschaft“ in einen normaleren Zustand zurückzuversetzen. Also unterhielten Mare und ich uns darüber, welche Aktivitäten mich beruhigen und glücklich machen könnten. So, wie ich Jim das Wort „BLUMEN“ als die einzige Möglichkeit aufgeschrieben hatte, den Bann zu brechen, in dem ich mich nach dem Film befunden hatte, wusste ich instinktiv, dass Blumen mir helfen würden, mich zu heilen. Genau wie mein Vater habe ich schon immer Pflanzen geliebt, fast genauso sehr, wie ich Tiere liebe.

Nach der Sitzung mit Mare begann ich, genauso viel Zeit mit Gärtnern zu verbringen wie mit den Hunden. Jim schüttelte den Kopf, wenn ich wieder einmal mit noch mehr violetten Kornblumen, Indianernesseln und Kamelien zum Einpflanzen aus dem Gartencenter zurückkam. Und nie sind genug Taglilien da.

Ich grabe Kompost unter den roten Lehmboden der Farm, der den Namen meiner Stadt, Black Earth, Lügen straft. Ich rupfe und hacke Unkraut, während Willie auf dem Boden liegt und zusieht. Ich schiebe schwere Schubkarren voller Löwenzahn und schlechter Erde auf einen großen Haufen Grünabfälle, der versteckt unter ein paar Zedern liegt. Danach komme ich müde, verschwitzt und geerdeter, als ich es je war, ins Haus zurück.

Aber es war mehr als Gärtnern nötig, um mich zu heilen. Ich schrieb ausführlich in mein Tagebuch. Ich lernte, zu meditieren. Ich machte Yoga. Ich sagte weniger Vortragstermine zu, damit ich mehr Zeit zuhause, mit Spaziergängen im Wald und der Pflege meiner Blumen verbringen konnte.

All diese Anstrengungen begannen nach und nach, ihre Magie zu entfalten. Ich war zwar immer noch sehr beschäftigt, aber zumindest hatte ich begonnen, mich um mich selbst zu sorgen. Nur bedeutet für sich zu sorgen manchmal auch, noch tiefer zu graben, egal, was im Schmutz versteckt liegt.

Kapitel neunzehn

Weder Willie noch ich beschritten den direkten Pfad der Genesung, wir machten beide Vor- und Rückschritte. Ich setzte meine Therapie mit Mare fort und Willie hatte zwei Mal pro Woche einen Termin beim Physiotherapeuten für seine Schulter. Er absolvierte seine Übungen und ich meine. Willie lernte, seine rechte Pfote zehn Sekunden lang hochzuhalten, dann zwanzig, um die Muskeln zu kräftigen, die sein Schultergelenk stabilisierten. Er wurde noch besser darin, auf einem Wackelbrett zu balancieren, selbst dann, wenn ich eine Pfote in der Luft festhielt. Er stieg, schön langsam, über eine Stange, die ich parallel zum Boden hielt.

Endlich war Willies Schulter so weit verheilt, dass er wieder ein glücklicher junger Hund sein konnte, voller Energie und Freude und dem Wunsch, mir geradewegs ins Gesicht zu springen, wenn ich gerade Einkaufstüten, Geldbeutel und Laptop schleppte. Zusammen mit Freunden machten wir lange Spaziergänge durch Felder und Wälder, wo er Stöckchen aufsammeln und bei mir betteln konnte, dass ich sie ihm zum Zurückbringen warf.

Jetzt, da es seiner Schulter besser ging, konnten wir wieder mehr an seiner Konditionierung in der Gegenwart anderer Hunde arbeiten. Wir gingen in Stadtvierteln mit belebten Straßen spazieren, von denen ich wusste, dass dort alle Hunde angeleint sein würden. Ich zauberte sein Zerrspielzeug hervor, wenn er seinen Kopf mir zudrehte anstatt zu bellen oder loszuspringen, wenn ein anderer Hund auftauchte. Wir saßen an Orten, an denen mit hoher Wahrscheinlichkeit mit freilaufenden Hunden zu rechnen war, gemeinsam im geparkten Auto und Willie bekam jedes Mal ein tolles Leckerchen, wenn er sich beim Anblick eines Hundes zu mir umschaute. Nach dem Vorfall im Park, als Willie beim Anblick des fremden Mannes Panik geschoben hatte, hatte ich das gleiche Trainingsprogramm auch mit Besuchern meiner eigenen Spezies begonnen. Männliche Freunde kamen zur Farm und warfen Willie Leckerchen zu – eine Sache, die er schon bald zum besten Spiel überhaupt erklärte.

Nach und nach änderte sich Willies Reaktion auf den Anblick eines fremden Hundes von gespannter Besorgnis zu freudiger Erwartung. Solange der Hund nicht zu nahe war oder sich zu schnell bewegte, lehnte Willie sich mit einem Grinsen und lockerem, wischenden Schwanzwedeln in Richtung des Corgis oder Cockerspaniels. Schon bald konnte er wieder mit seinem Kumpel Sydney, dem halbwüchsigen Australian Shepherd, spielen. Außerdem fand er einen neuen Freund in Mac, einem jungen Border Collie, der mit ihm zu den Frühlingsliedern der Singvögel auf der oberen Wiese Fangen spielte. Mit Männern, die er als Welpe ja schon geliebt hatte, ging es noch schneller, sobald Willie gelernt hatte, dass männliche Gäste immer Geschenke in Form von Futter oder Spielsachen mitbrachten. Er rannte mit glänzenden Augen, wedelndem Schwanz und fröhlich kreiselnd zu ihnen, um sie zu begrüßen.

Aber immer noch passte ich zwanghaft auf ihn auf, besonders in Gegenwart anderer Hunde. Gute Besitzer reaktiver Hunde verhalten sich wie die Personenschützer von Berühmtheiten und suchen ständig die Umgebung nach möglichen Bedrohungen ab. Wir haben Plan B und C gut gespeichert im Kopf bereit, falls Plan A scheitert. Ich ging nie ohne die Tasche voller Leckerchen von der Farm, um diese großzügig jedem Hund ins Gesicht werfen zu können, der vielleicht auf uns zu gerannt kommen könnte.

Über die Monate hinweg besserte Willie sich so weit, dass es an der Zeit war, ihn andere Hunde außerhalb seines kleinen Freundeskreises begrüßen zu lassen. Ich hatte auch mit der Hütearbeit weitergemacht, sobald seine Schulter verheilt war und verlangte nach und nach, dass er mir die Schafe aus immer größerer Entfernung brachte. Auch lernte er, auf ein leises Wort oder Pfeifensignal hin mit oder gegen den Uhrzeigersinn um die Herde herum zu laufen. Er machte große Fortschritte, aber nun brauchten wir beide einen Coach, der uns helfen konnte, die nächste Stufe zu erreichen. Genau zu dieser Zeit gab Julie Hill, eine bekannte Schäferin und Teilnehmerin an vielen Hütewettberben, ein Seminar nur ein paar Autostunden von der Farm entfernt.

Ein kleines Hüteseminar war die perfekte Gelegenheit, Willie dem engen Kontakt mit ihm unbekannten Hunden auszusetzen. Sein Wunsch, an den Schafen zu arbeiten, würde ihn von den anderen Hunden ablenken. Die anderen Teilnehmer würden Verständnis für meine Probleme mit Willie haben, und seinen Hund unangeleint arbeiten zu lassen, während er frei um Beutetier herumläuft, ist aufregend, sorgt aber zugleich für Bescheidenheit. Es schweißt die Führer von Hütehunden zusammen wie Opfer einer Naturkatastrophe, denn wir alle haben schon ein oder zwei „Schiffbrüche" erlitten. So nennen wir es, wenn ein junger Hund plötzlich nicht mehr hört und die Schafe ums Feld herumjagt – oder schlimmer noch, ins Getreidefeld des Nachbarn. Ich wusste, dass die Seminarteilnehmer mir glauben würden, wenn ich ihnen sagen würde, dass ich ihre Hilfe bräuchte, damit es keine Schwierigkeiten gäbe. (Diese Art von Schwierigkeiten ist nicht theoretisch. Es gingen tatsächlich schon einmal einige Schafe während eines Leistungshütens in einem Kornfeld verloren, die man nie mehr wiedergefunden hat. Eins von ihnen war Monate später auf dem Hof einer kilometerweit entfernten Wohnungsanlage aufgetaucht. Schafe dieser Rasse, Barbados, sehen aus wie Antilopen, weshalb damals offizielle Stellen angerufen wurden, um die vermeintlich entlaufenen Zootiere einzufangen.) Jeder, der mit Hunden an Schafen arbeitet, hat schon einmal Bescheidenheit gelernt, wenn die Dinge nicht so glatt liefen wie geplant.

Zuerst ging ich mit Willie angeleint aufs Feld und bat alle anderen, ihre Hunde von ihm fernzuhalten. Ich atmete tief, um ruhig zu bleiben. Was, wenn die Katastrophe, auf die mein Gehirn ständig vorbereitet war, wirklich passieren würde – in diesem Fall eine Beißerei zwischen den Hunden? Aber alles ging gut: Willie konzentrierte sich auf die Schafe und die anderen Hunde blieben weg. Nach und nach ließ ich Willie mehr Zeit in der Anwesenheit der anderen Hunde verbringen, und am zweiten Tag traf er einen großen, sanften Border Collie namens Vic.

Ich hatte zahllosen Kunden durch die ersten Begegnungen mit Hunden geholfen, die bis dato aggressiv gewesen waren, und oft hatte ich dazu meine eigenen Hunde als Freiwillige benutzt. Halte deinen Körper locker. Atme tief und gleichmäßig. Starre nicht und beuge dich nicht über die Hunde. Ich befolgte meine eigenen Anweisungen, und alles lief genau so ab, wie es sollte. Willie war ein bisschen angespannt, aber Vic machte sich nichts daraus und strahlte zen-artige Ruhe aus, während ich mich dazu zwang, die beiden miteinander allein zu lassen. Die Hunde beschnüffelten sich an den Hinterteilen, nahmen sich gegenseitig zur Kenntnis und wanderten zu den nahegelegenen Grasbüscheln, um dort ihre Duftmarken zu hinterlassen. Nach ein paar Sekunden rief ich Willie ab und ging mit ihm ein kleines Stück spazieren.

Wow.

Ich war begeistert. Es fühlte sich wie ein Wunder an, Willie problemlos einen anderen Hund begrüßen zu sehen, nachdem ich ihn so lange von allen anderen Hunden außer seinen engen Freunden ferngehalten hatte. Im Lauf des Tages traf Willie noch andere Hunde, allerdings nur solche, die ich vorher genau daraufhin beobachtet hatte, wie sie andere Hunde begrüßten. Es waren ein paar Rüden mit stets steif aufgestellter Rute dabei, von denen ich Willie lieber fernhielt, aber die meisten Hunde im Seminar waren entspannt und höflich. Willie und ich fuhren am Ende des zweiten Tages müde und glücklich nach Hause, während die grünen Hügel von Wisconsin wie Wellen eines Ozeans um uns herum wogten.

Willies Verhalten gegenüber anderen Hunden verbesserte sich weiter, je mehr gefahrlose Situationen ich schuf, in denen er freundliche Hunde begrüßen konnte. Nach ein paar Monaten war er in der Lage, eine Tierarztpraxis zu betreten, ohne angesichts eines unglücklichen Beagles in der Ecke zu explodieren. Nach sorgfältigen Zusammenführungen schloss er ein paar neue Freundschaften, woraufhin alle mit leuchtenden Augen und hängenden Zungen auf der Obstwiese herumtobten und tollten und wie Rennpferde in großen, weiten Kreisen Schulter an Schulter liefen.

Gleichzeitig besserten sich auch Willies andere Probleme. Er verfiel nicht mehr in Panik, wenn ein am Haus vorbeifahrender LKW eine Fehlzündung hatte. Ich hatte ein Futter gefunden, das seinen Verdauungsproblemen vorbeugte. Seine Angst vor großgewachsenen Männern verwandelte sich in Vorfreude auf lustige Apportierspiele. Er bellte oder knurrte niemals, wenn er einen sich nähernden Hund sah. Er lief Seite an Seite mit Pudeln und Pekingesen, ohne ihnen einen nervösen Blick zuzuwerfen.

Eines Abends nahm ich Willie nach der erfolgreichen Begegnung mit anderen Hunden mit, um einen jungen Border Collie namens Zip kennenzulernen. Alles verlief so, wie ich es mir erhofft hatte. Zip war passiv und höflich, und obwohl Willie sich zu Beginn der Begegnung etwas steifbeinig gab, entspannte er sich schnell und begann zu tun, was alle jungen sozialen männliche Säugetiere tun: spielen. Nach kaum einer Minute waren beide Hunde in ein spannendes Nachlaufspiel vertieft.

Besitzer von reaktiven Hunden oder solchen, die anderen Hunden gegenüber aggressiv sind, schleppen jedes Mal, wenn sie mit ihren Hunden spazieren gehen, eine einzigartige Angst mit sich herum. Werde ich an einem bellenden, knurrenden Irren angeleint sein, falls uns um die Ecke herum ein anderer Hund überrascht? Werde ich, wenn ich die Straße entlanggehe, plötzlich zwei große, freilaufende Hunde auf uns zustürmen sehen, während der Besitzer, der ihnen einen Häuserblock weiter hinten nachgeschlendert kommt, uns mit lässigem Grinsen zuwinkt und ruft „Alles in Ordnung! Sie mögen andere Hunde!"? Einen Hund zu führen, der Angst oder Aggression gegenüber anderen Hunden zeigt, macht Exkursionen draußen bestenfalls angstbestimmt und schlechtestenfalls zu einem Albtraum.

Aber Willie und Zip rannten durch das hohe Gras wie beste Freunde auf einem Spielplatz. Sie spielten „Wer ist schneller" und „Ich habe das Spielzeug und du nicht", während die Sonne hinter den Bäumen unterging und die Grillen im Hintergrund die Begleitmusik spielten. Ganz bestimmt gibt es kaum etwas Schöneres als zwei junge, gesunde Hunde, die zusammen durchs Gras springen.

Zips Besitzerin hatte außerdem noch eine Boxerhündin namens Tango, die, wie sie sagte, gut mit anderen Hunden auskam. Anders als Zip war Tango eine erwachsene Hündin, die nicht passiv daliegen und sich von einem linkischen Halbwüchsigen inspizieren lassen würde. Sie war bemuskelt wie ein Ringkämpfer und strahlte Stärke und Selbstvertrauen aus. Sie zu treffen, würde eine gute Erfahrung für Willie sein, denn nicht alle Hunde, denen er in Zukunft noch begegnen würde, würden ihm bei einer Begrüßung gleich die Oberhand lassen. Sie sich begegnen zu lassen war ein kleines, aber vernünftiges Risiko, wo man Tango doch gute soziale Fähigkeiten nachsagte und Willie sich so gut anstellte. Ihre Besitzerin und ich sprachen uns ab und entschieden, es zu versuchen. Aber noch während wir sprachen, fragte mich eine kleine Stimme in mir drin, ob wir wirklich weitermachen sollten. Tief in meinem Bauch wurde eine rote Warnflagge geschwenkt, aber ich ignorierte meine Intuition und entschied, sich die Hunde begrüßen zu lassen.

Tango behauptete ihre Position, als Willie sich ihr näherte. Mit geraden Beinen und vorgeneigtem Kopf, den Hals wie ein Hengst gewölbt, stand sie da. Die angemessene Reaktion eines jungen Rüden auf eine ältere, sich in ihrem

Territorium befindliche Hündin wäre eine beschwichtigende Haltung, bei der er sich kleiner macht und duckt. Aber Willie reagierte, indem er sich auf die Hinterbeine stellte wie ein Pferd und versuchte, Tango seine Vorderläufe über die Schulter zu legen. Dieses Verhalten ist in der Regel der aktive Versuch eines Hundes, Kontrolle über die Situation zu gewinnen. Dieses „Aufreiten" ist auf keinen Fall ein kluger Schachzug eines halbwüchsigen Rüden gegenüber einer Hündin einer Rasse, die dafür bekannt ist, niemals nachzugeben. Und schlimmer noch – er knurrte sie an. Und dann brach die Hölle los.

Ein schwarz-weißer Klecks wirbelte in fahrigen Kreisen durch das Gras, verfolgt von einem knurrenden Muskelberg. Alle zwanzig Schritte holte Tango Willie ein und warf ihn mit ihren Vorderläufen und ihrem Körper zu Boden. Sie knurrte in seinen Bauch, während er mit den Beinen ruderte und schrie. Tangos Besitzer und ich rannten wie die Wahnsinnigen hinter den Hunden her und versuchten, Tiere einzufangen, die ungefähr eine Million Mal schneller waren als wir.

Irgendwann schafften wir es endlich, sie zu fassen zu bekommen. Vermutlich dauerte es nur ein paar Sekunden, aber in meiner Erinnerung dauerte der Vorfall endlos. Aber so chaotisch die Dinge auch waren, war doch klar, dass Tango Willie nicht körperlich verletzt hatte. Sie hatte ihm einfach unmissverständlich zu verstehen gegeben: Wenn hier einer knurrte, dann war sie das. Seine panische Reaktion mit quietschend hohem Fiepen hatte sie nur noch mehr aufgebracht.

Nachdem die Hunde sich beruhigt hatten, arbeitete ich ein bisschen mit Willie in dem Versuch, unseren Besuch mit etwas Positivem zu beenden, aber an was ich mich am deutlichsten erinnere, sind meine wiederholten Flüche auf der Heimfahrt. Das war genau das, was nicht passieren sollte und ich wusste, dass es einen herben Rückschlag für Willies Fortschritte bedeuten konnte. Mit ziemlicher Sicherheit würde er, wenn er das nächste Mal einem fremden Hund begegnete, wieder in steifbeiniges Knurren und zwanghaftes Beschnüffeln von Urinmarken zurückfallen.

Rückschläge sind bei Verhaltenstherapien normal, egal wer man ist oder wie viel man weiß. Dumme Sachen passieren zwar seltener, wenn man Erfahrung hat, aber sie passieren eben trotzdem. Das theoretisch zu wissen, ist die eine Sache, aber persönlich damit umzugehen eine andere. Es ist mehr als nur Wissen nötig, um an einem ernsten Verhaltensproblem zu arbeiten. Es braucht auch Vertrauen, dass es funktionieren wird und vor allem die Energie, das Programm wirklich Tag für Tag durchzuziehen. Die ersten beiden Punkte hatte ich in der Tasche. Mit dem dritten kämpfte ich.

Ich atmete tief durch und schrieb einen neuen Trainingsplan. Willie und ich kehrten wieder zu den Basisübungen zurück. Wir wiederholten das Spiel „Schau!“ hunderte Male. Ich bestärkte gutes Verhalten sowohl mit einem Zerrseil als auch mit ein paar Schritten Rückzug, um Willie zu lehren, dass eine ruhige Reaktion auf einen anderen Hund zu mehr Distanz zu diesem führte und damit zu weniger Spannung. Ich verlangte anfangs nur wenig von Willie und hielt mich schön von Hunden fern, die uns auf der Straße begegneten. Ich ging wieder mit ihm auf die Hundewiese in unserem örtlichen Park, saß dort mit ihm im Auto und sagte jedes Mal „Schau“, wenn er einen Hund erspähte. Ich brachte ihn nach Feierabend zu einer Hundeschule und ließ ihn die Gerüche der anderen Hunde schnüffeln, bis seine Nase müde war und verlangte dann „Schau“ mit Zerrspielen als Belohnung. Ich meldete uns in einer Hundeschule mit umzäuntem Freigelände an, wo wir während der Trainingsstunden auf der anderen Seite des Zauns, weg von den anderen Hunden, bleiben konnten und spielte dort mit Willie immer wieder das „Schau“-Spiel, bis ich ihn irgendwann zum Zaun gehen und Nasenkontakt mit Hunden aufnehmen ließ, die mir freundlich und ehrerbietig erschienen.

Nachdem ich das einen Monat lang praktiziert hatte, war Willie wieder so weit dahin zurück fortgeschritten, dass er sich nähernde Hunde mit lockerem Körper und albernem Grinsen begrüßte. Er spielte weiterhin Fangen mit Sydney im harschigen Schnee auf der oberen Weide und ging mit Ashby Feldmäuse jagen. Und dann kam sein Freund Zip zu Besuch, der Border Collie, mit dem er vor gut einem Monat so schön zusammen gespielt hatte.

Als Zip und sein Besitzer auf den Hof gefahren kamen, war es ungewöhnlich still. Kein einziger Vogel sang, als ich mit Willie aus dem Haus trat. Wie erwartet, schaute Willie in Erwartung der guten Dinge, die er mit dem Anblick anderer Hunde zu verknüpfen gelernt hatte, automatisch zu mir, als er Zip sah. Auch als wir näher kamen, sah Willie weiterhin entspannt aus, als ob er nichts lieber wollte, als mit Zip zu spielen. Also ließ ich die Leine fallen und Willie zu Zip laufen. Zuerst sah alles gut aus, Willie wuselte mit entspannt geöffnetem Fang und lockerem Körper zu Zip hinüber. Zip beugte seinen

Vorderkörper mit einem Unterlegenheitsgrinsen herunter, während Willie über ihm stand und ihn abschnüffelte.

Gerade, als ich die beiden Hunde zur Spielwiese bringen wollte, griff Willie an.

Er stürzte sich mit dem unmissverständlichen Ausdruck purer, ungebändigter Wut auf Zip, der aufjaulte und sich zu Boden fallen ließ. Willies Knurren durchlöcherte die Luft. Die ganze Zeit sah ich Willies Zähne nie in Zip verbissen, sein Fang war offen, die Zähne gebleckt, die Augen voller Zorn. Wir schafften es recht schnell, die beiden Hunde zu trennen und es sah nicht so aus, als ob Zip verletzt worden wäre. Aber er war verängstigt. Genau wie ich. Der Ausdruck in Willies Gesicht, als er Zip angegriffen hatte, ließ einen frösteln.

Oft tun Menschen es verächtlich ab, wenn jemand behauptet, Hunde könnten genau wie Menschen Zorn empfinden. „Ich kann nicht glauben, dass Sie derart krass vermenschlichen", sagte mir einmal eine Fachtierärztin für Verhaltenskunde nach einem Vortrag, den ich am nationalen Gesundheitsinstitut gehalten hatte. Bebend vor ihrem eigenen Zorn prangerte sich mich öffentlich dafür an, dass ich die Worte „Hund" und „Zorn" im gleichen Satz verwendet hatte, während der Rest des Publikums in betroffenem Schweigen dasaß.

Dabei ist Zorn eine sehr ursprüngliche, primitive Emotion, so primitiv wie Angst, und er ist eng mit ihr verwandt. Der Neurobiologe John Ratey bezeichnet Zorn als die „zweite universale Emotion", wobei Angst die erste ist. Zorn und Angst sind bei Säugetieren nicht nur universal, sie können auch schwer voneinander zu unterscheiden sein. Bei Menschen, Ponys und Pandas ist Zorn die Emotion, die es einem Individuum ermöglicht, die eigene Angst zu überwinden und selbst zu handeln, um sich selbst, seine Nachkommen oder seinen Partner zu verteidigen.

Die meisten Ethologen und Tiertrainer zögern nicht, über „Zorn" bei Säugetieren zu sprechen. Schimpansenforscher, Schweinefarmer und Delfinexperten sprechen oft von einem Einzeltier, das „wütend geworden ist" oder darüber, wie leicht reizbar ein bestimmtes Tier ist.

Trotzdem ist es das Eine, zu akzeptieren, dass ein tobender Schimpanse ein Gefühl erleben kann, das unserem Zorn nahekommt, aber noch einmal etwas anderes, dies einem Hund zuzuschreiben. In seinem berühmten Selbstgespräch über die Treue von Hunden schrieb John Hobhouse, dass Hunde „alle Tugenden des Menschen besitzen, ohne zugleich ihre Laster zu teilen." Man sagt von Hunden, dass sie uns „bedingungslose Liebe" schenken, uns mit unverstellter Freude begrüßen, wenn wir nach Hause kommen und uns vorbehaltlos akzeptieren, egal, welche Fehler wir haben mögen. Wie sollte solch ein Ausbund an Tugend den gleichen rotäugigen Zorn empfinden können, von dem unsere Spezies geplagt ist?

Dieses Bild von Hunden als dem Inbegriff von Liebe und Zuneigung ist uns lieb und teuer, und die meisten Hunde sind ja auch in der Tat sanft und voller Liebe, manchmal so weit, dass sie ihren Besitzern die schlimmsten wiederholten Misshandlungen verzeihen. Aber all das bedeutet nicht, dass sie nicht in der Lage wären, Zorn zu empfinden. Sie besitzen die gleichen Gehirnstrukturen zur Verarbeitung von Zorn wie Menschen, produzieren die gleichen Neurohormone, die das Gefühl erzeugen und haben eine ähnliche Mimik wie Menschen, wenn sie wütend sind. Als Willie auf Zip losging, hatten seinen Augen den gleichen Ausdruck gehabt wie damals, als er noch ein kleiner Welpe war und sich wegen eines Stückchens Futter auf dem Küchenboden auf Pippy gestürzt hatte.

Es war das Extreme seines Verhaltens, das so besorgniserregend war. Nach der langen Zeit und dem vielen Training waren seine Ausbrüche selten geworden, aber wenn sie vorkamen, wirkten sie krankhaft. Willies Ausdruck, als er auf Zip losging, war schockierend. Er verteidigte nicht nur offensiv etwas, das er gern haben wollte, sondern sein Blick hatte diese seltsame Mischung aus Eis und Feuer, die man nur bei vollkommen außer Kontrolle geratener Wut sieht. Es war Wut hoch zehn. Woher in Gottes Namen nahm ein junger Hund eine solche Intensität der Gefühle?

Später an diesem Abend hörte ich Kojoten in der Ferne kläffen und heulen. Auch Tulip hörte sie und sprang auf. Laut und tief bellte sie an der Haustür, stets zur Stelle, um die Herde vor Gefahren zu schützen: „Meine Schafe, meine Lämmer, mein Land. Bleibt weg!“ Noch eine Stunde lang fand sie keine Ruhe und wanderte horchend auf und ab. Ich stand mit ihr auf, ging zur Couch und schaltete den Fernseher an und wieder aus. Trotz aller unserer Fortschritte hatte Willie immer noch ein ernstes Verhaltensproblem. Genau wie Tulip fand ich keine Ruhe, weil ich so voller Sorge um Willie war. Während Tulip auf und ab patrouillierte, zog ich an meinen Nagelhäuten und kratzte meine Mückensticke wund.

Als ich mir so den Kopf zerbrach, kam mir plötzlich in den Sinn, dass Willie sich wie ein Hund mit PTBS benahm. Angesichts meiner eigenen Symptome sollte man meinen, dass ich schon eher darauf hätte kommen können.

Kapitel zwanzig

Als ich achtzehn war, verliebte ich mich in Doug McConnell, einen verwegen gut aussehenden Umweltaktivisten, den ich durch meine Schwester Liza kennengelernt hatte. Er brauchte ungefähr fünf Minuten, um mich von meinen Füßen zu hauen. Wir trafen uns, wir heirateten, und nachdem wir sieben Jahre lang an verschiedenen Orten der südlicheren Bundesstaaten gelebt hatten, zogen wir letztlich nach Ketchikan in Alaska, wo Doug einen Job bei der städtischen Planungsbehörde bekommen hatte. Das war noch vor dem Bau der Ölpipeline, als Ketchikan noch eine sumpfige Kleinstadt mit Dauerregen, sehr vielen Bars, einem kleinen Lebensmittelladen mit angefaulten Äpfeln und keimenden Kartoffeln, noch mehr Bars, zwei Restaurants, einer Bank und ein paar Souvenirläden war. Sie versorgte die Männer, die über lange Zeiträume in Holzfällercamps, auf Lachsfischerbooten oder bei der Küstenwache arbeiteten und die ab und zu hochwillkommene Ausflüge in die Stadt machen konnten. Erwähnte ich schon, dass es dort viele Bars gab?

Wenn die Sonne herauskam, war es wunderschön. Ich stand am Strand, sah das Licht auf dem Meer glitzern und eine Schule Orcas die Küstenlinie entlangschwimmen – riesige schwarz-weiße Ovale, die durch die Wellen schweiften. In Momenten wie diesen dachte ich, dass ich am schönsten Platz der Welt lebte.

Ich fand Arbeit als Beraterin für schwierige Jugendliche, nach ganzen zwei Wochen Ausbildung dafür. Ich liebte den Job – ich arbeitete mit schlauen Kindern, die oft nur einen positiven Ort brauchten, um ihre Energie loszuwerden und jemand, der ihnen zuhörte. Von allen Kindern erinnere ich mich am lebhaftesten an Marta: Eine Indianerin mit rabenschwarzem Haar, die mit dem infamen Ruf als beste Messerkämpferin der Stadt zu uns kam. Wenn sie sprach, beugte ich mich nach vorn in den Kreis ihrer Energie hinein. Ihr Gesicht strahlte eine unglaubliche Intensität aus. Ich hörte ihr zu und ließ sie sagen, was sie zu sagen hatte. Ein paar Jahre später hatte sie es geschafft, ihre Energie erfolgreich umzulenken und war selbst zur Verwalterin eines gemeinnützigen Vereins für auf Abwegen geratene Jugendlichen geworden.

Trotz der guten Tage in Ketchikan machte das bedrückende, nasse Wetter das Leben in dem schimmligen Einraum-Holzhaus nicht leichter. Es half auch nicht der Ehe, die einfach nicht funktionierte. Nach zwei Jahren in Ketchikan floh ich sowohl aus der Stadt als auch aus der Ehe. Am Flughafen stand ich mit einem Koffer in der einen und einer plattgesichtigen, in einen Reisekäfig gezwängten Perserkatze namens Chat in der anderen Hand bewegungslos neben Doug am Checkin. Wir schauten beide auf den Boden und brachten kein Wort hervor, während Chat die Katze wütend protestierte.

Chat und ich reisten nach Madison, Wisconsin, wo ich von all den Orten mit Doug am glücklichsten gewesen war. Zu dieser Zeit hatte ich nur ein einziges Ziel: Mindestens fünf Jahre an ein und demselben Ort wohnen zu bleiben. Das war vor vierzig Jahren, und ich bin immer noch hier.

Auf meinem Rückweg von Alaska war ich siebenundzwanzig und mir war mulmig angesichts der Tatsache, dass ich die Dinge nun für mich allein regeln musste. Auf einem Zwischenstopp am Flughafen von Minneapolis begegnete ich einem blonden, adretten Kerl mit Designeranzug und Rolex. Er war nicht mein Typ. Die einzigen Modelabels, die mir etwas sagten, hatten Buchstaben anstelle von Namen wie zum Beispiel C&A oder H&M. Für mich bedeutet „sexy“ viel eher einen Outdoor-Typ im Flanellhemd mit schlammigen Stiefeln.

Jason, wie ich ihn hier nennen möchte, fing meinen Blick ein, als ich am Gate auf den nächsten Flug nach Madison wartete. Er war groß und gepflegt wie ein Model, mit perfekt manikürten Nägeln und grünen Augen, in denen ich versank wie in Pfefferminzlikör. Der Austausch kleiner Nichtigkeiten führte zu einer Unterhaltung, die wiederum zu einem Drink an der Bar führte. Ich trinke auch heute noch wenig (ein Glas reicht, um mich albern fröhlich zu stimmen), aber damals trank ich so gut wie gar nicht. Allein die Tatsache, auf einem Flughafen in einer Bar zu sitzen, war verlockend nach dem Motto „Ich kann nicht glauben, was ich da gerade tue“. Einen Gin Tonic später schob ich einen Zettel mit seiner Telefonnummer in meinen Geldbeutel.

Wir telefonierten oft während der nächsten Monate. Oder vielmehr – Jason sprach und ich hörte zu. Er war Immobilienmakler und verkaufte teure Anwesen in Mexiko. Er war witzig und interessant und lud mich ein, ihn doch in Minneapolis zu besuchen. Ich dachte immer wieder an seine Augen und war ein paar Monate später wieder am Flughafen von Minneapolis. Jason trug meine Tasche und legte seine Hand auf meine Schulter, als wir durch die Menge gingen. An der Toilette hielt ich an, um meinen Lippenstift aufzufrischen. Wir gingen zu seinem Geländewagen auf dem Parkplatz und ich erinnere mich noch, dass ich dachte, dass dieses Auto gar nicht zu seinem Image als Geschäftsmann passte.

Er wohnte in einem Neubaugebiet am Stadtrand in einem Wohnblock mit je vier Apartments. Auf einer Seite des Baukomplexes war offenes Land, auf dem sich Goldruten und Wiesenastern im sanften Wind wiegten. Es war dämmrig, als wir ankamen und wir begegneten keinem Menschen, als wir den Parkplatz verließen, das Gebäude betraten und die Treppe heraufgingen.

Wir gingen ins Wohnzimmer, von dem aus sich gleich rechts die Tür zum Schlafzimmer befand. Sie stand offen, und ich konnte das Bett mit einer braunen, gesteppten Tagesdecke darauf und einen Nachttisch sehen, auf dem sich nichts außer einer Lampe befand. Und einer Pistole. Sie war schwarz und glänzend und beherrschte den gesamten Raum.

„Hast du immer eine Pistole in deinem Schlafzimmer?“, fragte ich. Ja, sagte er, hätte er. Und dass sie geladen sei.

„Oh.“ Eine kleine Stimme in meinem Kopf begann zu flüstern, dass das nicht gut war. Ich ignorierte sie.

Wir setzten uns ins Wohnzimmer und tranken etwas. Als ich aufstand, um mich für das Abendessen umzuziehen, knallte draußen ein Auto mit einer Fehlzündung – ein lautes, fauchendes BÄNG! Als ich mich umdrehte, sah ich Jason mit dem Gesicht nach unten auf dem Teppich liegen. „Sorry,“ sagte er, als er wieder aufstand, „ich war in Vietnam und habe es bis heute nicht geschafft, nicht auf laute Geräusche zu reagieren.“

Armer Jason, dachte ich, bekommt Panik, nur weil er ein lautes Geräusch hört. Damals begann man in Fernsehsendungen und Zeitschriftenartikeln gerade erst, von PTBS als einer Erkrankung zu sprechen und zu erklären, wie das Erleben eines Traumas bei manchen Kriegsheimkehrern zu Angstzuständen oder manchmal auch schlecht kontrollierbarer Wut führte. Ich fragte mich, ob Jason das auch hatte. Ich kam gerade frisch von einem Job im Sozialdienst und wollte immer noch die Welt retten. Egoistischerweise dachte ich, dass ich ihm vielleicht helfen könnte.

Zumindest war das die bewusste Unterhaltung, die ich mit mir selbst führte. Aber da war auch noch eine andere, gesprochen von einem inneren Beobachter, der mir auf die Schulter klopfte und sagte: Hier stimmt was nicht. Du solltest besser gehen.

Ich ignorierte sie, zum Teil deshalb, weil es so bequemer war. Wo sollte ich denn hingehen? Wie nach Hause kommen? Ich hatte kein Fahrzeug und war völlig auf Jason angewiesen. Ich könnte ihm einfach sagen, dass es mir leidtäte, ich meine Meinung geändert hätte und nach Hause müsste oder in ein Hotel gehen oder ein Taxi rufen wollte. Aber das wäre peinlich. Außerdem wollte ich den Mann nicht verletzen, der so selbstlos unserem Land gedient hatte. Sei nicht blöd, sagte ich zu mir selbst. Er ist redegewandt und witzig. Außerdem braucht er Hilfe.

Jason lachte, als er sich den Staub von der Jacke klopfte. „Mach dir nichts draus", sagte er. „Mir geht's gut. Ich bin nur manchmal ein bisschen schreckhaft." Er lächelte, um seine grünen Augen bildeten sich Fältchen. „Lass uns rausgehen und ein bisschen Spaß haben."

Wir aßen in einem ruhigen Restaurant zu Abend und er legte über das weiße Tischtuch hinweg seine Hand auf meine. Seine Berührung prickelte. Wir gingen in seine Wohnung und zusammen ins Schlafzimmer.

Und da war wieder die Pistole, kalt und schwarz auf dem Tisch gleich neben meinem Kopfkissen. Wieder sagte meine innere Stimme Halt! Tu das nicht! – und wieder befahl ich ihr, ruhig zu sein. *Er ist ein netter Mann. Es ist nicht seine Schuld, dass laute Geräusche ihn erschrecken und dass er sich noch immer nicht sicher fühlt, nachdem er Jahre in einem Kriegsgebiet verbracht hat. Ist ja klar, dass er deshalb eine Pistole an seinem Bett liegen hat.* Davon abgesehen waren die Dinge für mich nicht besonders gut gelaufen, bevor ich meinen Ehemann verlassen hatte, und es war lange her, dass ich mit einem Mann zusammen gewesen war. Das Gefühl, begehrt zu werden und die Wärme und Energie ausstrahlende Leidenschaft eines Mannes zu spüren wie ein Flammen in einem Kaminfeuer, war berauschend.

Jason knöpfte meine Bluse auf und berührte meinen Hals mit Nase und Lippen. Dann küsste er meinen Bauch und öffnete den Reißverschluss meiner Hose. Wir sanken in sein Bett und begannen uns zu küssen. Und dann, bevor ich wusste, wie mir geschah, packte er mich bei den Schultern und warf mich herum auf den Bauch. Er sagte kein Wort, umklammerte nur meinen Nacken und drückte mein Gesicht ins Kissen. Ich schrie „Nein! NEIN! HÖR AUF!" Er antwortete nicht, aber sein Körper war eine bullige Masse von Kraft und Gewalt.

Er vergewaltigte mich eine endlose Zeit lang. Die Schmerzen waren schlimmer, als ich mir es je hätte vorstellen können. Je mehr ich schrie und strampelte, desto gewalttätiger wurde er, und er begann zu knurren: „Schlampe. Du verf-te dreckige kleine Schlampe." Jedes Mal, wenn ich protestierte, wurden sein Griff härter und seine Beschimpfungen hässlicher. Ich verstummte. Ich hörte auf mich zu wehren, aber mein Gesicht wurde so fest ins Kissen gedrückt, dass ich kaum Luft bekam. Mir kam in den Sinn, dass er mich umbringen könnte. Als sich sein Atem beschleunigte, konnte ich den Kopf drehen und nach Luft schnappen. Meine Bewegung brachte ihn dazu, meinen Nacken nur noch stärker zu quetschen, woraufhin ich jede Bewegung einstellte.

Als er endlich mit mir fertig war, fiel er aufs Kissen neben mir wie ins Koma. Ich lag wie steifgefroren neben ihm. Ich versuchte nicht, aufzustehen und die Polizei anzurufen. Ich lag die ganze Nacht lang unbeweglich da, so, als würde ich mich nie wieder bewegen können, während er in den Tag hinein schnarchte. Die Tatsache, dass ich die ganze Nacht lang bewegungslos dalag, ist mir heute vollkommen unverständlich. Warum war ich nicht aufgestanden? Warum hatte ich nicht die Polizei angerufen? Vielleicht fühlte es sich sicherer an, unbeweglich zu bleiben als zu versuchen, sich zu bewegen. Vielleicht war ich zurückversetzt in mein eigenes Schlafzimmer von vor Jahren, als ich gelähmt vor Angst dalag, während der Freund meiner Schwester mich belästigte. Oder verstummt vor Schreck, als ein Mann aus dem Nichts gefallen kam und zu meinen Füßen starb.

In schweigender gegenseitiger Übereinkunft brachte Jason mich am nächsten Morgen zum Flughafen. Kaum, dass wir am Bordstein hielten, schnappte ich meine Tasche und rannte aus dem Wagen. Ich setzte mich ins Flugzeug, las einen Roman und versuchte so zu tun, als sei nie etwas geschehen.

Als ich schon wieder ein paar Tage zuhause war, begann ich plötzlich zu bluten, was ich aber ignorierte. Ich schämte mich viel zu sehr, um zu einem Arzt zu gehen und es kam mir nie in den Sinn, die Polizei anzurufen. Mitte der siebziger Jahre verstand man unter Vergewaltigung einen gewalttätigen Angriff eines messerschwingenden Fremden, der aus einem Busch hervorgesprungen kam. Ich war freiwillig mit in Jasons Wohnung und in sein Schlafzimmer gegangen. Nach meinem Verständnis war es gar keine Frage, dass alles, was passiert war, meine Schuld war, genau wie ich damals als Jugendliche gedacht hatte, für die Belästigungen irgendwie selbst verantwortlich zu sein. Voller Scham über das Geschehene erzählte ich niemanden, was in Minneapolis passiert war, noch nicht einmal meiner besten Freundin. Ich las einen ganzen Stapel Krimis und zwang mich, das Ganze zu vergessen.

Kapitel einundzwanzig

Ich konnte nicht vergessen, was in Minneapolis passiert war, aber ich sprach nicht darüber. Einmal versuchte ich, es einer Freundin zu erzählen, stellte dann aber fest, dass meine Kehle sich bei dem Versuch zuschnürte und ich kein Wort herausbrachte. Vergewaltigung. Was für ein schreckliches Wort. Ich konnte es nicht laut aussprechen. Davon abgesehen war es ja auch gar keine richtige Vergewaltigung gewesen, oder? Es war einfach nur das Ergebnis einer dummen Entscheidung meinerseits, einer, die zu einem schlechten Ende geführt hatte.

Jetzt saßen neben der Belästigung aus meiner Jugend und dem Trauma des zu meinen Füßen sterbenden Albert McCarthy auch noch die Auswirkungen der Vergewaltigung in mir wie ein winziger Tumor, der zu klein war, um ihn auf dem Ultraschall erkennen zu können. Aber ich marschierte tapfer weiter durchs Leben, wie wir es so oft tun, und zwang mich selbst zum Vergessen. Ich konzentrierte mich auf meine Arbeit, mein Studium und meine Freunde. Letzten Endes gab es eine Menge Dinge, die mir halfen, den Tumor herauszuschneiden, aber Hunde spielten eine führende Rolle dabei.

Mein zweiter Ehemann Patrick und ich kauften meinen ersten Border Collie in den achtziger Jahren. Sein Name war Drift. Ich traf ihn, als er zwei Jahre alt war und auf einem goldgelben Strohbett in einer Scheune lag wie direkt aus einem Werbekalender für Wisconsin. Drift hatte ein luftiges schwarzes Fell mit einem Kragen, der so weiß war wie die Zähne eines Filmstars und einen langen, wedelnden Schwanz, der auf die abgenutzten Holzdielen klopfte, als ich mich ihm näherte. Mir war auf den ersten Blick klar, dass ich ihn kaufen wollte. Ich war in Border Collies verliebt, seitdem ich sie zum ersten Mal beim Schafehüten gesehen hatte. Es erschien mir immer noch unfassbar, dass diese wunderschönen Hunde von einem fortflitzen und in einem eleganten Halbkreis zwei-, drei-, vier-oder sechshundert Meter weit rennen konnten, um dann ganz vorsichtig die Schafe auf einen zuzutreiben. Ihre Kombination aus Geschwindigkeit, Kraft und Intelligenz raubte mir den Atem. „Dreidimensionales Schach im Schnellvorlauf" nannte ich es. Ich hatte noch nie so etwas Aufregendes gesehen und konnte mir nicht vorstellen, auch nur einen Moment länger ohne einen solchen Hund zu leben. Das einzige Problem war, dass wir in einem Mietshaus wohnten und keinen Platz für Schafe hatten. Aber egal, mir würde schon etwas einfallen.

Jack brachte Drift nach draußen und arbeitete in einem Round Pen mit ihm an einer kleinen Schafherde, wobei er anmerkte, dass er für sein Alter weniger Training habe als sonst üblich. Ich hatte nicht genug Erfahrung, um seine Eignung beurteilen zu können, aber Drifts Potenzial als Arbeitshund war damals für mich auch nicht relevant. Von mir aus hätte er auch den Kopf auf seine Vorderpfoten legen und die Schafe angähnen können. Ich war verknallt, von dopamingesteuerter Energie durchflutet wie My Fair Lady nach dem Ball. Ich wollte diesen Hund, wie ich noch nie etwas in meinem Leben gewollt hatte. Sein Kaufpreis lag, wenn ich mich recht erinnere, bei sechs- oder achthundert Dollar, was zu dieser Zeit eine unverschämt hohe Summe für einen Hund war.

Zwar mochte Patrick Hunde ebenso sehr wie ich, aber er war erschrocken über die Menge Geld, die es kosten würde, Drift nach Hause zu bringen. Als wir so hinter der Scheune standen, die dahinter liegenden grünen Hügel rhythmisch von weißen Schäfchen getupft, sagte ich die lächerlichsten Dinge, um ihn zu der Geldausgabe zu bewegen. Ich versprach, dass ich einen Garagen-Flohmarkt abhalten oder einen Monat lang nur Bohnen essen würde. Er schaute noch einmal in Drifts grinsendes Gesicht und stimmte dann zu, dass wir ihn mitnehmen würden.

Ich verlebte Drifts erste Monate bei uns in völliger Vernarrtheit, verliebt in jede Bewegung, die er machte. Ich ertappte mich dabei, wie ich ihn anstarrte, wenn er schlief und zusah, wie sich sein Brustkorb hob und senkte. Ich war fasziniert von allem an ihm, davon, wie er sich selbst fast nach Katzenmanier putzte bis zu der Art, wie seine Ohren am Ansatz aufrecht standen und dann an der Spitze umkippten. Er musste nur den Kopf schräg halten, wenn ich etwas sagte und schon schmolz ich zum zigsten Mal an diesem Tag dahin.

Aber es war nicht nur alles eitel Sonnenschein: Er fraß tagelang nicht, bis ich herausfand, dass er Angst hatte, in meiner Gegenwart zu fressen. Er bellte fordernd und hatte einen sturen Charakterzug, der eher zu einem Coonhound passte als zu einem Border Collie. Aber er war mein, er war blitzgescheit, und er war wunderschön.

Irgendwann fanden wir eine Farm, die wir kaufen konnten und Drift und ich bekamen unsere eigene kleine Schafherde, an der wir arbeiten konnten. Eines schönen Spätsommertages arbeiteten Drift und ich auf der großen Weide oben auf dem Hügel an den Schafen. Die Luft war warm und schwer. Im Süden sammelten sich dicke Wolken, als ich Drift schickte, um die Schafe hereinzubringen. Ein guter Border Collie steht bewegungslos an Ihrer Seite, bis Sie ihm das Signal zum Loslaufen geben, woraufhin er in einen bodengewinnenden Lauf davonschießt. Drift stürmte pfeilschnell davon, als ich „Come Bye" flüsterte – das Signal, im Uhrzeigersinn um die Herde herumzulaufen. In diesem Moment zerfetzte ein Blitz im Zickzack den Himmel und ein Donnerkrachen hallte durchs Tal. Drift schien das zu ignorieren und rannte weiter hinter die Schafe. Bis er die Herde hergebracht hatte, sah der Himmel noch bedrohlicher aus und es hatte zu regnen begonnen. „That'll do", sagte ich und wir zogen uns nass bis auf die Haut zum Farmhaus zurück.

Ein paar Tage später gingen Drift und ich wieder den Hügel hinauf, um an den Schafen zu arbeiten. Er stand wie immer an meiner Seite und wartete auf ein leises Wort, um im Halbkreis hinter die Schafe loslaufen zu können. „Come Bye", flüsterte ich, aber dieses Mal blieb Drift bewegungslos stehen. Überrascht schaute ich zu ihm herunter. Er drehte seinen Kopf von mir weg und schaute in Richtung Wald und Farmhaus. Ich ging ein paar Schritte, um ihn neu in Ausgangsposition zu bringen und schickte ihn wieder los. Diesmal nahm er das Signal an und machte einen schönen Outrun. Aber war er nicht langsamer als sonst? Vielleicht. Aber als er erst einmal hinter den Schafen war, arbeitete er wunderschön und mit Begeisterung und wir hatten eine gute Stunde zusammen, bis es Zeit war, der Herde eine Pause zu gönnen. Als wir von der Herde weggingen, hatte ich sein anfängliches Zögern schon wieder vergessen.

Am nächsten Tag waren Drift und ich zurück auf dem Hügel. Wieder positionierte ich ihn an meiner linken Seite und sagte „Come Bye". Drift bewegte sich nach vorn, aber anstatt in weitem Halbkreis zu den Schafen zu flitzen, begann er in Richtung Haus zu traben. Erstaunt stand ich ein paar Sekunden stocksteif da und sah zu, wie er zielstrebig den steilen Hang hinab von mir und den Schafen weg zum Haus lief. Er liebte die Arbeit an den Schafen, er schien dafür zu leben und zu sterben, und rannte stets voller überschwänglicher Begeisterung zu ihnen hin. Aber diesmal hätte er genauso gut „Ich bin raus" sagen können. Ohne einen Blick zurück ging er einfach weg.

Ich verstand überhaupt nichts mehr. Ich rief seinen Namen einmal, dann wieder, diesmal energischer. Er senkte den Kopf, beschleunigte und verschwand hinter einer Wand aus Baumstämmen und Blättern. Ich folgte ihm schweigend und war mir inzwischen sicher, dass irgendetwas ganz schrecklich nicht in Ordnung war. Erst als wir wieder im Haus waren, schien es ihm gut zu gehen. Ich brachte ihn zum Tierarzt, der aber keinerlei Anzeichen für Schmerzen oder eine Krankheit finden konnte. Ich rief mehrere Trainer an, um zu fragen, wie häufig es vorkomme, dass ein Hund einfach so seinen Job niederlegt und was ich ihrer Meinung dagegen tun sollte. Manche sagten, Drift gehöre für seinen Ungehorsam bestraft und dass ich ihn verderben würde, wenn ich ihm erlauben würde, die Schafe einfach zu verlassen. Aber inzwischen wusste ich schon genug über Hundeverhalten, um zu verstehen, dass das, was er getan hatte, nichts mit „Dominanz" oder „Kontrolle" zu tun hatte. Drift hatte vor irgendetwas Angst, und er sagte es mir auf die einzige Art und Weise, zu der er in der Lage war.

So, wie ich die Geschichte erzählt habe, ist die Verbindung zwischen Drifts Verhalten und dem Gewitter natürlich offensichtlich. Aber für mich war damals die Zeit zwischen dem Donner und Drifts Reaktion durch Tausende anderer Ereignisse getrennt. Ich kam nicht auf die Idee, das Gewitter mit seiner Weigerung zum Outrun in Verbindung zu bringen, denn von einer ganz kurzen Pause abgesehen hatte er ja beim ersten Mal nach dem Gewitter wieder sehr schön gearbeitet. Erst Monate später, als ein Kunde mit einem Hund namens Barney in mein Büro kam, begannen die Rädchen in meinem Kopf zu rattern und ich sah die Verbindung.

Barney war der Prototyp eines schwarzen Labradors, ein großes, ungeschicktes Pferd von Hund, das mit gegen die Wände hauendem Schwanz und meine Beine rammend fröhlich in mein Büro gepoltert kam. Aggression gegen fremde Menschen war hier ganz offensichtlich nicht das Problem, aber es gab ein Problem – und zwar ein großes. Obwohl Barney jahrelang zur Hundewiese gegangen war, war er neuerdings dort zum unerwünschten Gast geworden. Barney hatte angefangen, Streit mit anderen Hunden zu suchen. Sie begannen als kleine Kabbeleien und waren inzwischen zu offenen Kämpfen eskaliert.

Schlimmer noch – Barney bellte aggressiv alle anderen Hunde an, die er sah, wenn er an der Leine ging. Die früher so entspannten Spaziergänge der Besitzer die Alleen entlang waren zu ängstlichen, angespannten Nervenproben geworden. Deshalb waren Kathleen und Joshua in mein Büro gekommen. Neuerdings vermieden sie es, abends Gassi zu gehen und hatten die Ausflüge zur Hundewiese völlig eingestellt. Sie wussten, dass Barney mehr Bewegung brauchte, als er im Moment bekam, und sie wollten ihren glücklichen, vertrauenswürdigen Hund zurück.

Als wir besprachen, wie Barneys Verhalten sich entwickelt hatte, erinnerten sich seine Besitzer, dass er vor ein paar Monaten eine schlechte Erfahrung auf der Hundewiese gemacht hatte. Ein großer Hund, neu auf der Hundewiese, hatte Barney bedroht, als dieser es gewagt hatte, sich zu nah an seinen Ball heran zu bewegen. Die steife Körperhaltung und das leise Knurren des Neuen waren zu einem Angriff eskaliert. Als der Hund Barney in den Nacken biss, griffen die Besitzer ein und trennten die beiden.

Barney hatte keine sichtbaren Verletzungen und schien den Vorfall einfach abzuschütteln. Zuhause schien er sein übliches fröhliches Selbst zu sein. Beim nächsten Besuch auf der Hundewiese bemerkten seine Besitzer nichts Besonderes. Aber beim übernächsten Ausflug dorthin reagierte Barney mit einem Knurren, als ein anderer Hund sich ihm zur Begrüßung näherte, und beim wiederum nächsten Mal begann er andere Hunde von sich aus anzugreifen. Weil Barney gleich nach dem Angriff auf ihn in Ordnung gewesen zu sein schien und sich beim ersten Mal danach auf der Hundewiese angemessen verhalten hatte, hatten Kathleen und Joshua den Angriff und sein Verhalten nicht miteinander in Verbindung gebracht.

„Das stimmt! Erinnerst du dich?“, sagte Joshua. „Er wurde genau eine Woche vorher angegriffen, bevor er auf der Hundewiese zu knurren begann!“

Bingo. Sofort dachte ich an Drift und wie er von den Schafen weggegangen war. Es ist schon erstaunlich, wie der Verstand Fakten nebeneinander speichern kann, ohne sie miteinander in Verbindung zu bringen, bis irgendein Wunder aus Neuronen und Gehirnströmen sie zueinander bringt. Ich hatte das gleiche Muster wie bei Drift und Barney wieder und wieder bei Hunden gesehen: Sie hatten irgendein angstmachendes Ereignis erlebt und schienen es zunächst gut weggesteckt zu haben, um dann aber nach und nach eine übertriebene Reaktion auf Dinge zu entwickeln, die sie in der Vergangenheit nicht beachtet hatten.

Zu dieser Zeit, in den frühen Neunzigern, hatte ich zwar schon von PTBS gehört und mich gefragt, ob Jason darunter litt, aber ich wusste nicht viel darüber. Drift und Barney machten mich neugierig, also begann ich, mich zu dem Thema etwas einzulesen. Unser Verständnis von der Erkrankung ist zwar mit den Jahren exponentiell gewachsen und die Details der diagnostischen Kriterien sind weiter im Fluss, aber die grundlegenden Fakten zu PTBS haben sich nicht verändert und sind heute den meisten bekannt. Manche Menschen entwickeln nach einem traumatischen Erlebnis eine Reihe bleibender Symptome wie zum Beispiel „erhöhte physiologische Erregung" (sie haben Schlafschwierigkeiten, erschrecken oder ängstigen sich schnell, sind schnell gereizt und ärgerlich), „Meideverhalten oder emotionale Erstarrung" (ängstliche Reaktion auf zuvor als positiv oder neutral empfundene Ereignisse, Konzentrationsschwierigkeiten, Meiden) oder „sich aufdrängende Erinnerungen" (Flashbacks auf das Erlebte oder Albträume). Manchmal zeigen sich die Symptome sofort, aber oft kommen sie auch erst mit Monaten oder Jahren Verzögerung.

Ich hörte zum ersten Mal von PTBS als Tierverhaltensexpertin und fragte mich neugierig, ob dieses Phänomen auch bei Hunden vorkommen könne. Besonders interessant fand ich die zeitliche Verzögerung der sichtbaren Reaktionen bei Menschen, weil ich genau das gleiche Phänomen schon bei einigen Kundenhunden beobachtet hatte. Genau wie Barney waren die meisten dieser Hunde von anderen auf der Hundewiese oder auf Spaziergängen angegriffen worden. Danach benahmen sie sich zuerst normal, wurden aber von ihren Besitzern nach ein paar Wochen oder Monaten als „ein vollkommen anderer Hund" beschrieben. Andere Hunde hatten Autounfälle oder Wohnungsbrände überlebt. In jedem Fall war ihrer Verhaltensänderung irgendeine Form von Trauma vorausgegangen.

Wir wissen zwar, dass Hunde emotional leiden können, aber es ist nicht klar, ob sie das exakt Gleiche erleben wie ein Mensch mit einer posttraumatischen Belastungsstörung. Wir haben einen zu großen Teil unseres Wissens über PTBS aus den Berichten Betroffener, und die sind häufig ungenau. Selbst mit dem Vorteil, sich über die Sprache ausdrücken zu können, kommen Menschen oft jahrelang nicht auf die Idee, dass das, was sie erleben, irgendetwas mit einem früher erlittenen Trauma zu tun haben könnte.

Ich sollte das nur zu gut wissen. Der Mann mit dem Baseballschläger war kurze Zeit später erschienen, nachdem der Elektriker in Phoenix zu Tode gestürzt war. Trotzdem sah ich die Verbindung zwischen meiner Angst und dem Trauma erst Jahrzehnte später, als ich eine Therapie begann. Jahrzehntelang hatte ich meine Ängstlichkeit einzig und allein als eine Charakterschwäche abgetan – als Zeichen dafür, dass ich innerlich eben nicht besonders stark war. Als ich dann mit Therapeuten sprach, begann ich zu verstehen, dass die über die Vergewaltigung empfundene Angst und Scham noch zu dem Schock des zu meinen Füßen gestorbenen Mannes hinzugekommen war.

Hunde dagegen können über ihre Albträume, Flashbacks und Konzentrationsschwierigkeiten nicht mit Therapeuten sprechen oder in ihr Tagebuch schreiben. Aber es besteht kein Zweifel daran, dass Hunde psychologisch traumatisiert werden und unter PTBS-ähnlichen Symptomen leiden können. Eins dieser Symptome ist „Hyperaktivität" oder der Zustand, sich ständig in Kampf- oder Fluchtbereitschaft zu befinden, genau wie bei Willie und mir. Der Körper ist ständig auf Gefahr eingestellt, immer in Alarmbereitschaft. Wir Menschen mögen uns zwar traumatischer Erlebnisse in unserer Vergangenheit bewusst sein und über unsere Albträume oder Flashbacks sprechen, aber die Hauptantriebskraft bei PTBS liegt im Unbewussten.

Bei unter PTBS leidenden Menschen ist das System aus dem Gleichgewicht geraten – sie sind zu viel auf „An" und zu wenig auf „Aus" geschaltet. Das Gehirn hängt im Panikmodus fest und nimmt die Welt als einen unaufhörlich gefährlichen Ort wahr. Die kleinsten Ereignisse können eine Reaktion auslösen, die absolut unangemessen im Verhältnis zu irgendeiner möglichen Gefahr ist. Nichts von dem geschieht bewusst, und nichts davon erfordert irgendeine Art kognitiver Kontrolle, die ohnehin jenseits der Fähigkeit eines jeden Hundes liegen würde.

Genau wie Menschen unterschiedlich auf ähnliche Erlebnisse reagieren, scheint es auch bei Hunden so zu sein, dass manche auf traumatische Ereignisse reagieren und andere nicht. Ich hatte schon Hunde in meiner Verhaltensberatung, die so Schreckliches erlebt hatten, dass es nicht verwunderlich gewesen wäre, wenn sie lebenslange psychische Störungen dadurch davongetragen hätten. Aber sie liebten ihr neues Zuhause und jeden, dem sie begegneten, schliefen wie Welpen und gingen mit albernem Grinsen und lockeren, entspannten Körpern durchs Leben.

Andere Hunde scheinen nach einem möglicherweise traumatischen Erlebnis fürchterlich zu leiden. Ich werde nie vergessen, wie ich von einem hohläugigen Hund gehört hatte, der nur knapp dem Tod entronnen war, nachdem er zusammen mit anderen Hunden ohne Futter, Wasser und Fluchtmöglichkeit eingesperrt und vergessen worden war. Er hatte zugesehen, wie seine Rudelkameraden langsam und qualvoll an Hunger und Durst starben und wie manche in verzweifeltem Überlebenskampf sich gegenseitig aufzufressen begannen. Er kam aus dem Ganzen heraus wie ein verstummter Soldat, der im Krieg die schrecklichsten Dinge gesehen hatte und brauchte Monate, um wieder zu lernen, dass das Leben ungefährlich und voller Liebe und Zuneigung sein konnte, anstatt nur mit leerem Gesichtsausdruck aus dem Fenster zu starren.

Drift und Barney waren belastbar und fähig, ihre Ängste zu überwinden, nachdem wir erst erkannt hatten, was sie erschreckt hatte. Das herauszufinden war der Schlüssel zur Veränderung ihres Verhaltens. Ebenso wichtig war es für mich, mir einzugestehen, dass die Vergewaltigung mich dauerhaft verändert hatte.

Meine erste Therapeutin, Anne, half mir zu sehen, dass das, was in Minneapolis geschehen war, natürlich eine Vergewaltigung gewesen war und nichts anderes. Jahrelang hatte ich mir eingeredet, wenn ich mir denn überhaupt einmal darüber nachzudenken erlaubte, dass es doch gar nicht so schlimm gewesen sei. Ich mochte zwar Todesangst gehabt haben, aber Jason hatte niemals gedroht, mich umzubringen. Ich war zwar körperlich verletzt worden, aber ich erholte mich innerhalb von einer Woche. Viel schwieriger war, mich davon zu erholen, dass ich mir selbst die Schuld an dem Geschehenen gab. Ich hatte ein Date. Ich war freiwillig mit in Jasons Wohnung gegangen. Ich war freiwillig mit ihm ins Bett gegangen. Wie konnte das eine Vergewaltigung sein? Anne half mir zu verstehen, dass es das sehr wohl war: Ich war stumm von der Pistole neben dem Bett bedroht worden, körperlich überwältigt und grob beschimpft worden.

Ich versuchte, die Nachwirkungen der Vergewaltigung auch dadurch aufzuarbeiten, dass ich mehr darüber las. Ich fing ein Buch namens *Jenseits des Schweigens* von Nancy Venable Raine an, aber nach nur zehn Minuten Lektüre warf ich es buchstäblich von mir weg. Es landete mit zerknitterten Seiten und umgebogenen Ecken auf dem Boden. Ich fühlte mich nicht besser, nachdem ich das Buch zu lesen begonnen hatte, sondern schlechter.

Nancy, die Autorin, hatte gerade Umzugskisten in der Küche ihrer neuen Wohnung ausgepackt, als ein Fremder einbrach und sie stundenlang vergewaltigte, mit einem Messer bedrohte und ihr sagte, dass er sie umbringen würde. Was ihr passiert war, war dermaßen schrecklich, dass ich nicht nur von Mitgefühl für sie überwältigt wurde, sondern auch von Ekel vor mir selbst. Wie konnte ich nur meine Erfahrung mit ihrer gleichsetzen? Lächerlich. Hier saß ich, hatte gerade über die Jahre hinweg realisiert, dass das, was mit dem Vietnamveteranen passiert war, tatsächlich Vergewaltigung gewesen war, aber offensichtlich verhätschelte ich mich damit nur selbst. Was ihr passiert war, das war eine Vergewaltigung. Was ich erlebt hatte, war nur ein schlecht gelaufenes Date.

Es dauerte Wochen, bevor ich das Buch wieder in die Hand nehmen konnte. Dass ich es tat, war eine der besten Entscheidungen meines Lebens. Irgendwann auf halbem Weg hindurch begann ich mir dafür zu vergeben, dass ich traumatisiert von dem war, was mir geschehen war. Anstatt es als „nicht schlimm genug“ zu definieren, begann ich die universellen Reaktionen auf Vergewaltigungen zu sehen und zu verstehen, warum ich so wenig darüber gesprochen hatte. Es gibt eine ganze Menge Gründe dafür, warum Vergewaltigungsopfer zum Schweigen gebracht werden – von sich selbst und von anderen.

Zum einen ist das Sprechen über sexuelle Belästigung eine Form, sich selbst offen zur Schau zu stellen. Wir reden hier von Bereichen unseres Körpers, die wir vor anderen schützen – unseren „privaten“ Bereichen. Die Definition von „privat“ ist: „abgeschottet von Einsicht, Anwesenheit oder Eindringen durch andere“. Da ist es nicht überraschend, dass man, wenn man an Körperstellen belästigt wurde, die so persönlich sind, dass sie die Eigenwahrnehmung bestimmen, die Verletzung nicht noch verstärken möchte, indem man über sie spricht.

Ein anderer Grund dafür, warum Opfer nicht über sexuelle Gewalt oder andere schreckliche Traumata sprechen, ist, dass wir ganz einfach die Konsequenzen nicht erklären können. Nancy Venable Raine fasst das in einem Satz zusammen, der mir den Atem stocken ließ: „Man kann sich einen Verlust des Sicherheitsgefühls unmöglich vorstellen, solange man es noch besitzt, und es ist so gut wie unmöglich, es wieder zu erlangen, nachdem man es einmal verloren hat.“ Wie soll man jemand anderem beschreiben, wie es ist, mit dem Wissen zu leben, dass man jeden Moment von innen heraus angegriffen werden kann?

Von innen angegriffen zu werden ist eine so unvergleichliche und schreckliche Erfahrung, dass man es sich meiner Meinung nach nicht vorstellen kann, wenn es einem nicht passiert ist. Vielleicht ist das teilweise der Grund dafür, warum manche Traumata so isolierend wirken: Warum Soldaten, wenn sie nach Hause kommen, nicht erzählen wollen, was sie durchgemacht haben oder warum Vergewaltigungsopfer still werden und sich in sich selbst zurückziehen. Es ist teilweise der Grund dafür, warum ich nie über das Geschehene sprechen wollte. Es kam mir vor, als könnte Sprache ein so ursprüngliches Phänomen, für das es keine Worte gibt, einfach nicht beschreiben. Nach der Vergewaltigung fühlte ich mich wie ausgehöhlt, als ob mein Selbstgefühl verschwunden und durch nichts ersetzt worden wäre.

Als ich endlich in der Lage war, allmählich über die Sache zu sprechen, sagte ich zu einer Freundin, dass es so wäre, als würde man versuchen, ohne Haut zu funktionieren und als ob die Muskeln und Nerven darunter blank und offen lägen.

Die schlimmste Folge der Vergewaltigung war, dass ich nicht einmal mehr mit mir selbst darüber sprechen konnte. Judith Herman sagt in ihrem Buch *Die Narben der Gewalt*: „Gewisse Verletzungen der sozialen Übereinkünfte sind zu schrecklich, um sie laut auszusprechen: genau das meint das Wort unaussprechlich.“ Kein Wunder, dass ich so beschäftigt war ... damit beschäftigt, Gedanken an etwas zu vermeiden, das zu schrecklich war, um darüber nachzusinnen. Das ist das schlimmste Verbrechen bei einer Vergewaltigung: Es isoliert einen nicht nur von den anderen, sondern es isoliert einen von sich selbst. Oder wie Nancy Venable Raine sagt – während andere nur auf den sexuellen Aspekt der Vergewaltigung achten, so sind doch im wahren Leben die eigene „Erinnerung und Identität" die Hauptopfer.

Mich allen drei Ereignissen zu stellen – der sexuellen Belästigung, dem vor meine Füße fallenden und dort sterbenden Mann und der Vergewaltigung ein Jahrzehnt später – war der erste Schritt zu meiner Heilung. Nach und nach begann ich zu verstehen, dass viel von meinem Verhalten, das ich bis dahin ignoriert oder mir als „Charakterschwäche" erklärt hatte, auf Ereignissen in meiner Vergangenheit fußte, die ich mich zu vergessen gezwungen hatte. Einen Mann in der Nähe zu spüren, der einen umbringen möchte, ist eine sehr klassischer Flashback bei Menschen, die traumatische Angst durchlebt haben. Mag sein, dass ich als kleines Mädchen nicht besonders tapfer war, aber nach der sexuellen Belästigung und dem Todessturz des Elektrikers lag meine große Furcht vor dem Alleinsein im Dunkeln weit jenseits der von einem fünfjährigen Mädchen, das sich bei einem Horrorfilm erschreckt hat.

So schwer es auch war – und da gibt es kein Vertun, es war anfangs gotterbärmlich – mich den traumatischen Erlebnissen zu stellen, die mein Leben geprägt hatten: Ich wäre nie weitergekommen, wenn ich es nicht getan hätte.

Willie dagegen hatte nichts erlebt, was sein Verhalten erklären könnte – zumindest nicht, dass jemand davon gewusst hätte. Klar war, dass er sich wegen vielem Sorgen machte. Für ihn war die Welt ein gefährlicher Ort. Fremde Hunde waren besonders angsteinflößend. Unerwartete Geräusche kündigten große Gefahr an. Aber über weite Strecken fand er das Leben auch fantastisch und voller netter neuer Menschen („Guck mal!!! Da ist ja noch einer!") und genoss das Vergnügen, sich mit der Schulter in frischem Fuchskot zu reiben. Aber er musste immer auf der Hut vor Gefahren sein. Angst und ihr Partner, die Wut, waren immer gegenwärtig – wie der Anblick einer flüchtigen Schafherde, die immer wieder zwischen den Bäumen hindurch zu sehen ist und wieder verschwindet.

Das war mein Willie, sogar schon als achtwöchiger Welpe. Konnte ein so junger Hund schon ein so schreckliches Erlebnis gehabt haben, dass es die Struktur seines Gehirns verändert hatte? Was war passiert, als er allein im Wurf war, welches schlimme Erlebnis könnte ihn so traumatisiert haben, dass sich sein ganzes Wesen änderte? Oder „tickte" er einfach anders als normal? Kam er schon als nasse kleine Socke von Welpe mit der genetischen Programmierung „immer auf Habachtstellung" auf die Welt? Wir haben keine Ahnung, welcher genetische Entwurf gerade ihn mit einem Gehirn in die Welt geschickt hatte, das funktionierte wie das eines Nahkampfüberlebenden.

Aber egal, was der Grund gewesen sein mochte – er benahm sich so wie jemand, der psychologisch traumatisiert worden war. Jedes Mal, wenn er vom Teppich hochsprang und sich über das leiseste Geräusch erschreckte, litt ich mit ihm. Das Problem war nur – mir ging es genauso. Kein Wunder, dass wir Seelenverwandte waren.

Kapitel zweiundzwanzig

„Drei Mal täglich Hund, und in einer Woche sehen wir uns wieder“ werden Sie wohl nie von Ihrem Arzt verschrieben bekommen – dabei wäre das ein durchaus vernünftiges Rezept. Glückliche, gesunde Hunde können uns gut tun. Die Forschungsergebnisse dazu sprechen eine klare Sprache: Allein die Anwesenheit eines Hundes kann unseren Oxytocinspiegel anheben. Oxytocin ist das Hormon, das uns weich und warm gegenüber jemandem gestimmt sein lässt, den wir lieben. Es kann außerdem Furcht- und Angstgefühle verringern. Schock und Trauma sind nicht nur theoretische Konzepte, sondern sie betreffen unseren gesamten Körper – und zwar nicht nur die Gehirnfunktion, sondern sie verändern tatsächlich sogar die Größe derjenigen Hirnbereiche, in denen die Verarbeitung von Emotionen stattfindet. Einen Hund zu streicheln oder allein, ihn nur anzusehen, kann Ihren Oxytocinspiegel anheben und genauso heilsam sein wie das Einnehmen einer Medizin.

Wenn Willie nicht gerade in Panik vor einem unerwarteten Geräusch in die Luft ging oder wie ein Irrer andere Hunde anbellte, war er der beste Therapeut, den man sich vorstellen kann. Die beste Seite von Willie war das Beste, was ein Hund nur sein kann: Ein Hund, der einen so liebt, als hätte man die Sonne an den Himmel gehängt, oder vielleicht in einem passenderen Vergleich: als hätte man ganz alleine das Essen entdeckt. Jeden Tag, wenn ich nach Hause kam, begrüßte er mich wie seine beste Freundin, die er jahrelang nicht gesehen hatte. Er kuschelte sich jeden Abend an mich und legte sein Kinn in die Mulde zwischen meinem Hals und meinen Schultern, sein Gesicht an meine Haut gedrückt. Dann ließ ich meine Hand auf seinem Fell, seinem seidenweichen Bauch ruhen und mein Herz wurde ruhig wie der silberne Spiegel eines Sees am Abend.

Einer meiner Beweggründe, warum ich damals von der Primatenforschung zur Arbeit mit Hunden wechselte, war, dass ich gern die Tiere anfassen wollte, mit denen ich zu tun hatte. Die Beobachtung der Lisztäffchen vor Jahren an der Universität hatte mir viel Spaß gemacht, aber je weniger man sie anfasste, desto besser. Wir untersuchten ihr Sozialverhalten in einer Umgebung, die unter den baulichen Gegebenheiten so natürlich wie möglich war und wir mussten sie ihre sozialen Beziehungen so natürlich wie möglich leben lassen. Aber manchmal sprangen die erwachsenen Äffchen auf meine Schulter, wenn ich ihnen frische Zweige oder einen Futterautomat zum Spielen ins Gehege brachte.

Zooey, ein junges erwachsenes Männchen, spielte gern mit meinen Ohrringen, hatte aber leider die unglückliche Angewohnheit, an ihnen ziehen zu wollen, weshalb ich das Tragen jeglichen Schmucks sehr schnell sein ließ. Sein größter Spaß war aber, in meinen Mund zu gucken, wovon er absolut fasziniert zu sein schien. Er setzte sich in Augenhöhe auf einen Ast und starrte dann absichtsvoll auf meine Lippen herunter. Einmal benutzte er sogar seine Hände, um meinen Mund zu öffnen und hineinzulugen: Mit der linken zog er meinen Oberkiefer herauf und drückte mit der rechten meinen Unterkiefer herunter. Dieser Art von Interaktion musste ich natürlich einen Riegel vorschieben, aber immer verließ ich die Äffchen mit dem Wunsch, sie zu berühren, ihre albernen, strubbeligen Köpfchen zu streicheln oder ihre winzigen Bäuchlein zu kratzen.

Als Hundeverhaltenstherapeutin sah ich jedes Jahr Hunderte von Hunden, die darum bettelten, gestreichelt zu werden. Und ich streichelte sie, Tausende und Abertausende von ihnen über die Jahre hinweg, von seidenen Yorkshireohren bis zum kurzen, weichen Fell von Rottweilern, das sich über ihre Muskeln schmiegte wie ein Samthandschuh.

Natürlich konnte ich sie nicht alle streicheln. Etwa achtzig Prozent meiner Kunden kamen deshalb, weil ihre Hunde in irgendeinem Kontext aggressiv reagierten. Davon war etwa die eine Hälfte aggressiv gegen andere Hunde, die andere gegen Menschen. Viele dieser Hunde flehten mich mit ihrer Körpersprache an, von ihnen wegzubleiben. Stumm sagten sie mir, wie viel Angst sie hatten und dass ich ihnen doch bitte, bitte etwas Zeit geben sollte, mich erst kennenzulernen. Ein paar wenige andere kamen hereingeschlendert und teilten mir klar und unmissverständlich mit, dass ich meine Hände gefälligst bei mir behalten solle. So selbstbewusste Hunde waren selten, denn der häufigste Beweggrund von Knurren und Beißen ist einfach Angst. Trotzdem gab es ein paar, die mir in die Augen starrten wie ein Auftragskiller mit einer 44er Magnum in der Hand und mir mitteilten, ich solle es ja nicht wagen, die Hand nach ihnen auszustrecken. Was ich nicht tat. Wer sagt eigentlich, dass Hunde sich von jedem, dem gerade danach ist, anfassen lassen müssen? Ich lernte, den Besitzern zu erklären, dass ich ihren Hund mochte, auch wenn ich ihn nicht gleich anfasste. „Chomper ist ein toller Kerl! Gucken Sie mal, wie wild er wedelt! Ich streichle ihn nur deshalb nicht, weil er mich bittet, das noch zu lassen. Sehen Sie, wie er seinen Kopf von mir wegdreht und ganz kurz seine Zunge sehen lässt? Das ist seine Art zu sagen, dass er unsicher ist und noch ein bisschen Zeit braucht, bevor ich ihn zu streicheln versuche."

Die Ironie war mir nicht entgangen. Zum Teil wurde ich deshalb Tierverhaltenstherapeutin, weil ich gerne körperlich mit Tieren umgehen wollte anstatt mich hinter einem Sichtschutz zu verstecken und sie aus der Entfernung zu beobachten. Da war ich nun und arbeitete mit jeder Menge Hunden, die sich nicht gern anfassen lassen wollten – zumindest nicht gleich, nicht, bevor ich ihnen nicht geholfen hatte, ihre Angst vor Fremden zu überwinden und ihnen vertrauen zu lernen. Aber ich konnte ihnen eine Stimme geben, und das fühlte sich sogar noch wichtiger an.

Auch entging mir nicht die Ironie dessen, dass ich zuhause einen Hund hatte, der mir je nach Moment entweder half, mich selbst zu heilen oder der mich zurückwarf. Aber während wir uns nach und nach, Woche für Woche, Monat für Monat zusammen hindurcharbeiteten, begann Willie ruhiger zu werden.

Ich unternahm so viele Dinge, um Willie zu helfen, dass ich unmöglich sagen kann, was davon letztlich den größten Einfluss hatte. Jede Woche verbrachte ich Stunden damit, Konditionierungseinheiten zu planen und durchzuführen, in denen Willies limbisches System – das primitive Alarmsystem des Gehirns – sich selbst umprogrammierte, um künftig sich nähernde Hunde mit dem Gefühl von Verspieltheit und Entspannung in Verbindung zu bringen. Tierärzte mit Erfahrung in Phytotherapie und Akupunktur behandelten ihn alle zwei Wochen wegen seiner Reaktivität und Nervosität. Ich nahm Willie mit zu meinem Yogameister, Scott, und lernte Übungen, die dazu dienten, sein reaktives Nervensystem zu beruhigen, wo das Nervensystem der Hunde unserem doch so ähnlich ist.

Gleichzeitig setzte ich meine eigene Therapie fort und konzentrierte mich auf meine übermäßigen Schreckreaktionen – ein Eingeständnis dessen, wie die traumatischen Erlebnisse meiner Vergangenheit meine eigene Physiologie verändert hatten. Ich umgab mich mit beruhigenden Düften. Ein oder zwei Mal pro Monat hatte ich eine Stunde beim Yogameister. Ich meditierte, wenn auch nie so viel, wie ich meinem Gefühl nach eigentlich sollte. Ich versuchte, gute, gesunde Nahrung zu mir zu nehmen, die mich stabilisierte anstatt mich weiter aufzudrehen. Manchmal hatte ich Erfolg. Ich schrieb weiterhin jeden Morgen in mein Tagebuch und sprach zum ersten Mal außerhalb der Therapie mit ein paar anderen Menschen, die ich gut kannte und denen ich vertraute, über die Dinge, die mir passiert waren. Zwar hatte ich Jim schon einiges von dem erzählt, was vor Jahren geschehen war, aber erst jetzt nahm ich all meinen Mut zusammen und erzählte ihm die ganze Geschichte. Er hörte zu, küsste meine Hände und wischte sanft meine Tränen mit seinen Fingern weg. Bei seiner früheren Arbeit hatte er viele Frauen gesehen, die schrecklich unter traumatischen Erlebnissen aus ihrer Vergangenheit litten. „Es ist so wichtig für dich, dass du das aufarbeitest, Trisha", sagte er. „Ich werde in der Zeit alles tun, was ich kann, um für dich da zu sein."

Als ich mit mehr Menschen in meinem Freundeskreis sprach, war ich verblüfft, zu entdecken, wie viele davon auf die eine oder andere Art schon sexuell traumatisiert worden waren. Auf der einen Seite war es deprimierend, dass so viele meiner Bekannten sexuelle Gewalt erfahren hatten. Ich wusste zwar, wie häufig es vorkommt, dass junge Menschen belästigt oder vergewaltigt werden, aber die Statistik bereitet einen nicht darauf vor, jemand am Tisch gegenüber zu sitzen, den man seit Jahren kennt und plötzlich furchtbare Dinge aus seiner Vergangenheit zu erfahren.

Aber es hatte auch seine gute Seite, den Traumata der Vergangenheit eine Stimme zu geben. Ich fühlte mich von jeder Frau, die mir ihre Geschichte erzählte, inspiriert: Schau nur, was ihr passiert ist, und schau nur, was für eine tolle Frau sie heute ist! Ich fühlte mich weniger allein, wenn ich ihren Geschichten zuhörte. Die Isolation eines Traumas kann einen verschütten, allein und unter der Erde wie eine verletzte Katze, die sich unter den Terrassendielen verkriecht. Dein Verstand sagt dir, dass du um Hilfe rufen solltest, aber dein emotionales Gehirn befiehlt dir, still zu bleiben und sagt, dass deine einzig sichere Möglichkeit darin besteht, dich zu verstecken, allein und stumm, auch wenn das vielleicht bedeutet, dass du nie wieder alleine herausfinden wirst. Manche Dinge sind schlimmer als der Tod.

Über Traumata zu sprechen, bringt einen nicht um, und solange es in einer gesicherten Umgebung geschieht, stellt es sich als befreiend anstatt als gefährlich heraus. Allerdings ist es nicht immer leicht. In mancherlei Hinsicht ist es wie eine Turnübung: Danach tun einem zwar die Muskeln weh, aber man weiß, dass es einem auf lange Sicht guttun wird. Neben meinen körperlichen Maßnahmen – Ernährung, Yoga, Meditation – nahm auch das Sprechen über die Ereignisse ihnen einen großen Teil ihrer Macht.

Da man aber andererseits auch nicht endlos reden kann, verbrachte ich auch viel Zeit damit, meine innere Physiologie wiederherzustellen. Ich kuschelte mit Jim, umarmte Freunde und ließ mich massieren. Ich streichelte meine Hunde, strich über ihre weichen Wangen, ihre rosafarbenen, seidigen Bäuche und ließ das Oxytocin, die „Droge" meiner Wahl, seine Arbeit tun.

An diesem Abend verabschiedeten sich ein paar Vögel mit einem letzten Zwitschern, bevor sie sich auf ihre Schlafplätze begaben. Ich horchte, ob der Streifenkauz wieder „Da guck, da guck, da guckst du zu!" rufen würde. Der Himmel färbte sich dunkelblau und das Licht von der Scheune verwandelte sich in ein sattes Buttergelb, während das Trillern der Blütengrillen in das Zirpen der Grillen einstimmte und alle Vögel in den Schlaf sang.

Ich zog die Vorhänge zu und legte mich auf den Wohnzimmerteppich. Das Licht einer Lampe meiner Mutter sandte die einzige Helligkeit in den Raum. Willie legte sich neben mich, seinen Kopf auf meiner Schulter, seinen langen Körper neben meinem ausgestreckt. Lassie kuschelte sich an meine andere Seite und ich fühlte, wie ihre Rippen sich bei jedem Atemzug hoben und senkten. Tulip rollte sich an meinen Füßen zusammen, die ich unter ihr warmes Fell schob.

An diesem Abend war Willie ruhig. Mit beinahe jedem Atemzug atmete er ein wenig lauter aus, wobei sich ein weiches, tiefes Seufzen aus seiner Kehle löste. Ich summte leise zur Antwort. Er drückte seinen Kopf fester in meine Schulterbeuge und ich legte meine Hand auf seinen samtigen Bauch. Nur ich und die Hunde, dabei, unsere Medizin zu nehmen.

Kapitel dreiundzwanzig

Die Sommerhitze war brutal und ich war froh, im Schneidersitz in der Kühle des unteren Badezimmers zu sitzen. Durch die Lüftung, die aus dem kleinen, fensterlosen Raum die Feuchtigkeit nach draußen leiten sollte, konnte ich das Zwitschern der Zaunkönigküken hören. Schon vor Jahren hatte eine Zaunkönigfamilie die Lüftung als perfekten Nistplatz für sich entdeckt und in Beschlag genommen. Im ersten Jahr beschwerten sich die Kleinen stets zeternd, wenn ich das Gebläse anschaltete. Ich stellte mir vor, wie sie dort wie kleine Piloten in offenen Cockpits saßen und ihre wenigen Federn vom Wind auseinandergeblasen wurden wie bei Snoopy die Ohren. Dann gab das Gebläse den Geist auf und ich opferte die Lüftung ein für alle Mal den Zaunkönigen.

Außerdem vernahm ich das Fauchen von Brave, einem fünf Wochen alten Katerchen, das ich ein paar Stunden zuvor in der Scheune eingefangen hatte. Er und seine vier Geschwister waren vor zwei Wochen am Rand des großen Heuhaufens aufgetaucht. Zuerst sah ich nichts außer einem haarigen roten Schwänzchen, das in einem Loch verschwand. Am nächsten Tag tauchte kurz ein kleines Gesicht auf, um gleich wieder in die Dunkelheit zurückzutauchen. Nach ein paar Tagen war klar, dass eine streunende Katze in meiner Scheune geworfen hatte und dass das kleine orangefarbene Kätzchen vier Brüder und Schwestern hatte.

Ich erhaschte einen Blick auf die Mama, eine kleine dreifarbige Glückskatze, als sie gerade pfeilschnell aus der Scheune schoss und im Unterholz verschwand. Sie war scheu und argwöhnisch, und die wenigen Male, als sie mich sah, reagierte sie, als ob ihr Leben davon abhinge, dass sie schnell genug das Weite suchte. Womit sie vielleicht auch gar nicht so falsch lag, denn manche Leute hier auf dem Land bezeichnen streunende Katzen als „Grabenratten“

und machen sich einen Spaß daraus, sie abzuschießen. Ihre Kätzchen waren genauso verängstigt, obwohl ich mich Tag für Tag neben ihren Spielplatz setzte, ihnen Futter hinwarf und darauf achtete, sie nicht zu verjagen oder ihnen nicht noch mehr Angst zu machen, als sie ohnehin schon hatten. Über einen Zeitraum von ein paar Wochen konditionierte ich sie, in eine Hundebox zu gehen, indem ich ihnen aus sechs Meter Entfernung Stückchen vom Huhn hineinwarf. Draußen waren es fünfunddreißig Grad, und ich schwitzte gewaltig. Als mir die Kätzchen endlich alt genug schienen, um von ihrer Mutter getrennt zu werden und nicht mehr Gefahr zu laufen, von einem Fuchs oder Habicht geholt zu werden, holte ich tief Luft und zog an der Schnur, die die Klappe der Hundebox zufallen ließ. Sie mauzten erbärmlich, als ich sie ins Haus trug und kauerten sich hinter der Toilette zusammen, nachdem ich sie im Badezimmer freigelassen hatte.

Es gibt nur wenige Tiere, die ihre Angst besser ausdrücken können als ein Kätzchen. Ihre Augen werden so groß, dass sie nicht mehr in den Kopf zu passen scheinen, sie kleben ihre Ohren flach an den Schädel und öffnen das Mäulchen weit zu einem bedrohlichen Fauchen. Ich nannte das fauchende Kerlchen Brave nach dem Pixar-Film über ein schottisches Mädchen, das eine unglaublich üppige rote Haarmähne und ebenso viel Schneid besitzt. Zuerst überlegte ich, den Namen wieder zu ändern, weil er der ängstlichste von allen zu sein schien, aber dann blieb ich doch dabei, als ich merkte, dass er von allen Kätzchen dasjenige war, das am ehesten bereit war, sich seiner Angst zu stellen.

Unsere eigenen Ängste sind nicht immer so einfach oder logisch – auch kommt es nicht so oft vor, dass wir sie zugeben oder uns ihnen stellen. Manchmal bringt Angst uns dazu, unlogische Entscheidungen zu treffen: Wir vermeiden es, in ein fremdes Land zu reisen, das eigentlich viel sicherer ist als unser eigenes, aber begeben uns ohne Zögern in wesentlich gefährlichere Situationen – zum Beispiel, indem wir in ein Auto steigen. Wir machen uns Sorgen über alle möglichen unwahrscheinlichen Dinge von unheilbaren Krankheiten bis hin zum Flugzeugabsturz. Aber wie Gavin de Becker es in *Mut zur Angst* beschreibt, sind wir so damit beschäftigt, uns über Dinge zu sorgen, die uns höchstwahrscheinlich nie Schaden zufügen werden, dass wir wichtige Signale für echte Gefahren ignorieren und abtun. Diese Signale kommen nicht von den Medien oder Regierungsstatistiken. Sie kommen tief aus unserem Inneren, aus unserem eigenen, privaten Sicherheitssystem, das in die urtümlichsten und primitivsten Bereiche unseres Gehirns fest einprogrammiert ist. Irgendetwas, irgendeine leise, nagende Stimme ganz tief drinnen sagt uns, dass eine Gefahr lauert. Aber wir missachten sie oft.

Das war genau das, was ich getan hatte, kurz bevor ich vergewaltigt wurde. „Sei nicht albern", sagte ich zu mir selbst, als meine Intuition die rote Fahne zu schwenken begann. „Er ist ein netter Mann." Ein netter Mann mit einer geladenen Waffe in seinem Schlafzimmer und einer anormal heftigen Reaktion auf ganz gewöhnliche Geräusche.

Nachdem ich de Beckers Buch gelesen hatte, vermutete ich, dass es damals auch noch andere Hinweise darauf gegeben hatte, dass meine Sicherheit bedroht war. Solche Hinweise können objektiv und sachlich sein, und trotzdem kann es sein, dass wir sie gar nicht bewusst wahrnehmen. De Becker erzählt von einem Mann, der eines Tages einen kleinen Laden betrat und ihn sofort ohne etwas zu kaufen wieder verließ, weil er plötzlich ein überwältigendes Gefühl der Bedrohung verspürte. Die nächste Person, die den Laden betrat, wurde erschossen. Als der Überlebende nach dem Überfall befragt wurde, sagte er, dass er keine Ahnung hatte, warum er das Geschäft verlassen hatte. Aber noch während er sprach, fiel ihm auf, dass er eigentlich sogar eine ganze Anzahl von Signalen wahrgenommen hatte, die voller Informationen steckten: Außer mit einem kurzen, nervösen Blick begrüßte ihn der Kassierer nicht wie gewohnt, sondern starrte stattdessen wie gebannt auf einen weiteren Kunden, der an diesem heißen Tag eine dicke Jacke trug. Draußen stand ein Auto mit laufendem Motor.

„Im Nachhinein ist mir alles klar", berichtete der Überlebende – der verängstigte Kassierer, eine unter der Jacke versteckte Pistole, ein Fluchtauto auf dem Parkplatz – „aber damals sagte mir das alles gar nichts."

„Doch", sagt de Becker, „das tat es auch damals schon." Der Überlebende beziehungsweise der für sein Überleben verantwortliche Teil seines Gehirns summierte einfach all diese Fakten unbewusst auf, um ihn vor Gefahr zu schützen. Aber weil wir so viel Wert auf den rationalen, bewussten Verstand legen und oft geringschätzig abtun, was wir als Intuition bezeichnen, verpassen und ignorieren wir solche Warnungen oft. Ich bin nicht die einzige Frau, die sich „sei nicht albern" sagte, wenn eine innere Stimme ihr Gefahr signalisierte. Wieder und wieder gab es Fälle, schreibt de Becker, in denen Frauen nicht auf diese leise Stimme hörten und dann vergewaltigt und/oder fast ermordet wurden. Andere können nicht darüber berichten, weil sie nicht überlebt haben.

Als ich in der Anfangsphase war, mich meiner Vergangenheit zu stellen, lernte ich, dass einfach nur Hinhören aber nicht genug ist. Wichtig ist, dieser leisen Stimme Gehör zu schenken und dann auch danach zu handeln. Wie so viele andere Frauen auch habe ich wohl gehört, was mein Körper mir sagte, aber ich ließ es von den Bedenken überstimmen, mich zu blamieren oder jemandes Gefühle zu verletzen.

Ein paar Wochen, nachdem ich die Arbeit mit meiner Therapeutin begonnen hatte, hatte ich auf einer Lesereise einmal so schlimme Rückenschmerzen, dass sie mich fast umbrachten. Ich verabredete einen Massagetermin im Hotel. Ich konnte ihn gerade so zwischen einer Lesung in einer nahegelegenen Buchhandlung und einer kurzen Nacht vor dem frühen Aufstehen am nächsten Morgen einschieben.

Niemand war im Wellnessbereich des Hotels außer dem Masseur. In dem Moment, als ich den Empfangsraum betrat, durchlief mich eine leise Welle der Angst. Wie beschreibt man diese Empfindung, dieses Gefühl im Magen, das einem gleichzeitig zuflüstert und einen anschreit? Es ist so stark und gleichzeitig so schwer genau zu fassen, weil es in dem primitivsten, nonverbalen Teil unseres Körpers beheimatet ist. Diese Gefahrenwarnungen finden nicht nur in unserem Gehirn statt: Wir wissen heute, dass wir ein zweites Nervensystem besitzen, das enterische Nervensystem, das tatsächlich in unserem Bauch, genauer gesagt dem Gastrointestinaltrakt sitzt und mit unserem Gehirn kommuniziert. Kein Wunder, dass wir von unserem „Bauchgefühl" sprechen. In unseren Darmwänden befinden sich Nervenzellen, die genauso gebaut sind wie die sogenannten „Gehirnzellen"; aber da unser Darm nun einmal kein Sprachzentrum besitzt, fällt es uns schwer, das Gefühl zu beschreiben.

Vor dem Beginn meiner Therapie hätte ich die Angstwelle ignoriert, die mich an diesem Abend durchlief und all die Argumente gebraucht, die de Becker Hunderte Male gehört hat: „Ich fand mich selbst albern", „Ich wollte kein Aufhebens machen" oder „Es wäre unhöflich gewesen, einfach wieder zu gehen". Aber dieses Mal handelte ich nach meinem Bauchgefühl. Ich erinnere mich nicht mehr, was genau ich sagte, nur daran, dass ich es ziemlich ungeschickt tat. Ich stammelte wiederholte Entschuldigungen bis zum Überdruss. Vermutlich war der Masseur erleichtert, dass ich endlich weg war, nachdem ich irgendwann den Rückzug angetreten hatte.

Als ich den Vorfall meiner Therapeutin berichtete, freute sie sich und klatschte in die Hände. Anstatt mich als paranoid zu betrachten, bestärkte sie mein Verhalten wie ein Hundetrainer, der einem Hund für einen schwierigen Rückruf Leckerchen gibt. Wir veranstalteten eine kleine Party in ihrem Büro darüber und ich habe keinen Zweifel daran, dass es mir nur deshalb Jahre später möglich war, eine Situation zu vermeiden, die wesentlich ernster hätte enden können.

In diesem Fall trat das gleiche unbestimmte Gefühl von Gefahr in einem ganz anderen Zusammenhang auf. Es war heller Tag, in meinem eigenen Büro und meine Kolleginnen waren nur wenige Meter entfernt, und doch überkam mich das starke Gefühl, dass der Mann, mit dem ich gerade sprach, mir Schaden zufügen wollte. Er war gekommen, weil er sich über den Hund vom Nachbarn aufgeregt hatte und über den Rat, den ich ihnen zum Umgang mit dem Verhaltensproblem ihres Hundes gegeben hatte. Er schrie nicht, sondern sprach mit dunkler, leiser Stimme. Anfangs enthielten seine Worte keine Drohungen und vieles von dem, was er sagte, sollte höflich herüberkommen. Aber während er sprach, bemerkte ich, dass sein Lächeln nie bis zu seinen Augen reichte. Irgendwann kam er dann bis auf ein paar Zentimeter an mein Gesicht heran und sagte mit zusammengekniffenen Augen und hartem Blick: „Ich weiß, was Ihnen Ihre Hunde bedeuten. Wäre doch eine Schande, wenn ihnen etwas zustoßen würde."

Diesmal gab es keinen inneren Kampf und kein Wegdiskutieren. Ich hatte keinen Zweifel, dass ich in Gefahr sein könnte – vielleicht nicht jetzt in diesem Moment, aber später. Diesmal war ich auch nicht vor Angst wie gelähmt wie so oft in der Vergangenheit. Während der nächsten Wochen unternahm ich Schritte zum Schutz meiner selbst und meiner Hunde, die mich heute noch in ihrer klaren Zielstrebigkeit erstaunen. Ich vermied es, allein zu sein und bat Freunde, ein Auge auf das Haus zu haben. Ich alarmierte die zuständigen Behörden. Ich lernte ein bisschen etwas über Selbstverteidigung. Am Ende passierte gar nichts, aber was zählte, war, dass ich meine Angst ernst genommen und von der Defensive in die Offensive gegangen war. Endlich hatte ich meine Lektion gelernt und mich für die Olympiade in der Disziplin „Achte auf dich selbst“ qualifiziert. Mir war klar, dass ich nicht immer die Goldmedaille gewinnen würde, aber zumindest hatte ich jetzt die Chance darauf.

Auch Willie lernte, sich seinen Ängsten zu stellen. Eines Tages brauchte ich seine Hilfe, um die Schafe durch ein Gattertor zu treiben. Sie weigerten sich strikt, hindurchzugehen, weil sie ganz zu Recht annahmen, dass sie dann festgehalten, entwurmt und geimpft werden würden, was für ein Schaf in etwa so angenehm ist wie für uns ein Zahnarztbesuch. Vom Training her hatte Willie zu diesem Zeitpunkt alles, was er brauchte, um die Aufgabe zu erledigen. Er kannte die Signale zum Vortreiben der Schafe, dazu, im oder gegen den Uhrzeigersinn um sie herumzulaufen oder sich gegebenenfalls weiter zurückzuziehen, um den Druck auf sie nachzulassen. Er konnte mir die Herde aus zweihundert Metern Entfernung bringen, auf Signal schneller oder langsamer werden oder die Schafe von den Futterschüsseln wegtreiben, damit ich beim Füttern nicht von der Herde überrannt wurde. Schon als junger Hund war er auf der Farm ein unbezahlbarer Helfer. In diesem Fall verlangte ich aber einen echten Erwachsenenjob von ihm.

Das Problem war ein ganz spezielles Mutterschaf. Als ich Barbie damals genommen hatte, um einer Freundin einen Gefallen zu tun, war sie ein hübscher Jährling gewesen. Trotz ihrer kleinen Statur war sie zum Leitschaf und Vollzugsbeamten der Herde herangereift. Barbie teilte einem unverblümt sofort mit, ob ein Hund hatte, was er brauchte, um an Schafen zu arbeiten. Sie führte blitzschnelle Bewerbungsgespräche mit den Hunden und las auf einen Blick, ob sie Selbstvertrauen hatten oder nicht. Beim kleinsten Anzeichen für ein Zögern senkte sie ihren Kopf und drehte dem Hund ihre ambossdicke Stirn zu. Schon mehr als einmal war sie wie ein kleiner wolliger Stier auf einen Hund losgegangen.

Als Willie lernte, an der Herde zu arbeiten, unterstützte ich ihn, indem ich mich hinter ihn stellte, wenn Barbie ihn herausforderte. Barbie lernte, dass sie nicht gewinnen würde und Willie lernte, dass er sie zurückdrängen konnte. Nach und nach war meine Anwesenheit immer seltener notwendig. Aber diesmal würde Willie an die Grenzen seines Könnens kommen und ich musste am Tor stehenbleiben, um es offenzuhalten. Ich beschloss, dass er alt genug war, um sich der Herausforderung zu stellen und wies ihn an, Barbie alleine gegenüberzutreten und sie in das Gatter zu zwingen.

Barbie probierte als erstes, rechts um Willie herumzulaufen, aber er blockte sie ab wie ein Profitorwart beim Elfmeter. Ein anderes Schaf versuchte, links an Willie vorbei zu entwischen und sprang dabei mehr oder weniger über ihn hinweg. Auch das blockte er ab. Immer wieder versuchten die Schafe, rechts-links im Zickzack wegzurennen, aber Willie vereitelte jeden ihrer Versuche. Trotzdem weigerten sich die Schafe, vorwärts durchs Tor zu gehen, und so hart Willie auch arbeitete – sie bewegten sich immer nur zur Seite.

Es war schon lange her, seit Willie zuletzt in die Herde hineingelaufen war oder die Schafe gejagt hatte. Er hatte sie nie gebissen und war trotz seiner früheren Drauflosrenn-Versuche jetzt bemerkenswert verlässlich ihnen gegenüber. Ich mag meine Schafe und möchte nicht, dass sie verängstigt oder verletzt werden. Aber manchmal muss ein Herdengebrauchshund mehr als nur seine Anwesenheit einsetzen, um sie zu überzeugen. Natürlich will kein guter Schäfer, dass seine Schafe verletzt werden, aber manchmal müssen die Wollkameraden ganz einfach lernen, dass Hunde Waffen in ihren Mäulern tragen und auch gewillt sind, sie notfalls einzusetzen. Schafe zu hetzen oder planlos anzugreifen ist das eine, aber die eigene Kraft einzusetzen, um sie in Bewegung zu bringen, das andere. Ein schneller Kniff in die Schafsnase kann angemessen sein, wenn der Hund eine gute Beißhemmung hat, nur leicht zufasst und sofort wieder loslässt. Nicht alle Hunde haben genug emotionale Kontrolle, um das zu tun. Meine kleine Misty, der reinste harmlose Fluffball gegenüber Menschen, hatte so viel Angst vor Konfrontationen mit den Schafen, dass sie todesmutig vorschnellte, ihre Zähne in das Ohr eines Schafs (immer das linke) schlug und sich daran festhielt, wobei sie die Augen vor lauter Panik fest zukniff. Nicht gut. Aber Willie hatte noch nie seine Zähne an der Herde eingesetzt – zum Teil deshalb, weil er ganz einfach ein gutmütiger Hund war, aber auch deshalb, weil er Angst vor einer Konfrontation hatte. Und Barbie wusste das.

Zurück am Gattertor machte Willie weiter damit, die Fluchtversuche der Schafe abzublocken, aber die Momente, in denen er steifbeinig Barbie gegenüberstand, wurden immer länger. Irgendwann wirbelte Barbie herum und griff Willie frontal an, den Kopf auf seine Höhe gesenkt und gewillt, ihn mit ihrer gehörnten Stirn ungespitzt in den Boden zu rammen. In einem raren Moment der klugen Eingebung hielt ich meinen Mund. Aber anstatt vor ihr zurückzuweichen, nahm Willie sie zum ersten Mal in seinem Leben frontal in Empfang, sprang nach vorn und biss sie in die Nase. Er ließ sofort wieder los, und für eine Sekunde wurde alles still.

Barbie hielt inne, als ob sie einen Stromstoß bekommen hätte. Willie wich keinen Zentimeter und starrte ihr geradewegs in die Augen. Eine Sekunde später griff sie erneut an, und wieder ging er nach vorn und biss sie im genau richtigen Moment in die Nase. Sie stoppte, wich zurück und schien die Situation neu zu überdenken. Alle hielten den Atem an. Es war anormal still, sogar die Vögel schienen das Singen eingestellt zu haben. Und dann drehte Barbie den Kopf, zockelte übellaunig in das Gatter und der Rest der Herde hinterher.

Kapitel vierundzwanzig

Aladdin, ein schlanker Mischling mit langen Wimpern und ausdrucksvollen Augen, kam in mein Büro, weil er eine schlechte Angewohnheit hatte: Er sprang bedrohlich auf Leute zu, die er scheinbar zufällig auswählte. Mit seinem großen, braunen Körper ging er auf sie los, mit aufgerissenem Fang und scharfen, blitzend weißen Zähnen hinter den kohlschwarzen Lefzen. Seine Besitzerin, eine junge Frau namens Clara, wirkte so verletzlich, wie Aladdin stark war. In Tränen aufgelöst sank sie in ihren Stuhl und erzählte mir, wie Aladdin ihre Freunde verängstigt hatte. Mit verquollenen Augen erklärte sie mir, wie sie sehr ihren Hund liebte und dass sie sich ein Leben ohne ihn nicht vorstellen konnte.

Aber da waren diese Attacken. Jede potenzielle Aggression von Hunden sollte ernst genommen werden, aber über die Tatsache, von einem großen Hund angegangen zu werden, dessen Kiefer stark genug sind, um einem den Arm zu brechen, kann man besonders schlecht hinwegsehen. Clara hielt eine Zeitbombe in den Händen, aber Aladdin war die Familie, die sie nie gehabt hatte – und jetzt riet ihr jeder in ihrem Umfeld dazu, ihn einzuschläfern.

Aladdin hatte sein Strafregister nicht gelesen. Anstatt gespannt wachsam in mein Büro zu kommen, wackelte er mit entspannt wedelndem Körper auf mich zu. Er senkte seinen Kopf, damit ich besser seinen Nacken kraulen konnte und machte es sich dann auf dem Boden zwischen Clara und mir bequem. Ganz klar hatte sein Verhalten nichts mit Angst vor fremden Menschen zu tun.

Während ich mit Clara sprach, suchte ich nach einem Muster in Aladdins Verhalten. Je vorhersagbarer ein Verhalten ist, desto eher kann man es ändern. Aber Aladdins Attacken schienen nicht im üblichen Rahmen zu liegen. Es war nicht mehr und weniger wahrscheinlich, dass er auf Männer oder Frauen losging, auf Fremde oder auf Freunde. Er war sogar eines Tages auf

Clara losgestürzt, als sie vom Einkaufen nach Hause gekommen war. Er hatte auch einmal über die Rücksitzlehne nach vorn gedroht und eine Freundin erschreckt, als diese ins Auto einsteigen wollte. Er hatte einen Paketboten bedroht, nicht aber den von einem anderen Unternehmen am Tag zuvor. Sein Tierarzt hatte keine gesundheitlichen Probleme gefunden, die sein Verhalten hätten erklären können.

Ich wusste, dass es einen Grund für Aladdins Verhalten geben musste. Wenn wir ihn nur hätten fragen können! Meistens denke ich, dass es ganz gut ist, dass Hunde nicht sprechen können, denn ich bin davon überzeugt, dass es uns nicht immer gefallen würde, was sie zu sagen hätten. Da sie keine Stimme haben, können sie uns aber unmöglich mitteilen, was los ist oder ihr Verhalten so erklären, dass wir es verstehen. Ich konnte nichts weiter tun außer Informationen zu sammeln und nach irgendeinem Muster Ausschau zu halten, das wir noch nicht erkannt hatten.

In der Hoffnung, mehr zu erfahren, schlug ich vor, dass wir das Büro verließen und in einem umzäunten Bereich hinter dem Gebäude ein bisschen spazieren gingen. Ich bat darum, Aladdin an die Leine zu nehmen, weil ich mir um die Sicherheit aller anderen genauso Gedanken machte wie um die von Clara und Aladdin. Es war draußen kalt, aber sonnig, weshalb ich zum Herausgehen meine Jacke und eine Sonnenbrille anzog. Aladdin schaute mich nur einmal an und sprang mir dann ins Gesicht.

Er biss mich nicht. Er hatte noch nie jemanden gebissen, obwohl er reichlich Gelegenheit dazu gehabt hätte. Aber er war beängstigend, und die Möglichkeit ernster Verletzungen hing drohend über uns. Ich wusste, dass wir herausfinden mussten, was genau Aladdins Verhalten auslöste, bevor jemand verletzt wurde.

Ich nahm meine Sonnenbrille ab, da wir angesichts des gerade Geschehenen uns doch besser weiter im Büro unterhalten sollten anstatt rauszugehen. Aladdin senkte seinen Kopf und schüttelte sich kräftig, wie Hunde es oft tun, nachdem sie gestresst waren und warf mir ein saloppes Grinsen zu.

Sonnenbrille. Das war der Auslöser, der Aladdin zum Austicken gebracht hatte, als Clara ins Haus gekommen war, als ihre Freundin an einem sonnigen Tag ins Auto gestiegen war. Und sie war der Unterschied zwischen den beiden Paketboten gewesen. Sonnenbrille runter? Aladdin liebte einen. Sonnenbrille auf? Aladdin reagierte, als ob man eine Pistole aus der Tasche gezogen hätte. Für ihn war es auch genau so. Viele Hunde reagieren auf Sonnenbrillen, die für sie aussehen müssen wie riesengroße, runde Augen mit erweiterten Pupillen. Augen, auf die diese Beschreibung zutrifft, kündigen Ärger an, und das nicht nur unter Hunden. Schmetterlinge, Raupen, Schlangen, Frösche und sogar Wale benutzen falsche Augenflecken, die rund und viel größer sind als ihre eigentlichen Augen, um Raubtiere zu erschrecken oder zu verwirren. Menschen, die Macht gewinnen oder erhalten möchten, tragen oft Sonnenbrillen – nicht nur, um ihre Augen zu verstecken, sondern um sie größer erscheinen zu lassen und damit bewundernswerter zu wirken. Stellen Sie sich vor Ihrem geistigen Auge einen jungen Soldaten in einem Kriegsgebiet vor, und hinter der allgegenwärtigen Kalaschnikow lauert ein Gesicht mit zwei großen schwarzen Kreisen, die Sie mit so bewegungslosen Linsen anstarren wie ein Hund, der gleich beißen wird.

Für Aladdin hatte ich mich innerhalb eines Augenblicks aus einer entspannten, wohlwollenden Bekanntschaft in eine hochgradig erregte und potenziell gefährliche Person verwandelt. Aladdin wollte mich einfach zuerst kriegen, bevor ich ihn kriegte.

Es war eine ideale Zufallsentdeckung, die uns genau die Information lieferte, auf die jeder Verhaltenstherapeut hofft: ein klarer Auslöser, den man im Training gefahrlos nachstellen kann. Sonnenbrillen sind perfekte Requisiten für einen Trainingsplan, weil der Besitzer ganz und gar bestimmen kann, wann der Hund ihnen ausgesetzt wird. Clara setzte von nun an eine auf, wenn sie im Haus mit Aladdin spielte oder ihn fütterte. Wir brachten Aladdin bei, dass „Sonnenbrille an“ Ballspielen, Hühnchen essen oder Bauchkraulen ankündigte. Es kamen Freunde zu Besuch, die dem sicher hinter einer Gitterabsperrung untergebrachten Aladdin Leckerchen zuwarfen, nachdem sie ihre Sonnenbrille aufgesetzt hatten und die das Leckerchenwerfen einstellten, nachdem sie sie wieder ausgezogen hatten.

Diese Verbindung von Auslöser und Belohnung ist bei Menschen genauso wirksam wie bei Hunden. Man verknüpft eine niedrigschwellige Version des Reizes (oder „der schlechten Sache“) mit einer intensiven Version der Belohnung („der guten Sache"), sodass die Reaktion auf die Belohnung zur Reaktion auf den Auslöser wird. Die gleiche Methode hatte ich benutzt, um Willie mit anderen Hunden und großen, fremden Männern zu helfen. Sie ist das Erbe von Pavlov und seinen Hunden, die uns gelehrt haben, dass man positive Gefühle auf ein neutrales oder negatives Ereignis übertragen kann, sofern man es mit dem richtigen Timing und in der korrekten Reihenfolge tut.

Es ist nicht immer so einfach wie bei Aladdin und der Sonnenbrille, herauszufinden, was einem Hund Angst macht. Oder einer Person. Bevor ich meine Therapie begonnen hatte, wäre ich nie auf die Idee gekommen, einen „aus heiterem Himmel" vor meine Füße fallenden und sterbenden Mann mit dem Gefühl in Verbindung zu bringen, dass jemand mir nachschlich und drohte, mir einen Baseballschläger über den Kopf zu hauen. Eigentlich standen beide Szenarien in keiner Beziehung zueinander. Aber ihr Kern, der im ursprünglichsten Teil meines Gehirns gespeichert war, hätte sich nicht ähnlicher sein können. Die Botschaft lautete: „In jedem beliebigen Moment und dann, wenn du es am wenigsten erwartest, wird etwas Schreckliches und Lebensbedrohliches passieren."

Manchmal scheinen die Auslöser für das Verhalten eines Hundes auf den ersten Blick überhaupt keinen Sinn zu ergeben. Nancy Venable Raine, die Autorin von *Jenseits des Schweigens*, erlebte wiederholt Flashbacks, in denen sie sah, wie ihr Auto von der Golden Gate Bridge fiel, nachdem sie Szenen eines Erdbebens in Japan gesehen hatte. Oberflächlich betrachtet gibt es keinerlei Verbindung zwischen einem furchtbaren Autounfall, einem Erdbeben oder dem Erlebnis einer Vergewaltigung. Genauso wenig wie dazwischen, einen Mann sterben zu sehen und dem Gefühl, von einem knüppelschwingenden Psycho verfolgt zu werden. Was aber logisch ist: Nachdem ein traumatisiertes Gehirn einmal gelernt hat, immer das Schlimmste zu erwarten, kann es durch die verschiedensten Auslöser in Alarmbereitschaft versetzt werden. Ein Teil des Heilungsprozesses besteht darin, herauszufinden, was diese Auslöser sind.

Aladdins Geschichte endete glücklich. Nach ein paar Monaten konsequenten Trainings seiner Besitzerin schenkte er Sonnenbrillen kaum noch Beachtung. Ein problematisches Verhalten zeigte er allerdings noch: Gelegentlich vergaß er seine guten Manieren und rannte auf einen sonnenbebrillten Fremden zu – aber diesmal in friedlicher Absicht. Seine Nachricht war eine hündische Version von in etwa „Oh hallo, halloooo! Ich sehe, Sie haben eins von diesen Dingern im Gesicht. Kann ich dann bitte meine Bestellung für Hühnchen aufgeben, oder gibt es heute Ente in Kombination mit Sonnenbrillen?"

Aladdin lehrte mich, mich niemals einem fremden Hund, den ich nicht kannte, mit Sonnenbrille zu nähern. Heute nehme ich sie reflexartig ab, wenn ich einen neuen Hund sehe und bitte außerdem alle um mich herum, das gleiche zu tun. Mein Mann hat vermutlich öfter, als er zählen kann „Jim, zieh besser deine Sonnenbrille aus" gehört, weil er mir oft in Fällen mit reaktiven Hunden geholfen hat und weil Sonnenbrillen ein perfektes Beispiel für scheinbar harmlose Dinge sind, die in einem Säugetiergehirn – egal ob Hund oder Mensch – dramatische Reaktionen hervorrufen können. Und ich muss es wissen – dramatische Reaktionen waren schließlich eine Zeitlang quasi mein zweiter Vorname gewesen.

Es geschah vor nicht allzu vielen Jahren an unserem heimischen Flughafen, an dem ich schon so oft war, dass ich eine spontane körperliche Reaktion auf Willie Nelson's Song „On the Road Again" entwickelt habe. Ich bin in meinem Leben so oft geflogen, dass Flughäfen – eigentlich eher der letzte Ort, an dem jemand Trost suchen würde – für mich eine geradezu tröstliche Vertrautheit ausstrahlen. Aber diesmal zitterte ich vor Angst, als ich in der Schlange vor der Sicherheitskontrolle stand. Ich atmete tief und versuchte, mein klopfendes Herz zu beruhigen. Mein Heimatflughafen hatte gerade erst Ganzkörperscanner installiert, in denen man mit gespreizten Beinen und über den Kopf erhobenen Armen stehen muss, während ein Sicherheitsbeauftragter ein Bild des unbekleideten Körpers überprüft. Ich war schon vorher in solchen Dingern gewesen, und jedes Mal war ich zitternd und manchmal auch kurz vor den Tränen wieder herausgekommen.

Ich kann nicht genau sagen, warum diese eine Erfahrung ein so mächtiger Auslöser für mich war. Lag es daran, dass ich damals die Arme über meinem Kopf gehabt hatte, als ich vergewaltigt wurde? Oder war es eher das generalisierte Gefühl, verletzt zu werden und dass jemand einem sagt, man solle seine Beine spreizen und die Arme über den Kopf heben, wo man sie nicht mehr zu seinem Schutz einsetzen kann, während ein Fremder den eigenen Körper anschaut? Wie so oft bei traumatischen Auslösern ist es eigentlich nicht so wichtig, warum sie den ursprünglichen Gehirnbereich in Alarm versetzen und „DU BIST IN LEBENSGEFAHR“ schreien lassen – sie tun es einfach.

Als die Schlange sich vorwärts bewegte und das lauernde Gerät bedrohlich näher kam, erkannte mich plötzlich eine Frau hinter mir und sprach mich an. Ich versuchte, einen belanglosen Smalltalk mit ihr zu führen und dabei meine zitternden Hände zu verbergen. Bei früheren Gelegenheiten hatte ich schon den Scanner vermieden und darum gebeten, lieber abgetastet zu werden, was sich aber genauso zudringlich anfühlte. Allein der Anblick des Scanners brachte mich fast schon so aus der Fassung, wie durch ihn hindurchzugehen.

Letzten Endes war ich an der Reihe. Ich muss aschfahl im Gesicht gewesen sein, weil der Sicherheitsbeamte, ein strammer junger Mann, seinen verächtlichen Blick nicht verbergen konnte. Herablassend sagte er: „Es ist wirklich kein Ding.“

„Doch, wenn man vergewaltigt wurde, schon!“ schnappte ich zurück. Ich hatte nicht vorgehabt, das zu sagen – die Worte schnellten mir einfach aus dem Mund wie einem Frosch die Zunge, wenn er nach einer Fliege schnappt. Und ich sprach nicht gerade leise, jeder im Umkreis von zwanzig Metern hörte, was ich sagte. Ich hatte schon vor dieser Reise über die Vergewaltigung geschrieben, was mir den Mut verliehen haben muss, dass Wort „Vergewaltigung“ laut auszusprechen, anstatt es zurückzuhalten wie eine eklige, nässende Wunde, die man unter einem Verband versteckt. Einen Moment lang, der mir wie eine Ewigkeit vorkam, bewegte sich niemand. Ich hatte keine Ahnung, was meine Bekannte hinter mir gerade dachte und ich drehte mich auch nicht zu ihr um.

Der Sicherheitsbeamte stand nach meinem Kommentar erschrocken still, also sprach ich jetzt sanfter und sagte etwas in der Art von „Vielleicht wäre es für Sie hilfreich, zu verstehen, dass das hier für manche Menschen wegen ihrer Erfahrungen wirklich schwierig ist.“ Er nickte, immer noch geschockt. Ich ging in den Scanner hinein, stellte mich mit gespreizten Beinen hin und zitterte noch stärker als sonst, als ich meine Arme über den Kopf hob und weiterzuatmen versuchte.

Nach dieser Flugreise wurde mir klar, dass ich meine Reaktion auf Ganzkörperscanner in den Griff bekommen musste. Ich würde die gleiche Methode anwenden müssen wie bei Aladdin und den Sonnenbrillen oder Willie und fremden Hunden. Ich nahm eine niedrigschwellige Version von etwas, das mir Angst machte und ließ ihr eine intensive Version von etwas folgen, das ich sehr mochte.

Etwas Beängstigendes mit etwas Gutem zu verbinden klingt einfach, aber diese Art der Konditionierung ist so kraftvoll, dass sie auch Probleme verursachen kann, wenn man etwas falsch macht. Nancy Venable Raine hatte eine neue Wohnung in den Duft von Rosen und Geranien getaucht, um schöne Dinge mit ihr zu assoziieren, aber letzten Endes hatte sie sich selbst ungewollt darauf konditioniert, sich beim Geruch dieser Blumen nervös und ängstlich zu fühlen.

Die Schlüssel dazu, dass es funktioniert, sind Timing (der Auslöser zuerst) und die Steuerung der Intensität. Die Intensität ist das Knifflige. Der Auslöser muss stark genug präsentiert werden, damit er als für das Problem relevant wahrgenommen wird, aber gleichzeitig so schwach, dass er noch keine echte Angst auslöst. Das ist nicht immer so einfach, wie es sich anhört. Vor Jahrzehnten hatte ich mit Marcus gearbeitet, einem geräuschempfindlichen Golden Retriever, der keine lauten Geräusche irgendeiner Art ertragen konnte – einschließlich Fehlzündungen von Lastwagen, die auf dem in der Nähe liegenden Highway vorbeifuhren. Ein paar Kinder hatten einmal einen Knallfrosch geworfen, der auf dem Rücken des bis dahin selbstbewussten Hundes gelandet war. Seitdem hatte er eine unkontrollierbare Panik vor jedem plötzlichen Geräusch entwickelt. Seine Besitzerin rief mich an, nachdem Marcus an Silvester einen Großteil der Haustür in einen Haufen zahnstochergroßer Holzsplitter zerlegt hatte. Bei meinem ersten Versuch, ihn auf die Akzeptanz lauter Geräusche zu konditionieren, brachte ich ihm versehentlich bei, Lammfleischstückchen abzulehnen – sein ehemaliges Lieblingsfutter. Ich hatte gedacht, dass die von uns gemachten Geräusche (Pistolenschuss in einer Viertelmeile Entfernung) schwach genug wären, aber der Auslöser war mächtiger als die Belohnung, sodass Marcus seine Angst selbst auf die besten aller Leckerchen übertrug. Wir gingen zurück auf Start und brachten Marcus nach und nach bei, weniger Angst vor lauten Geräuschen zu haben und in seine Box zu gehen, wenn das Geräusch ihm trotzdem noch Angst machte.

Diese Erfahrung lehrte mich viel darüber, warum man mit kleinen und einfachen Schritten beginnen soll, wenn man Auslöser und Belohnung für einen Hund verknüpfen möchte.

Um an meiner eigenen Reaktion auf Ganzkörperscanner zu arbeiten, rief ich mir das Erinnerungsbild an paradiesische Ferien vor Augen, als gute Freunde einmal ein Segelboot in der Karibik gemietet hatten. Damals konnte ich an Deck des sanft schaukelnden Bootes auf dem Rücken liegen, die Hände hinter meinem Kopf verschränkt, und den Beatles bei „Let It Be" zuhören, während ich in die am Himmel treibenden Wattebauschwölkchen schaute. In der Sicherheit meines eigenen Zuhauses übte ich, diese Szene und diese Gefühle wieder in mir lebendig werden zu lassen, während ich mich mit nur ein bisschen gespreizten Beinen hinstellte, die Arme nur ein bisschen hob und mir dabei den Himmel vor Augen führte, das Boot zu spüren versuchte und den Songtext mitsang. Später übte ich auch in den Kabinen von Flughafentoiletten und wiederholte dann unauffälligere Versionen, während ich in der Schlange vor dem Scanner wartete.

All das hätte mir nicht geholfen, wenn ich nicht schon Jahre an Therapie hinter mir gehabt hätte. Aber falls Sie einmal am Flughafen in der Schlange hinter mir stehen sollten, wissen Sie jetzt, warum Sie mich mit geschlossenen Augen in dem Apparat stehen sehen, während ich versuche, mich nicht zu den Wellen des Ozeans und der Musik des Beatles mitzuwiegen und warum ich ein kleines bisschen lächle, wenn ich wieder herausgehe. Und genau das ist es auch, warum Willie nach unzähligen Kombinationen von fremden Hunden mit Futter oder Spiel heute mit freudiger Erwartung Hunde begrüßt, die uns auf der Farm besuchen. Sein Körper mag dabei noch ein kleines bisschen angespannt sein, so wie ich mich noch nicht ganz und gar in dem Scanner wohlfühle, aber keiner von uns beiden reagiert mehr mit extremer Angst und wir beide kommen auf der anderen Seite heil wieder heraus: Ich zu meinem Flug irgendwohin, er zu einem fröhlichen Wettrennen mit einem neuen Spielkameraden. Willie und ich sagen „Danke, Pavlov" aus der Tiefe unseres limbischen Systems.

Kapitel fünfundzwanzig

Eines Tages im Januar saß ich in einem Yogazentrum in einem großen Raum mit hoher Decke. Die Wintersonne schien durch die Fenster und gewann noch an Kraft durch das Glitzern des Schnees, der wie ein funkelndes weißes Betttuch unten auf dem Gras lag. Das Licht schimmerte von den alten Holzdielen zurück und warf Glanzpunkte auf den Staub, der zwischen den Sonnenstrahlen umherschwebte. Der Raum atmete immer noch die Energie der rund tausend Seelen, die einmal gekommen waren, um in diesem kleinen Provinzstädtchen Eisenwaren herzustellen, bevor man das Gebäude seiner jetzigen Nutzung zugeführt hatte.

Ich sprach gerade mit meinem Lehrer Scott Anderson darüber, warum so viele Leute zuhause die Übungen nicht machten, die er ihnen auftrug. Unser Gespräch war nicht nur rein theoretischer Natur. In jeder Stunde mit Scott war ich immer wieder fasziniert von seinem Wissen über die Verbindung zwischen Körper und Geist, fühlte mich von seiner sonoren Stimme beruhigt und war inspiriert, nach Hause zu gehen und meine täglichen Übungen zu machen. Aber dann ging ich heim und machte sie doch nicht. Manchmal tat ich zwei oder drei Wochen lang gar nichts und fing dann nur aus reinen Schuldgefühlen etwa eine Woche vor der nächsten Yogastunde wieder damit an. Manchmal schaffte ich es auch eine Woche lang, sie regelmäßig zu machen, bevor ich mich doch wieder von den üblichen Alltagsdingen ablenken ließ. Ich ließ sie erst einen Tag lang ausfallen, dann noch einen, bis irgendwann meine einzige Übung darin bestand, ein vages, aber durchdringendes Schuldgefühl zu pflegen.

Die Sache war: Die Übungen, die Scott mir vorschlug, halfen mir in meinem Heilungsprozess. Ich fühlte mich besser, wenn ich sie machte. Ich merkte, dass sie sowohl mein emotionales als auch mein körperliches Inneres stärkten.

Die Frage liegt auf der Hand: Wenn die Übungen dazu beitrugen, dass ich mich besser fühlte, warum machte ich sie dann nicht öfter? Es lag nicht etwa daran, dass ich zu beschäftigt war. Keiner von uns ist zu beschäftigt. Falls Sie nicht gerade vierzehn Stunden pro Tag in einem Kohlenschacht arbeiten, ist keiner von uns zu beschäftigt, um ein paar Minuten am Tag etwas zu tun. So verlockend die Ausrede „zu beschäftigt" auch sein mag, so schaffte ich es irgendwie doch auch, abends noch Romane zu lesen, lächerlich hirnlose Fernsehsendungen anzuschauen oder mich einmal in der Woche mit einer Freundin zu einem ausgiebigen Abendessen zu treffen. Faul war ich auch nicht. Von all den schlechten Dingen, die man mehr zu Recht als zu Unrecht über mich sagen könnte, gehörte „faul" sicher nie dazu. Aber trotzdem ertappte ich mich dabei, wie ich täglich mit mir rang, um die Sache zu tun, von der ich wusste, dass sie mir doch half.

Es waren mein Yogalehrer Scott und meine damalige Therapeutin Mare, die mir dann halfen, die Antriebskraft für meine Kompromisslosigkeit aufzudecken. Sie kennen diese Flexileinen, die sich spannen, wenn der Hund nach vorn zieht? Ich hing mit einer sinnbildlichen Flexileine an meinem imaginären Halsband, und sie zog mich ständig von dem weg, was mir half, mich besser zu fühlen. Der Widerstand, der mich von dem zurückhielt, was gut für mich war, bestand hierin: Wenn ich nicht mehr die Frau bin, deren Leben von einer Reihe von Traumata bestimmt wird, wer bin ich dann? Wie würde die Geschichte meines Lebens jetzt aussehen? Geschichten sind mehr als nur fiktive Berichte, die wir in Romanen lesen oder die wir unseren Kindern zum Einschlafen erzählen. Geschichten sind ein Weg, uns selbst zu sagen, wer wir sind. Unsere Geschichten können ein Eigenleben entwickeln und das Drehbuch für viele Generationen schreiben. Sie könnten zum Beispiel in der einen Religion großgezogen werden, in der man Ihnen sagt, dass alle anderen Glauben falsch und schlecht sind, und Ihre bei der Geburt adoptierte Zwillingsschwester würde woanders aufwachsen und genau das Gegenteil lernen. Jede Familie hat ihre Geschichten, die mit ebenso großer Macht weitergegeben werden wie die Chromosomen in der DNA-Helix. Manchmal werden diese Geschichten laut erzählt, manchmal werden sie indirekt, aber nachdrücklich weitergegeben – so wie von Theaterregisseuren, die die Handlung eines Stücks bestimmen, aber nie selbst auf der Bühne auftauchen. Unsere eigenen

Lebenslegenden sind also Kombinationen der Geschichten, die wir von unseren Eltern erben und dem, was wir durch eigene Erfahrung lernen.

So wichtig Geschichten auch sind, so sind wir uns doch oft unserer eigenen Erzählungen nicht bewusst. Was wir aber sein sollten. Jill Kerr Conway schreibt in *When Memory Speaks* (Wenn die Erinnerung spricht): „Wir alle leben mit einer Lebensgeschichte in unserem Kopf, aber nur wenige von uns unterziehen diese je einer kritischen Analyse. Dabei sind wir geschichtenerzählende Wesen. Deshalb ist es sehr wichtig, dass wir unsere eigene Geschichte unter die Lupe nehmen und darauf achten, dass die Handlung auch tatsächlich so verläuft, wie wir uns das wünschen …"

Und wenn einem das Drehbuch nicht gefällt, das man in Herz und Kopf mit sich trägt? Wie schreibt man dann ein neues? Was ist elementarer als die innere Geschichte Ihres eigenen Lebens, sei sie bewusst oder unbewusst? Seine innere Identität zu verändern ist so schwierig, wie sich einer Gesichtsoperation zu unterziehen, ohne das Ergebnis kontrollieren zu können. Ein beliebiges Stückchen hier wegnehmen, dort etwas hinzufügen, das Ganze wird zu etwas geschnitten und geformt, das Sie sich nicht vorstellen können, bis es fertig ist. Sobald man es einmal so betrachtet, wird der Widerstand so verständlich wie ein Freund, der versucht, einen von leidbringendem Schaden fernzuhalten. Nachdem ich realisiert hatte, dass ein Teil meines Widerstands daher kam, dass ich an einer vertrauten Geschichte festzuhalten versuchte, fühlte ich, wie sich in meinem Inneren etwas veränderte – zart, aber erkennbar wie die weiche Veränderung des Lichts, kurz bevor der Himmel am Abend vor der Dämmerung zu glimmen beginnt.

Man kann seine Geschichte nicht verändern, solange man die aktuelle nicht kennt. Dem Drehbuch seines Lebens Worte hinzuzufügen hat enormen Wert und kann die Kraft eines negativen Handlungsverlaufs schwächen. Das kann für unsere Hunde genauso zutreffen wie für uns selbst.

Blazer, ein dreißig Kilo schwerer Mischling aus wer weiß was, kam mit angespanntem Körper und zurückgelegten Ohren in mein Büro geschlichen. Blazer hatte das kurze, dichte Fell eines Retrievers, die Muskeln eines Sumoringers und die schmutzigbraune Farbe eines Straßenköters. Seine Augen waren schwarz und seine Zähne blitzten auf diese übernatürlich weiße Art von TV-Sternchen. Aber sein Verhalten strafte sein Aussehen Lügen. Anfangs war er zu ängstlich, mich überhaupt nur anzuschauen. Er brauchte gut zwanzig Minuten, bevor er zu mir kam und meine Schuhe beschnüffelte. Als er es dann tat, bot ich ihm meine Hand zur Inspektion an, achtete aber darauf, sie auf keinen Fall nach ihm auszustrecken. Nach ein paar Minuten drückte er sich gegen meine Hand und rieb sich an ihr wie eine Katze. Dann drehte er sich um und setzte sich ruhig hin, während seine Besitzerin Margaret erzählte, dass sie ihn vor ein paar Monaten aus dem Tierheim geholt hätte.

Drei Wochen später hatte er angefangen, ihren Mann zu beißen und sprang nun bei Spaziergängen in der Nachbarschaft drohend in die Richtung von Männern los. Margaret war mit Blazers Verteidigung schnell dabei: „Er wurde von Männern misshandelt, da bin ich mir sicher. Er mag keine Männer, da ist es ja wohl keine Frage, dass er mal von einem geschlagen wurde. Jedes Mal, wenn einer die Hand nach ihm ausstreckt, weicht er zurück. Bestimmt war sein Vorbesitzer total grausam zu ihm. Sie wissen ja, wie gemein Männer sein können."

„Er wurde misshandelt" sind Worte, die Hundetrainer und Verhaltenstherapeuten fast täglich hören, aber ganz oft treffen sie nicht zu. Gottseidank. Wenn alle Hunde, die Angst vor Männern haben, von Männern misshandelt worden wären, wäre die Welt ein gefährlicherer Ort, als sie es ohnehin schon ist. Die meisten Hunde, die gegenüber Männern Defensivaggressionen zeigen, haben aber nicht deshalb Angst, weil irgendein schrecklicher Typ ihnen schreckliche Dinge angetan hat. Ängstliche Hunde haben fast immer mehr Angst vor Männern als vor Frauen, egal, wie sie in der Vergangenheit von Männern behandelt wurden. Wir wissen nicht genau, warum das so ist. Es könnte vielleicht die Art und Weise sein, wie Männer gebaut sind (breiter Brustkorb und eckige Kiefer, die besser beißen können?) oder die Art, wie sie sich benehmen (im Allgemeinen bewegen Männer sich selbstbewusster als Frauen) oder vielleicht sogar der Geruch des Testosterons. Jedenfalls ist es bei scheuen Hunden fast immer so, dass sie vor Männern mehr Angst haben als vor Frauen. Und Frauen sind immer schnell mit Geschichten dabei, warum das so ist. Ich erinnere mich an die Worte von Gavin de Becker: „Im Grunde haben Männer Angst, dass Frauen sie auslachen, und im Grunde haben Frauen Angst, dass Männer sie umbringen."

Die Geschichte von Blazer und Margaret kam mir sehr bekannt vor. Ein Hund mit unbekannter Vergangenheit kommt in ein neues Zuhause und ist so desorientiert und ängstlich, dass die neuen Besitzer zunächst keine Verhaltensprobleme bemerken. Angst manifestiert sich auf vielfältige Weise, unter anderem dadurch, dass sie anderes Verhalten – sowohl gutes als auch schlechtes – unterdrückt. Es ist typisch, dass ein scheuer oder schlecht sozialisierter Hund in einem neuen Zuhause die ersten Tage oder Woche geradezu ein Musterknabe ist. Genau wie Menschen wird ein Hund, wenn er Angst hat und ihm alles zu viel ist, oft ruhig und in sich gekehrt, besonders, wenn er sich in Situationen, über die er keine Kontrolle hat, hilflos fühlt. An diesem Punkt beginnt dann das Bellen, Knurren und manchmal auch das Beißen.

Es sah danach aus, als ob genau das auch bei Margaret zuhause passiert war. Blazer war anfangs gegen ihren Mann Ted nicht aggressiv gewesen, hatte ihn allerdings gemieden, wann immer es ging. In guter Absicht, aber leider mit ganz und gar schlechtem Ergebnis hatte Ted versucht, sich mit Blazer anzufreunden, indem er ihn am Halsband festhielt, während er ihn streichelte. Dabei merkte er nicht, dass der Hund stocksteif wurde und die Luft anhielt, wenn er so gefangen wurde und nicht fliehen konnte. Da Blazer nun einmal nicht sprechen konnte, hatte er Ted mit seiner Körpersprache gebeten, doch bitte wegzubleiben, aber wie so viele gutmeinende Hundebesitzer, denen die Angstsignale ihrer Hunde entgehen, versuchte Ted weiter, die Freundschaft mit Blazer zu erzwingen. Das erste Schnappen kam kaum überraschend dann, als Ted Blazer umarmte – für uns Primaten eine Geste der Liebe und Zuneigung, für viele Hunde aber unhöflich, grob und bedrohlich. Blazer hatte letzten Endes genug, und nach drei Wochen war er aus seinem Verhaltensnebel herausgetreten und hatte angefangen, sich zu verteidigen.

Mit der Zeit gewann der Hund dann genug Selbstvertrauen, um auch außerhalb des Hauses aus seiner Angst Taten werden zu lassen. Er bellte fremde Männer auf Spaziergängen an, sprang auf sie los und lernte, dass dies eine effektive Methode war, um die gruseligen Kerle auf Abstand zu halten. Es war unvermeidlich, dass die Dinge sich verschlimmerten.

Margaret kam also mit einer Geschichte über Blazer in mein Büro, und in ihrem Fall war diese vermutlich nicht korrekt. Wir ersetzten sie durch eine, die wahrscheinlicher und effektiver für die Änderung seines Verhaltens war. Ja, wir mussten seine Angst vor Männern zur Kenntnis nehmen, aber es würde Blazer nicht helfen, wenn Margaret diese ebenfalls als potenzielle Feinde betrachten würde. Margaret machte viele Dinge richtig: Unter anderem verstand sie, dass sein Verhalten von Angst angetrieben wurde und hatte die Hilfe eines Trainers gesucht, um den Dingen eine Wendung zu geben. Während wir uns unterhielten, beschlich mich jedoch der Verdacht, dass Blazer nicht der einzige hier mit einer tief verwurzelten Angst vor Männern war. Zwar war sein Verhalten nicht Margaretes Schuld, aber ihr eigenes Verhältnis zu Männern stand der Hilfe für ihren Hund im Weg.

Niemand kann Margaret die Schuld dafür geben, dass sie ein Thema mit Männern hatte – wir alle haben solche Themen im Leben. Wie könnte es auch anders sein? Wir erzählen Themen und Geschichten, und das ist Teil dessen, was uns zu Menschen macht. Jeder möchte gern über seine Hunde erzählen, mich inbegriffen: Ich tue es gerade in diesem Buch. Ich habe es gut, durch meinen Beruf genieße ich den Luxus, über meine Hunde schreiben und in Seminaren über sie sprechen zu können. Anderen fehlt diese Möglichkeit, und sobald sie hören, dass jemand Hundetrainer oder Verhaltenstherapeut ist, können sie nicht anders, als Geschichten ihrer Hunde zu erzählen. Sie tun es in Flugzeugen, im Supermarkt oder beim Zahnarzt. Ich habe schon erlebt, dass Menschen mir in die Toilette folgten, um weiter über ihre Hunde zu sprechen – manchmal sogar noch durch die geschlossene Kabinentür hindurch. Einmal, als ich auf dem Klo saß und einen unaufhörlichen Redefluss über irgendjemandes fünf Kampfhunde über mich ergehen lassen musste, fühlte ich mich gezwungen, zu sagen: „Entschuldigen Sie bitte, ich muss gerade mal. Könnten Sie bitte fünf Minuten warten, bis ich fertig bin?"

Aber wenn es um unsere Hunde geht, gibt es solche und solche Geschichten. Da sind auf der einen Seite die weitschweifigen Erzählungen à la Mark Twain über die lustigen Dinge, die unsere Hunde gemacht haben, sei es das Zerfetzen eines Buchs über Hundeerziehung, das Sie gerade erst gekauft hatten oder das Rammeln auf einem Sofakissen, als Ihre prüde Tante gerade zu Besuch war. Die andere Art von Geschichten dagegen sind die wichtigen – die Erzählungen, die unsere Hunde definieren, die ihnen eine Geschichte und eine eigene Identität geben. „Das ist Blazer, und er wurde misshandelt." „Cleo ist der dümmste Hund, den ich jemals hatte." Diese Geschichten definieren die Identität eines Hundes und formen unsere Erwartungen. Sie können helfen, das Verhalten vorauszusagen und die Umgebungsbedingungen zum

Vorteil des Hundes zu kontrollieren, aber sie können unsere Hunde auch in Schubladen stecken, die ihr Potenzial begrenzen. Genau wie Eltern ihre Kinder gern in Kategorien packen (Trisha: die Hübsche; Farbe = rot), so können auch wohlmeinende Hundehalter oft nicht widerstehen, das Gleiche zu tun.

Ich würde Ihnen gern sagen, dass ich über diesem Geschichtenerzählen stehe, diesem Drang, meinen Hund über eine erzählte Vergangenheit zu definieren, die meine Erwartungen filtert – aber auch Tierverhaltenstherapeuten sind Menschen. Ich hielt Willies Geschichte so sorgsam in meinen Händen wie einen kleinen Vogel, der nach einem Zusammenprall mit einer Fensterscheibe benommen ist. Das alles ist nicht schlecht. Es stünde schlimm, wenn ich mir Willies Vergangenheit nicht bewusst wäre. Vor Jahren war er einmal in einer Tierarztpraxis in die Luft gegangen und hatte sich in einem bellenden, frenetischen Panik-Tornado verwandelt, als er an der Eingangstür von einem Bullmastiff überrascht worden war. Der Hund und sein Besitzer waren eigentlich schon gegangen, kamen aber unerwartet nach ein paar Augenblicken wieder und waren Willie an der Tür frontal begegnet. Alle Zutaten für Willie-Probleme waren vorhanden: Beengte Räumlichkeiten. Angeleint. Kein Fluchtweg. Großer Hund. Aus heiterem Himmel.

Willie schaute einmal hin und begann mit weit aufgerissenen Augen zu bellen, aber es war nach einer Mikrosekunde schon wieder vorbei, weil ich Willies Geschichte kenne und immer wachsam bin, wenn ein anderer Hund in einer möglicherweise problematischen Situation auftauchen könnte. Schnell gingen wir ein paar Schritte zurück, ich verlangte „Schau" und „Sitz". Willie gehorchte und beruhigte sich. Sobald sein Gesicht sich entspannte, ging ich mit ihm noch weiter weg und zeigte ihm, dass er das, was ihm Angst machte, zum Verschwinden bringen konnte, indem er sich entspannte anstatt vorzupreschen.

Die Geschichten, die wir über unsere Hunde erzählen, verbessern deren Leben auf vielfältige Art und Weise. Wir kaufen ihnen gepolsterte Hundebetten, wenn wir sehen, dass sie alt werden und ihnen vielleicht die Gelenke schmerzen könnten. Wir arrangieren Spieltreffen mit dem Cockerspaniel von nebenan, aber gehen dem Beagle von gegenüber aus dem Weg, der immer knurrt. Willie mag sich nun zu 98% mit anderen Hunden wohlfühlen, aber ich gehe mit ihm nicht auf Hundewiesen oder zu „Hundepartys", wo ich weiß, dass er von einer ganzen Meute Hunde überfordert würde, die er nicht kennt. Ich bin achtsam auf Spaziergängen, wo er vielleicht einem fremden Hund begegnen könnte, dessen Temperament wir beide nicht kennen. Auf einem Leistungshüten dagegen habe ich ihn kaum im Auge, wenn er andere Border Collies begrüßt, weil ich weiß, dass er dort am entspanntesten Artgenossen begegnet.

Hat Willie seine eigenen Geschichten zu berichten? Niemand weiß es. Wir wissen zwar, dass Hunde uns mit Worten keine Geschichte erzählen können, aber wir wissen nicht, ob sie sich selbst eine Geschichte erzählen können. Können sie eine Erzählung mit einem Anfang, einer Mitte und einem Ende konstruieren? Vielleicht schon, aber nicht mittels Sprache. Sie können nicht das tun, was ich gerade mache, während ich schreibe und was Sie machen, während Sie lesen. Sie können keine Reihe von Symbolen benutzen, um Ereignisse aus ihrer Vergangenheit besser zu verarbeiten oder um sich über die Zukunft zu informieren. Meine Vermutung ist, dass Hunde mit uns Menschen das Bedürfnis gemeinsam haben, die Welt verstehen zu wollen, und vielleicht besitzen sie auch eine rudimentäre Fähigkeit, dafür Geschichten zu konstruieren. Aber ihr Mangel an linguistischen Fähigkeiten ist nicht auf die leichte Schulter zu nehmen, und vermutlich ist er für sie Segen und Fluch zugleich, genau wie unsere verbalen Möglichkeiten uns gleichzeitig helfen und hindern.

Reden kann eine sehr große Hilfe für uns sein, wenn wir uns von einem Trauma erholen. In *Die Narben der Gewalt* schreibt Judith Herman, dass das Sprechen über den Hergang eines traumatischen Erlebnisses, solange es auf die richtige Art und zur richtigen Zeit geschieht, ein sehr wichtiger Teil des Heilungsprozesses ist. Wenn man die Geschichte immer wieder wiederholt, erhalten die darin enthaltenen Ereignisse weniger Kraft.

Auf mich traf das zu. Anfangs war es mir fast unmöglich, über die Dinge zu schreiben, die mir passiert waren. Darüber zu schreiben, wie ich sexuell belästigt und vergewaltigt wurde und wie ich einen Mann zu meinen Füßen sterben sah, war erschöpfend. Und furchtbar. Emotionen sind anstrengend, selbst die eigenen, und bei jedem Rückblick war es mir, als würde ich das

Ereignis selbst wiederbeleben. Da ich währenddessen meine tägliche Arbeit nicht aufgeben konnte, fand ich mich öfters dabei wieder, wie ich zwischen dem erneuten Erleben einer Vergewaltigung und dem Führen eines Unternehmens oder einem Vortrag über Hundeverhalten hin- und herjonglierte.

Aber trotzdem: Während ich jedes der Ereignisse wieder und wieder beschrieb, verwässerte sich seine Auswirkungen auf mich. Es scheint ganz so, als könnte man eine Geschichte tatsächlich aufbrauchen. Wie Schmirgelpapier verliert sie nach jeder Benutzung etwas an Schärfe und verwandelt sich von einem Gegenstand, an dem man sich die Haut bis aufs Fleisch wundreiben kann, zu einem bloßen Blatt Papier.

Und so möchte ich Ihnen den Rest meiner Geschichte erzählen – den Teil, der für mich mein ganzes Erwachsenenleben lang unaussprechlich geblieben war. Es ist eine Last, die ich gerne ablegen und einfach zu einem weiteren Kapitel meiner Lebensgeschichte umwandeln möchte. Noch bin ich nicht davon gelangweilt, aber ich wäre es sehr gerne.

Kapitel sechsundzwanzig

„Trisha, was war in dieser Nacht passiert?"

Die Frage traf mich wie ein Pistolenschuss. Meine Mutter und ich saßen an einem weiß gedeckten Tisch in einem Restaurant mit Blick über den Fluss in Quechee, Vermont. Sie hatte von ihren Cocker Spaniels und ihren Plänen zur neuen Inneneinrichtung ihres Häuschens am See erzählt. Wir hatten Wein und Lammkeule genossen und teilten uns gerade ein Stück Schokoladenkuchen zum Nachtisch. Mein Vater war vor Jahren gestorben und meine Mutter war nach New Hampshire gezogen, um ganzjährig in einem Cottage am Squam Lake zu leben. Ich war zu einem Kurzbesuch dorthin gekommen.

Mutter schaute nach unten und stellte mit klimpernden Armreifen ihre Kaffeetasse zurück auf den Untersetzer. Ihr Schmuck, immer aus Gold und immer wunderschön, brachte ihre weinrote Burberry-Jacke noch besser zur Geltung. Hinter ihr, hinter dem deckenhohen Fenster des Restaurants, schäumte das braune Wasser des Flusses dramatisch über einen Damm. Vom Rauschen des Flusses draußen abgesehen war es im Restaurant still. Kellner sprachen in gedämpften Tonfall über geschmorte Rippchen und Heilbutt auf Risotto. Sanft klangen Gläser. Am Tisch neben uns wurde leise gelacht. Mutter schaute mich wieder an, ihre braunen Augen blickten für sie untypisch weich. „Ich hatte Angst, dich zu fragen", sagte sie. „Aber ich habe mich immer gefragt, was in dieser Nacht passiert war."

„In dieser Nacht?" Diese Nacht war über fünfzig Jahre her und seitdem nie wieder erwähnt worden. Nicht in der Familie, nicht bei meinen Freunden, noch nicht einmal in einem inneren Monolog mit mir selbst. „Diese Nacht" war so tief unter dicken Schichten von Scham und Leugnung begraben, dass ich zuerst nicht einmal begriff, wovon sie sprach. „Welche Nacht?“, fragte ich. „Was meinst du?“ Aber noch während ich das sagte, floss die Erkenntnis, was sie meinte, wie in Zeitlupe durch mich hindurch. Mein Herzschlag setzte einen Moment aus und begann dann wie wild zu rasen, während sich meine Kehle zuschnürte. Ich versuchte, das Zittern meiner Hände zu verhindern, aber als ich meine Gabel hinlegte, klapperte sie gegen den Teller.

Es dauerte eine Ewigkeit, bis ich antworten konnte. Plötzlich war ich zurück in der Wüste, lag im Sand und hörte den Käuzchen zu. Gelähmt. Sprachlos. Ich hatte damals nicht darüber gesprochen, was in jener Nacht passiert war, und ich bezweifelte, dass ich es jetzt konnte, wo meine Mutter mir wartend gegenübersaß und mir ins Gesicht schaute.

Ihr Frage war ein Schock für mich. Ich war so erfolgreich darin gewesen, meine Scham darüber, was ich getan hatte, zu begraben, dass mir nie in den Sinn gekommen war, mich zu fragen, wie meine Eltern die Nacht erlebt hatten oder wie sie mit den offenen Fragen gelebt hatten, die sie doch all die Jahre lang gehabt haben mussten.

Ich sah meiner Mutter in die Augen und fand nichts von der schwarzäugigen Missbilligung, die sie als „Queen Pam“, wie meine Schwestern und ich sie manchmal nannten, ausdrücken konnte. Meine in England geborene und aufgewachsene, in vielerlei Hinsicht so elegante und noble Mutter konnte Momente herrscherischen, spitzlippigen Zorns haben. Dies hier war keiner davon. Ihr Blick war sanft verhangen und ihr Gesicht so offen und verletzlich, dass ich wusste: Ich musste ihr antworten. Anfangs hatte ich die Wahrheit begraben, um meine Familie zu schützen, aber mein anhaltendes Schweigen schützte niemanden außer mir selbst.

„Ich habe gelogen. Ich habe das alles nur erfunden.“ Meine Hand, die jetzt unter dem Tisch versteckt in meinem Schoß lag, zitterte immer noch. Das Zittern breitete sich auf meinen Körper aus, als ob die Temperatur im Raum plötzlich gefallen wäre. „Ich konnte dir damals nicht sagen, was wirklich passiert war. Ich konnte einfach nicht. Ich habe mich selbst nicht gekannt, als ich es tat und ich habe mir noch nicht einmal erlaubt, darüber nachzudenken. Heute glaube ich, dass ich es nur deshalb getan habe, weil es die einzige Möglichkeit war, zu sagen, dass ich Hilfe brauchte.“

Ich erzählte ihr mehr von dieser Nacht, wie ich auf mich selbst heruntergeschaut hatte, als ob ich an der Decke schweben würde und dabei zusah, wie jemand, der aussah wie ich, sich fertigmachte, um zum Stall zu fahren. Ich erzählte ihr, wie Bruce immer wieder in mein Schlafzimmer geschlichen war, nur ein paar Meter von ihr entfernt, und mich vor die Wahl gestellt hatte: „Finde dich damit ab, dass dein Körper benutzt wird, oder mach den Mund auf und ruiniere deine Schwester und deine Eltern."

Das Gesicht meiner Mutter zog sich in Falten wie eine Papierserviette. „Es tut mir leid, es tut mir so leid," sagte ich wieder und wieder. Tränen liefen ihr die Wangen hinunter. Es was das erste Mal überhaupt, dass ich sie weinen sah. Wir winkten beide den Kellner weg, als er näher kam, drehten unsere Köpfe von ihm weg und schauten aus dem Fenster auf den reißenden Fluss. Ich erzählte ihr nichts von dem Mann, der gefallen war oder von der Vergewaltigung ein Jahrzehnt später. Es war zu viel für sie zu ertragen. Es war zu viel für mich zu erzählen.

Blass und zitternd, mit Tränen auf den Wangen saßen wir noch eine Ewigkeit in dem Restaurant. Es brach mir das Herz, meine Mutter so aufgelöst zu sehen. Welche Mutter wäre auch nicht aufgelöst, zu erfahren, dass ihre Tochter im eigenen Haus, nur ein paar Meter von ihr entfernt, belästigt worden war? Wir sagten uns gegenseitig wohl um die hundert Mal „Es tut mir leid". Irgendwann brachte der Kellner, der uns die letzte halbe Stunde lang sorgsam gemieden hatte, den Mut auf, uns die Rechnung zu bringen. Wir verließen das Restaurant mit erhobenen Köpfen, setzten entschlossene Gesichter auf und zwangen uns mit Willenskraft zum auf dem Parkplatz wartenden Auto.

Meine Mutter umarmte mich nicht, sie hatte das noch nie getan. Sie mochte es nicht gerne, angefasst zu werden, noch nicht einmal von ihren eigenen Kindern. Ich wusste, wie sehr sie mich liebte und ich wusste auch, dass das Mantra meiner Familie – dass man mit „Fassung bewahren" überall durchkommt – ab jetzt nicht mehr funktionieren würde.

Innerhalb weniger Tage fand ich eine Beraterin, Anne Simon Wolf, die vielleicht nicht mein Leben gerettet hat, aber mir half, mich selbst zu retten. Eine ganze Zeitlang tappte ich während meines Heilungsprozesses im Nebel umher und bin nicht sicher, wo ich ohne sie geendet wäre. Ich erzählte ihr meine Geschichte, die ganze lange, hässliche Wahrheit. Zwischen den würgenden Schluchzern, die meinen Körper schüttelten, schüttete ich meine Schuld und Scham vor ihr aus. Anne stellte keine Fragen, sondern hörte einfach nur zu. Erst als mein Redefluss langsamer wurde und mein Weinen weniger heftig, begann sie zu antworten. Sie erklärte, dass man das, was ich in der Nacht der erfundenen Entführung erlebt hatte, eine „Dissoziation" nennt. Sie ist eine relativ häufige Auswirkung schweren Traumas, bei der man sich von seinem Selbst löst – so wie ich damals in der Küche. Belästigt zu werden und einen Mann vom Himmel fallen und zu meinen Füßen sterben zu sehen, während ich Teil einer Familie war, in der man Schwierigkeiten heroisch schweigend durchstand, hatte mich eingeholt. Als ich die Entführung erfand, bat ich auf die einzige Art um Hilfe, die ich konnte. Damals war es mir unmöglich gewesen, darüber zu sprechen, was geschah. Man muss der Meinung sein, eine Wahl zu haben, bevor man eine Entscheidung treffen kann.

Ich erzählte Anne auch von der Vergewaltigung in Minneapolis, obwohl ich nie mit etwas anderem als mit Schamgefühl an sie zurückgedacht hatte. Wie konnte ich das nur als Vergewaltigung bezeichnen? Es war mein Fehler gewesen, schlicht und einfach. Ja, ich hatte immer noch an einer zerbrochenen Ehe zu kauen gehabt, ja, ich sehnte mich verzweifelt danach, mich liebenswert und attraktiv zu fühlen, lachen zu können und es wieder zu genießen, eine Frau mit einem Mann zu sein. Und nein, ich hatte ihm nicht die Erlaubnis gegeben, mich zu überwältigen, herumzuwerfen wie eine Stoffpuppe und mir körperlich mehr wehzutun, als ich mir hatte vorstellen können. Aber im Ernst, Vergewaltigung? Kein Fremder mit Messer war aus dem Gebüsch gesprungen und hatte gedroht, mich umzubringen, wenn ich mich nicht ergeben würde. Die geladene Pistole im Schlafzimmer mochte zwar direkt neben meinem Kopf gelegen haben, aber er hatte nie die Hand danach ausgestreckt.

Aber die Schuld und Scham, die ich über die sexuelle Belästigung empfand, war nichts im Vergleich zu dem Schuldgefühl, das ich wegen der erfundenen Entführung verspürte. In meiner Vorstellung hatte ich mich vom Opfer zum Täter gewandelt und fand dieses Wissen anfangs unerträglich.

Als ich meine Geschichte vor Anne ausgeschüttet hatte, fühlte ich mich, als ob ich mit einer Million Stundenkilometern Geschwindigkeit in meine Vergangenheit gerast wäre wie durch eine undurchdringliche Mauer. Haben Sie schon einmal ein Speedboot-Rennen gesehen, bei denen die Boote bis zu vierhundert Stundenkilometern schnell fahren, bis irgendeine Kleinigkeit schiefgeht und das Boot explodiert, als wäre es von einer Bombe getroffen worden? Das war ich: Trisha, das explodierende Boot. Der Begriff „in Einzelteile zerlegt" hatte plötzlich für mich eine ganz andere Bedeutung. Es fühlte sich an, als ob „Ich" – wer auch immer das war – wie das Ergebnis eines dramatischen Unfalls auf dem Wasser verteilt worden wäre. Manchmal findet man nicht alle Teile wieder.

Ich war wie gelähmt von dem Schock. Ich konnte nicht schlafen. Ich konnte nicht denken. Ich sagte für den Rest der Woche alle Termine ab. Ich fühlte mich, als ob sich unter mir ein metaphorischer Abgrund aufgetan hätte und mich in die unendliche Tiefe riss. Ich hatte kein Gefühl mehr dafür, wo ich war, wer ich war oder wo ich noch in das Universum hineinpassen sollte.

Am Tag, nachdem ich meiner Therapeutin die ganze Geschichte erzählt hatte, saß ich in einem Zustand emotionaler Intensität auf meinem Sofa, der einfach unerträglich war. Ich rief Anne an und sagte ihr, dass ich darüber nachdenken würde, vor ein Auto zu springen; dass ich guter Dinge war, es doch nicht zu tun und trotzdem gleichermaßen sicher war, das Leben nicht eine einzige Minute länger ertragen zu können, so wie ich mich gerade fühlte. Sie half mir, diese Stunde zu überstehen, dann die nächste, und dann noch eine.

Ich platzte gegenüber den Leuten in meinem Büro damit heraus, dass ich vergewaltigt worden war, denn das war die am einfachsten zu beschreibende Geschichte. Die promovierte Verhaltenstherapeutin Karen London, die in meinem Büro beriet, kam mit Blumen an meine Tür. Ich hoffe, dass ich ihr damals gedankt habe, denn ihre Nettigkeit bedeutete mir eine Menge, aber es kann sein, dass ich es nicht getan habe. Ich stellte fest, dass ich nicht mehr sprechen konnte, nachdem ich endlich den Ereignissen aus meiner Vergangenheit eine Stimme verliehen hatte. Erst nach ein paar Tagen war ich wieder in der Lage, zu funktionieren und verschlang gierig Bücher zum Thema sexuelle Traumatisierung. Meistens weinte ich dabei so sehr, dass mir die Buchstaben auf den Seiten vor Augen verschwammen.

All das geschah zu einer Zeit, als ich allein auf der Farm lebte. In gewisser Hinsicht war es gut, allein zu sein, so konnte ich meine Schluchzer zu Schreien werden lassen, ohne mich selbst aus Rücksicht auf andere zensieren zu müssen. Es war auch schwer, allein zu sein, aber eigentlich auch wieder nicht. Willies Onkel Cool Hand Luke lag Nacht für Nacht neben mir, leckte mein Gesicht und kuschelte sich an mich. Seine Wärme und Liebe halfen mir, mich aus der Hochgeschwindigkeitsspirale der Gefühle zu befreien und Atemzug für Atemzug am Leben zu bleiben.

Gerne würde ich Ihnen sagen, dass ich, sobald die Wahrheit über meine Vergangenheit herausgekommen war, schon bald in der Lage war, diese zu verarbeiten und weiterzumachen. Aber im Gegenteil wurden all meine Ängste mir erst jetzt bewusst. Ich hatte noch mehr Angst vor dem Alleinsein, davor, im Dunkeln in den Stall zu gehen und vor lauten Geräuschen, die plötzlich aus dem Nichts kamen. Ich konnte nicht mehr gut schlafen, bestenfalls ein paar Stunden pro Nacht. Ich hatte Albträume, Flashbacks, war nervös und fühlte mich total erschöpft. Wie Anne mir in einem unserer Gespräche sagte: „Es hat schon einen Grund, warum Leute Dinge verdrängen."

Aber ich hielt durch. Ich schrieb jeden Morgen in mein Tagebuch. Ich ging oft zu Anne und die Gesprächsstunden mit ihr waren zwar anstrengend, aber hilfreich. Sie schlug vor, dass ich meine innere Stimme, die die Welt als Ort ständiger Gefahr sah, beschreiben und ihr einen Namen geben sollte. Ich nannte sie ONO, weil sie auf viele Dinge des Lebens mit „Oh no!" reagierte, genau, wie mein Vater es getan hatte. Anne meinte, ich solle allen Personen in mir drin Namen geben und mich dann zurücklehnen und zuhören, wie sie sich miteinander unterhielten. Das mag leicht verrückt klingen, aber tatsächlich war es das ganz und gar nicht. Wir alle haben verschiedene Bestandteile unseres Selbst, die oft miteinander im Streit liegen. Wie beim Hirtenjungen in Aesops Fabel, der aus Langeweile ständig „Wolf!" rief, waren ONOs Warnrufe so häufig, dass ich sie jahrzehntelang kaum noch beachtet hatte. „Und was wäre, wenn ONO Recht hätte? Wenn um Sie herum tatsächlich Gefahren lauern?", fragte Anne. „Vielleicht würde ONO aufhören, die ganze Zeit zu schreien, wenn sie ernst genommen würde?"

Ich benannte und beschrieb alle die verschiedenen Aspekte meiner Persönlichkeit: Von der Akademikerin, die Logik und Algebra liebt (Margaret, kurzgeschnittenes Haar, trägt immer biologisches Braun) bis hin zur tapferen Kriegerin (Xena, langes dunkles Haar, trägt Leder und hat Oberarmmuskeln wie ein Kletterer). Diese beiden setzten sich zusammen mit ein paar anderen hin und ließen ONO sprechen. „Ihr müsst mir zuhören!“, sagte ONO. „Habt ihr denn alle keine Ahnung, wie gefährlich das Leben sein kann?“ Margaret, Xena und alle anderen hörten tatsächlich zu und dankten ONO für ihren wichtigen Beitrag. „Du hast Recht, die Welt kann ein gefährlicher Ort sein, und es ist gut, dass du da bist und uns wachsam hältst.“ Sie erinnerten sie außerdem daran, dass sie nicht allein war. Dass die Kriegerin Xena immer da war, um sie zu beschützen. Dass Margaret gut im logischen Analysieren von Situationen war und entscheiden konnte, wann wirklich Gefahr im Verzug war und wann es sich um falschen Alarm handelte.

Diese Übung half mir enorm. Ich wurde weniger ängstlich, sobald ich gelernt hatte, dass die ängstliche Stimme in mir zu rufen aufhörte, sobald ich ihr nur zuhörte. Wenn ich in mir ein Panikgefühl aufsteigen fühlte wie Wasser bei Flut, lernte ich, die Facetten meiner Persönlichkeit zusammenzurufen und zu hören, was sie zu sagen hatten. „Ja ONO, wir hören dich. Abends in eine dunkle Scheune zu gehen kann wirklich beängstigend sein. Das ist eine absolut berechtigte Angst. Vielleicht erinnert es dich an die Vergewaltigung. Aber ist all die Jahre je etwas passiert, wenn du abends im Dunkeln allein in die Scheune gegangen bist? Und würden deine Hunde nicht sofort bemerken, wenn da drinnen etwas wäre? Warum machst du nicht erst die Tür auf und schickst einen von ihnen vor, wenn du dich unsicher fühlst?“

Diese gedachten Unterhaltungen waren nicht etwa so magisch, dass sie mein Leben veränderten. Ich bezweifle, dass es irgendeine einzige Sache gibt, die allein helfen kann, sich von multiplen Traumen zu erholen. Aber alles zu akzeptieren, was in mir war, insbesondere die jahrzehntelang unterdrückte Angst, machte mein Leben ganz erheblich leichter. Es war nur ein Teil dessen, was ich während meines Heilungsprozesses tat, dazu gehörten auch das Hoffman-Verfahren, Yogaübugen, Meditieren und das Sprechen über meine Vergangenheit. Aber es half. Sehr sogar.

Das Leben erinnerte mich weiterhin daran, dass man das Buch des Umgangs mit seiner Vergangenheit nie ganz zuschlägt. Man liest die Kapitel einfach wieder und wieder, bis man sie auf einer tieferen Ebene zu verstehen beginnt.

Kapitel siebenundzwanzig

Anfang 2010 starb Lassie an Leberkrebs. Schon wenige Tage später fand ich mich selbst am Computer sitzend wieder und durchsuchte das Internet nach einem weiteren Hund. In der Vergangenheit war ich nach dem Tod jedes meiner Hunde immer lange Zeit nicht in der Lage gewesen, über einen anderen Hund nachzudenken. Ich hatte zwei Jahre gebraucht, um einen neuen Pyrenäenberghund zu bekommen, nachdem mein erster gestorben war. Es ist einfach nicht möglich, einen Hund mehr zu lieben, als ich Lassie geliebt hatte, und doch war es dieses Mal anders. Ich bin nicht sicher, warum das so war. Stimmt, ich konnte mich nicht auf den oft verletzten Willie als meinen Herdengebrauchshund verlassen und ich wünschte mir auch einen Spielkameraden für ihn. Aber außerdem spürte ich ein Verlangen in mir, einen weiteren Hund zu bekommen, das ich immer noch nicht richtig erklären kann. Ohne Lassie zu sein war wie ein Satz ohne Punkt, wie trinken, ohne zu schlucken.

Es würde nicht einfach werden, einen Hund zu finden, der gut zu Willie passte. Genau wie bei Beziehungen zwischen Familienmitgliedern ist es auch bei Hunden so, dass manche gut und unkompliziert miteinander auskommen, während es bei anderen schwieriger ist. Hunderte meiner Kunden hatten gut erzogene, glückliche Hunde, bis ein Neuankömmling die Szene betrat und der Hausfrieden flöten ging. Klar, jetzt, mit vier Jahren, hatte Willie sich ganz erheblich verbessert. Kaum jemand würde noch glauben, dass seine Verhaltensprobleme so ernst gewesen waren, denn jetzt kam er gut mit den verschiedensten Hunden aus. Zu seinen besten Freunden zählte ein große Dobermannhündin, die Serena Williams der Hundewelt, die ihm einmal unmissverständlich klargemacht hatte, dass er gefälligst aufhören solle, sie zu hüten. Willie legte seine Ohren an, grinste wie ein Schuljunge und betete ab sofort den Boden an, auf dem sie ging. Er liebte auch Besuche des freundlichen, unterwürfigen Border Collies Max; die beiden rannten Schulter an Schulter wie Vollblutpferde auf einer Rennbahn zwischen den Baumreihen auf der Obstbaumwiese rauf und runter, mit hängenden Zungen und wie Wassertropfen glänzenden Augen. Willie ging mit einem Rudel anderer Hunde und minimalem Management auf Landspaziergänge. Manchmal kam es vor, dass er und ein anderer Hund sich steifbeinig voreinander aufbauten, aber dann reichte ein leises „Komm weiter", um das Eis zu brechen.

Im Haus lagen die Dinge anders. Es ist typisch für Hunde, dass sie sich wohler fühlen, wenn sie genug Platz zum Manövrieren haben, und auch Willie konnte gut mit einem Hund auskommen, solange beide draußen waren. Aber sobald der Fremde ins Haus kam, wurde sein Blick hart und ließ er schnell seine Zunge vor- und zurückfahren wie eine Schlange, die die Luft schmeckt. Dieses „Züngeln" ist oft ein Zeichen niedrigschwelliger Angst bei Hunden – man sieht es zum Beispiel oft in den Wartezimmern von Tierarztpraxen. Und in diesem Fall spielte auch die Größe eine Rolle. Große Hunde machen Willie so nervös, dass ich sie nicht mehr ins Haus bat, solange wir noch weiter an seinem Verhalten arbeiteten. Was Willie anging, so galt: Je kleiner, desto besser.

Folglich erschien es nach Lassies Tod angebracht, einen erwachsenen Hund einer Schoßhunderasse zu kaufen oder, wenn ich nochmals einen Border Collie haben wollte, einen Welpen zu nehmen.

Ich durchsuchte die Seiten aller Tierheime und Vermittlungsorganisationen, aber es tauchte nichts auf, das mich zum weiteren Nachhaken motiviert hätte. Die Hunde jagten entweder Katzen oder kämpften mit anderen Hunden, oder aber sie sprachen aus irgendeinem Grund einfach nicht mein Herz an. Ich schaute weiterhin immer mal wieder sporadisch hinein, bis irgendwann eine gute Freundin einen Züchter mit zwei arbeitenden Border Collies erwähnte, die für ihr gutes Wesen bekannt waren. Die Welpen aus den vorherigen Würfen wurden als bombensicher beschrieben – liebenswert im Umgang mit Menschen, freundlich zu anderen Hunden und nebenbei auch noch gute Arbeitshunde. Eigentlich war mein Plan ja gewesen, ein erwachsenes Schoßhündchen zu adoptieren und dann das Bild in ein oder zwei Jahren mit einem weiteren Border Collie zu vervollständigen. Aber hier gab es einen potenziell großartigen Wurf von Hütehunden, der danach rief, dass ich ihn mir anschaute.

Es ist ja schon eine Herausforderung, den richtigen Familienhund zu finden, aber besonders schwierig ist es, einen Hund zu finden, der sowohl ein großartiger Begleiter als auch ein konkurrenzfähiger Herdengebrauchshund ist. Unzählige Klienten hatten mich schon bei der Suche nach ihrem „Einer-in-einer-Million-Hund" um Rat und Hilfe gefragt, um einen Vorgänger zu ersetzen. Nachdem sie ihre Kriterien aufgelistet hatten – freundlich zu Menschen und anderen Hunden, keine Verhaltensprobleme, gesund, stets gehorsam, nicht haarend und tolerant gegenüber den Enkelkindern – musste ich sie daran erinnern, dass Einer-in-einer-Million Hunde genau das sind: Einer in einer Million. Wir wissen, wie hoch die statistische Wahrscheinlichkeit ist, dass wir einen zweiten finden.

Ich hatte genug Wissen, um keine Perfektion zu erwarten, aber nach dreiundzwanzig Jahren Vollzeitarbeit mit ernsthaft verhaltensauffälligen Hunden, sechs Jahren Pflege älterer Hunde mit medizinischen Besonderheiten und Jahren der Arbeit mit Willie brauchte ich einen Hund, der keine extreme Herausforderung darstellte. Keinen perfekten Hund, einfach einen normalen, der Geduld und Erziehung brauchen würde, aber keine umfangreiche medizinische Behandlung oder Verhaltenstherapie.

Vor allen Dingen aber musste sich der Hund mit Willie verstehen. Nachdem ich mir Wunderdinge über die Eltern und Geschwister des angekündigten Wurfs angehört hatte, fuhren Jim und ich ein paar Stunden nach Norden, um die Eltern anzuschauen. Den Vater kannte ich schon seit Jahren und hatte ihn immer wegen seiner stabilen Gutmütigkeit gemocht. Die werdende Mutter war zierlich und zappelig-zuckersüß: Menschen gegenüber so sanft wie Seide, war sie Schafen gegenüber doch eine Größe, mit der zu rechnen war. Alles deutete darauf hin, dass dieser Wurf einen großartigen Welpen für unsere Familie hervorbringen könnte, also kamen wir zwei Monate später wieder, um einen auszusuchen. Wir ließen Willie zuhause, um der ohrenbetäubenden Kakophonie bellender Hunde aus dem Weg zu gehen und weil ich mir nicht ganz sicher war, ob er sich einem Wurf Welpen gegenüber angemessen verhalten würde.

Wir entschieden uns für einen dreifarbigen Welpen namens Mick. Fröhlich verließ er seine Wurfgeschwister, um uns vom Welpenauslauf weg zu folgen und achtete kaum auf den Wind, der die Blätter der den Rasen beschattenden Bäumen wild umherwirbelte. Er sprang einem hingeworfenen Papierfetzen nach wie ein Kojote nach einer Feldmaus, hob es auf und brachte es mit wedelndem Schwänzchen und leuchtenden Augen zu mir zurück.

Mir gefiel sein Aussehen, mir gefiel die Genetik des Wurfs und mir gefiel, wie er auf alles reagierte, was wir taten. Ich hob ihn hoch und bat darum, nur noch einen weiteren Test durchführen zu dürfen. Angesichts Willies extremer Reaktion auf fremde Hunde schien es mir ratsam, zu schauen, wie sich der Welpe gegenüber anderen Hunden verhielt. Ich bat den Züchter, einen Hund nach draußen zu lassen, den die Welpen noch nie gesehen hatten. Der Wurf blieb innerhalb eines großen runden Welpenauslaufs, der draußen aus Metallgittern zusammengesteckt worden war, während der erwachsene Hund zum Gitter hinlaufen und die Welpen begrüßen durfte. Alle Welpen liefen an den Zaun, um Hallo zu sagen, wobei sie mit den Schwänzchen wedelten und klopften und vor Aufregung fiepten. Außer einem. Mick rannte in die Mitte des Auslaufs und saß still wie ein Denkmal. Verflixt. Gut, lass mal tief durchatmen, vielleicht entspannt er sich noch. Aber nein, während der ältere Hund außen rund am Gitter entlanglief und der Rest des Wurfs ihm folgte wie Eisenspäne, die von einem Magneten angezogen werden, blieb Mick bewegungslos, hielt den Kopf gesenkt und das Maul fest geschlossen.

Während der Wind weiter blies, setzten Jim und ich uns ins parkende Auto und beratschlagten, ob wir Mick mit nach Hause nehmen sollten oder nicht. Alles sah so gut aus bis auf dieses eine Warnsignal. Wie wichtig es wohl war? Nachdem wir eine halbe Stunden lang hin- und herüberlegt hatten, kamen wir überein, den Welpen für eine dreitägige Versuchsphase mit nach Hause zu nehmen, um zu sehen, wie er und Willie miteinander auskommen würden.

Zuhause angekommen, ließen wir den Welpen ein bisschen den Hof erkunden, bevor wir Willie herausließen, um ihn zu treffen. Willies Reaktion hätte man sich nicht besser wünschen können: Er empfing Mick mit entspanntem Körper und locker wedelndem Schwanz. Micks Reaktion dagegen war ein komplettes Déjà-vu. Er hatte Panik vor Willie. Er warf sich auf den Boden, jaulte ängstlich und versuchte, unter das Auto zu laufen. Ich stand einen Moment lang still, versuchte normal weiterzuatmen und spürte, wie mir der Mut sank. Sollte ich all das noch einmal durchmachen? Fast vier Jahre damit verbringen, einem Hund beizubringen, sich normal zu verhalten, wie ich es mit Willie getan hatte? Zu früh, das zu sagen, rief ich mir selbst in Erinnerung.

Während die Nachmittagsschatten länger wurden und die Schafe mit ihren Lämmern zur Abendfütterung den Hügel hinunterkamen, ließen wir Mick sich an Willie gewöhnen. Als es dunkel wurde, näherte sich Mick zum ersten Mal von sich aus Willie und warb um dessen Aufmerksamkeit. Gut! Am nächsten Morgen bestieg er ihn und rammelte. Unaufhörlich. Im Allgemeinen stört mich dieses Besteigen nicht; Welpen und erwachsene Hunde tun es oft im Spiel, und solange keine läufige Hündin im Spiel ist, hat es mit sozialen Beziehungen zu tun, nicht mit Fortpflanzung. Es ist ein Verhalten, das man zwischen zwei Welpen oder zwischen zwei erwachsenen Hunden erwarten würde, aber ein kleiner Welpe, der ein paar Stunden nach dem Kennenlernen einen erwachsenen Rüden besteigt? Hmmm.

Noch problematischer war, dass Mick dabei nicht aussah wie ein Hund, der einen anderen im Spiel besteigt. Er tat es mit einer angsteinflößenden Intensität und sah dabei aus wie ein erwachsener Rüde, der eine heiße Hündin deckt. Erfahrene Deckrüden machen kein großes Aufhebens – sie schnüffeln jedes Mal kurz prüfend, wenn die Hündin vorbeigeht, und wenn sie ihren Eisprung hat, springen sie auf und umklammern ihr Hinterteil fest mit den Vorderpfoten. Während sie in sie eindringen, legen sie ihre Ohren flach an den Kopf an, kneifen die Augen zu und zeigen oft und schnell die Zungenspitze. Das Ganze sieht weder spielerisch noch angenehm aus. Die Rüden wirken ernst und konzentriert, als ob sie eine schwierige Aufgabe erfüllen würden, die ihre ganze Aufmerksamkeit und Konzentration verlangt. Genau so sah dieser kleine Hund hier aus: Ernst. Und erwachsen.

Es wirkte sehr, sehr falsch.

Er tat es ständig und zwanghaft, und Willie unternahm nichts, um ihn zu stoppen. Wenn Willie ihn einfach weggeknurrt hätte, wäre die Sache an dieser Stelle vielleicht erledigt gewesen, aber Willie stand bedröpst und hilflos aussehend da, während es passierte. Dieser Hund, der beim Umgang mit anderen Erwachsenen immer auf voller Kontrolle seinerseits bestand, wurde gegenüber einem Welpen so hilflos wie ein neugeborenes Lamm. Ich griff ein, wann immer ich konnte, aber jedes Mal, wenn ich mich nur umdrehte, ging es wieder von vorn los. In all den Jahren, die ich mit Hunden gearbeitet hatte, erinnere ich mich nicht, je schon einmal einen Welpen gesehen zu haben, der sich in diesem Alter so benahm.

Was sollte ich daraus machen? Sagte es künftige Schwierigkeiten voraus? Es gibt keine Möglichkeit, mit Sicherheit zu wissen, ob dies ein Vorzeichen für Problemverhalten später im Leben war. Auf jeden Fall befindet sich ein Welpe, der große Angst vor unbekannten Hunden hat und sich bekannten gegenüber mit acht Wochen benimmt wie ein erwachsener Rüde, nicht innerhalb der Normalkurve des Verhaltens.

In Momenten wie diesen wünschen wir Verhaltensexperten uns oft, wir wüssten nicht so viel. Unwissenheit kann wirklich ein Segen sein, und ich fragte mich jede Minute, ob ich Mick behalten sollte oder nicht. Auf der einen Seite war er fast ein Traumhund, solange er von Willie weg war. In weniger als zwei Tagen hatte er Sitz und Platz auf Signal abgehakt und lernte gerade, brav an der Leine zu gehen. Es gab nur eine Ausnahme: Er urinierte öfter als jeder Welpe, den ich je gehabt hatte. Obwohl ich ihn alle zehn Minuten nach draußen brachte, pinkelte er alle Augenblicke lang ins Haus und nahm sich kaum Zeit zum Hinhocken, während der Urin unter ihm herausfloss. Es war frustrierend und zeitraubend, aber kaum etwas, weshalb man das Geschäft platzen lässt. Border Collies sind berühmt dafür, wie schnell sie stubenrein werden, weshalb ich nach grünem Licht durch den Tierarzt erwartete, dass die Angelegenheit sich schnell von selbst erledigen würde.

Trotzdem war Micks Verhalten gegenüber Willie atypisch und pausenlos. Ich fragte Freunde und Kollegen aus der Hundewelt. „Was würdest du von einem jungen Welpen halten, der sich benimmt wie Mick?" Die meisten Antworten lauteten „Bring ihn am besten schon gestern zurück" – nicht, weil er ein schlechter Hund gewesen wäre, sondern, weil er schlecht zu Willie passte.

Egal wie hingebungsvoll und gekonnt man auch trainieren mag, man kann das Eckige nicht in das Runde zwingen und manchmal tragen Verhaltensprobleme genauso viel dazu bei, dass es nicht passt, wie mangelndes Können oder Wissen. Das trifft auf Menschen übrigens genauso zu wie auf Hunde. Fragen Sie sich einmal, ob Sie jemand heiraten könnten, den Sie zufällig auf der Straße getroffen hätten und glücklich würden. Das soll nicht etwa eine Entschuldigung dafür sein, Hunde herumzureichen wie Kochtöpfe, denn die meisten Verhaltensprobleme lassen sich mit Training und Verhaltensmodifikation lösen. Aber Tatsache ist, dass ein kleiner Prozentsatz von Hunden unter Bedingungen lebt, in denen sie einfach nie glücklich werden können. Hunde können ihr Unglück nicht berichten, und es ist an uns, ihre Ausdrücke und Verhalten in Worte zu übersetzen. Wenn sie uns mitteilen, dass sie sich dort, wo sie sind, todunglücklich fühlen, ist es unsere Verantwortung, für sie einen Platz zu finden, an dem sie aufblühen können.

So schwer es auch war – ich sah ein, dass Mick keine gute Ergänzung zu Willie war und brachte ihn an einem kalten und windigen Tag zu den Züchtern zurück. Mick landete noch am gleichen Tag in einem tollen neuen Zuhause. Ich war nicht sicher, ob ich vielleicht mit einem anderen Welpen aus dem Wurf nach Hause kommen würde. Ihre Genetik war so solide, dass die Versuchung groß war. Dieses Mal hatte ich Willie mitgebracht, um den Rest des Wurfs zu überprüfen, denn seine nette Begrüßung Mick gegenüber legte nahe, dass ich ihm auch ohne wochenlange stufenweise Vorbereitung mit den Welpen trauen konnte. Ich brachte einen starkknochigen kleinen Rüden nach draußen, der ein perfektes Ebenbild seines stabilen und gutmütigen Vaters war. Willie schaute ihn schmaläugig an, versteifte sich und zog sich sofort zurück. Verdammt, er war meine zweite Wahl gewesen. Der einzig jetzt noch übriggebliebene war ein Rüde, der bei den Welpentests ziemlich gut abgeschnitten hatte, den ich aber rüde als „hässlichen Welpen“ betitelt hatte. Es kam mir falsch vor, ihm keine Chance zu geben, also hievte ich ihn aus dem Auslauf und brachte ihn nach draußen, um Willie zu treffen.

Es war Liebe auf den ersten Blick. Willie zeigte sofort eine Spielaufforderung, der Welpe robbte auf dem Bauch und wibbelte, und innerhalb von Sekunden tobten und spielten sie in dem eiskalten Regen. Nachdem ich ihnen zwanzig Minuten lang verzückt zugeschaut hatte, hob ich den Welpen auf und brachte ihn und Willie nach Hause.

Drei Tage lang waren wir alle im siebten Himmel. Ich nannte den Welpen Hope – unter Schäfern ein häufiger Name sowohl für Rüden als auch für Hündinnen, aber auch genauso symbolisch für meine Hoffnung, den richtigen Hund für Willie zu finden. Er und Hope spielten fröhlich. Hopes Kopf und Ohren begannen sich zu entwickeln, sodass er schon bald niedlicher aussah. Er reagierte gut auf Jim und mich, lernte schnell und es machte einen Riesenspaß, mit ihm zu trainieren.

Dann schrieb ich einen langen Blogbeitrag darüber, warum ich den ersten Welpen zurückgebracht hatte. Ich schrieb offen und ehrlich darüber in der Hoffnung, anderen in ähnlichen Situationen helfen zu können, und weil das

Thema „der richtige Hund“ wichtig ist. Egal wie sehr jemand Hunde liebt, sein Zuhause muss nicht immer der beste Platz für einen bestimmten Hund sein. Man kann eben Öl und Wasser oder Benzin und Streichhölzer nicht miteinander mischen. Das Verantwortungsvollste, was man tun kann, ist, sich einzugestehen, wann ein Hund nicht zu einem passt und ein Zuhause für ihn zu finden, das letzten Endes der bestmögliche Platz für ihn wird. Nachdem ich den Beitrag veröffentlich hatte, schrieb die Mehrheit der Leser zurück, um sich dafür zu bedanken, dass ich über Micks Rückgabe geschrieben hatte und für meinen Mut, dass ich ehrlich darüber gesprochen hatte.

Das Wort „Mut“ wurde oft erwähnt – man hätte meinen können, ich hätte einhändig einen Terrorangriff abgewehrt gehabt. Aber die Kommentare ahnten auch die Art von Kritik voraus, die mich bald treffen würde, und sie hatten Recht. Einige der Kommentare waren gehässig. Man bezeichnete mich als Heuchlerin und Versagerin als Verhaltenstherapeutin. Jemand rief dazu auf, dass niemand in ihrer Gruppe jemals mehr ein Buch von mir lesen sollte.

Ein kleiner Teil der Menschen in der Hundewelt ist der Meinung, dass die Abgabe eines Hundes in ein anderes Zuhause damit gleichzusetzen ist, ihn auf der Autobahn aus dem Fenster zu werfen und dass die einzig verantwortungsvolle Vorgehensweise ist, einen Hund, den man einmal in sein Haus geholt hat, auf jeden Fall zu behalten, komme, was wolle. Ironischerweise sind das oft die gleichen Menschen, die als Pflegestelle für Tierschutzorganisationen Hunde aufnehmen und sie behalten, wenn sie in ihre Familie passen, aber sie, falls nicht, in ein anderes Zuhause schicken.

Obwohl ich wusste, dass ich für Micks Rückgabe Kritik ernten würde, obwohl ich ihn von vornherein für drei Tage zum Test genommen hatte, war ich nach drei Tagen „Soll ich den Welpen zurückbringen oder nicht?“ emotional erschöpft. Ich hatte mich schon in Mick verliebt, wenn er nicht gerade mit Willie zusammen war und ihn zurückzubringen fühlte sich an wie eine unglücklich endende Liebesaffäre. Die Kritiker griffen mich sowohl persönlich an – immerhin sprachen wir hier über meine Familie – als auch auf beruflicher Ebene. Ich antwortete ihnen so konstruktiv, wie ich nur irgend konnte und ich hatte mir in all den Jahren, in denen ich in der Öffentlichkeit stand, ein dickeres Fell zugelegt, und trotzdem fühlte es sich an, als ob ich öffentlich ausgepeitscht worden wäre.

Die Unterstützung von Jim und meinen besten Freundinnen und die Freude, Hope im Haus zu haben, retteten mich. Willie und Hope spielten wunderschön miteinander, sie veranstalteten Schein-Ringkämpfe auf dem Wohnzimmerboden oder spielten Seilzerren, wobei Onkel Willie seine Kräfte so maßvoll einsetzte, dass auch der Welpe eine Chance hatte. Es machte einen Riesenspaß, Hope zu trainieren, denn er war genauso schlau und gehorsamsfreudig wie Mick. Drei Tage lang amüsierten wir uns alle bestens.

Bis es damit vorbei war.

Tag vier des Lebens mit Welpe Hope begann mit einem Prachtstück von Morgen, der angefüllt war vom melodischen Gesang der Rötelgrundammern. „Guck mal die - die - die" riefen sie, als ich mit Willie und Hope zu meinen Füßen die Stallarbeit verrichtete. Die Hunde spielten drinnen und draußen, und schon bald kam unser Tierarzt Dr. John vorbei, ein Ebenbild von James Herriot aus „Der Doktor und das liebe Vieh", um den Welpen zu impfen.

Hope leckte dem Doktor stürmisch das Gesicht ab und Willie mischte sich ein, um ebenfalls Aufmerksamkeit abzubekommen. Dr. John lockte, bezirzte und kraulte den Kleinen und piekste ihm dabei so nebenher die Spritze in den Nacken, dass er es kaum mitbekam. Wir gingen nach draußen, um uns noch ein bisschen zu unterhalten und den Welpen Pipi machen zu lassen. Nachdem Hope sich erleichtert hatte, schnappte er sich mit fröhlichem Draufspringen ein Stöckchen und rannte damit unter einen Busch. Dr. John und ich unterhielten uns in ein paar Metern Entfernung und ich drehte zufällig meinen Kopf in seine Richtung, als Willie hinlief, um zu schauen, was es da zu sehen gab. Wie eine Gewehrkugel kam Hope unter dem Busch hervor auf Willie losgeschossen, mit funkensprühendem Blick, vorgezogenen Lefzen und einem Knurren, das besser zu einem ausgewachsenen Hund gepasst hätte als zu einem Babywelpen. Willie war genauso verblüfft wie ich, blieb stehen und drehte sich dann weg.

Und so begann unser Höllensommer. Hope begann Willie zu bedrängen, er sprang auf und biss ihn in den Nacken, sobald er sich von einem Platz zum anderen bewegte. Währenddessen ließ er eine Serie von Knurrlauten vernehmen, die dazu führten, dass ich ihn „Psychowelpe" nannte. Das Knurren war vom Ton her tiefer, als ein Welpe seines Alters eigentlich hervorzubringen imstande sein dürfte und passte eher in einen Horrorfilm als in ein Wohnzimmer. Wenn Willie ihn einfach mit einem angemessenen Schnappen korrigiert hätte, wäre vermutlich Schluss damit gewesen, aber aus irgendeinem Grund und genau wie bei Mick schien Willie nicht in der Lage zu sein, sich zu verteidigen. Willie, der als Welpe nicht gezögert hatte, einen erwachsenen Hund wegen eines Stückchens Gemüse herauszufordern, war nicht willens oder nicht in der Lage, auch nur den kleinsten Welpen zu disziplinieren. Es war kaum zu begreifen, wie ein Hund, der in einer Situation so aggressiv sein konnte, in der anderen so hilflos war.

Aber dann erinnerte ich mich daran, wie wir alle in verschiedenen Situationen unterschiedlich reagieren. Vielleicht folgte Willie dem ungeschriebenen Welpenschutz-Gesetz, das unter Caniden so weit verbreitet ist und nachdem man Jungtieren genau wie kleinen Kindern rüdes Benehmen verzeiht? Oder hatte ich ihn vielleicht so gut konditioniert, dass ich ihm damit seine Fähigkeit zur Selbstbehauptung genommen hatte? So oder so fühlte ich mich trotz aller meiner Bemühungen ebenso hilflos, wie er sich benahm und der ohnehin schon reichlich mit Sorgen gesegnete Sommer bekam eine weitere Dimension von Angst hinzu.

Genau wie sein Wurfbruder urinierte auch Hope öfter als andere Welpen und schien auf das übliche Stubenreinheits-Training nichts zu geben. Der Tierarzt stellte fest, dass er Kristalle im Urin hatte und behandelte diese, aber trotzdem setzte sich der ständige Pinkeldrang den ganzen Sommer hindurch fort. Normalerweise wäre das nichts weiter als eine lästige kleine Randerscheinung gewesen, aber ich war eine Woche, nachdem ich Hope nach Hause gebracht hatte, hingefallen und hatte mir mein Knie so schlimm verletzt, dass ich an Krücken ging und starke Schmerzen hatte. Und viel schlimmer noch – Jim hatte sich den Ansatz seiner Bizepssehne abgerissen, als er einer Fremden geholfen hatte, schwere Sachen in ihr Auto zu laden und musste nun nach der Operation monatelang eine lästige Armschiene tragen. Er hatte nur ein gesunden Arm und ich nur ein gesundes Bein – keine ideale Situation, wenn man auf einer Farm mit Schafen lebt und einen Welpen besitzt, der eine Million Mal am Tag nach draußen muss.

Von diesen logistischen Schwierigkeiten abgesehen hatte ich mit einer Angst zu kämpfen, die mir jeden Tag an der Seele nagte. Einerseits war Hope von der Erziehung her ein Traumwelpe. Ihm etwas Neues beizubringen war so, wie mit einem Kanu einen Fluss hinunter zu paddeln – man muss etwas Arbeit aufwenden, aber man weiß immer, dass die Strömung in die richtige Richtung fließt. Ab und zu kann man sich sogar erlauben, die Paddel aus dem Wasser zu nehmen und sich einfach treiben zu lassen. Ich hatte in den beiden letzten Jahrzehnten so viele ältere Hunde mit Verhaltensproblemen trainiert, dass ich fast vergessen hatte, wie fantastisch es ist, mit einem Welpen zu arbeiten. Jedes Mal, wenn wir außer Haus gingen, hatten wir einen Riesenspaß – in der Welpenstunde und auf Spaziergängen in Kleinstädten, wenn Passanten sich hinhockten, um sein Kinn zu kraulen und er vor Begeisterung geradezu strahlte.

Aber im Haus war die Spannung zwischen Hope und Willie so stark, dass sie das Atmen erschwerte. Sie hatten aufgehört, miteinander zu spielen, und jedes Mal, wenn Willie aufstand, um in einen anderen Raum zu gehen, sprang Hope auf seine Schulter und knurrte wie ein erwachsener Wolf in der Fortpflanzungszeit. Willie züngelte dann nervös und ging weiter, als ob Hope nicht existieren würde. Ruhiges Eingreifen von mir oder Jim konnte die nächste Attacke höchstens verzögern, und Schimpfen hätte Willie genauso verunsichert wie den Kleinen. Draußen waren die Rollen vertauscht. Jedes Mal, wenn der Welpe zum Spielen losrannte, stoppte Willie ihn mit seinem Fang. Willie hielt dies offensichtlich für einen großen Spaß, der Welpe weniger. Anstatt dass sie fröhlich miteinander spielten, mussten sie ständig beobachtet und gemanagt werden, während ich versuchte, ein gutes Verhältnis zwischen ihnen zu fördern. Auf Krücken, mit einem dicken Knie und einem ebenso gehandicapten Mann.

Es wird in Ordnung gehen, sagte ich mir selbst. Ich bin Tierverhaltenstherapeutin. Ich kann das. Hope ist nur ein Welpe. Ich beriet mich mit Kollegen. Ich erstellte einen Trainingsplan mit Zielen, Erwartungen und Schritt-für-Schritt-Instruktionen. Der beste Plan war, Hope eine andere Reaktion auf Willies Bewegungen beizubringen: Ziel war, dass Hope jedes Mal, wenn Willie aufstand, zum Beispiel zu mir kommen sollte – oder ein Spielzeug bekam, oder sich ins Internet einloggen und teure Hundespielsachen bestellen durfte. Alles, Hauptsache nicht Willie anrüpeln, der sich benahm, als wäre er vollkommen unfähig, einen Welpen anzuknurren. Das Training half, aber es half nicht genug. Hope war scheinbar zwanghaft besessen davon, Willie zu belästigen oder zumindest mit einem Angriff auf jede seiner Bewegungen zu reagieren.

Jim und ich beschlossen, dass die beste Vorgehensweise sein würde, den Sommer über an der Beziehung der beiden zueinander zu arbeiten und die Situation dann in ein paar Monaten neu zu bewerten. Die ganze Zeit über, jeden Tag und jede Minute, sagte mir eine leise, aber eindringliche Stimme, dass Hope, genau wie Mick, der falsche Hund für Willie war. Hope war ein wunderbarer Welpe und besser in einer Gruppe normaler Hunde aufgehoben, die ihm wohlwollend Manieren beibringen könnten. Willie verdiente es, ein sicheres Zuhause zu haben, in dem er nicht ständig belästigt und angegriffen wurde. Sowohl mein Knie als auch Jims Arm mussten heilen. Aber ich wartete und arbeitete mit Hope, weil es mir richtig schien, ihm etwas Zeit zu geben.

Aber das war nicht der einzige Grund dafür, warum ich es aufschob, eine Entscheidung zu treffen. Ich wusste, dass ich im Internet heftig dafür kritisiert werden würde, einen weiteren Welpen zurückzugeben. Und diesmal war ich mir nicht sicher, ob ich die emotionale Stärke besitzen würde, damit zurechtzukommen. Nicht nur deshalb, weil ich kritisiert werden würde, sondern weil ich mich selbst kritisierte. Ich war mir nicht sicher, dass ich die beste Entscheidung getroffen hatte, als ich Hope zu uns geholt hatte. Die Entscheidung für Mick war durchdacht und sorgfältig getroffen worden. Aber in Hopes Fall hatte ich nur einen einzigen Blick darauf geworfen, wie er und Willie im Regen spielten, dann den Welpen geschnappt und ihn, ohne einen weiteren Gedanken zu verschwenden, ins Auto gesetzt. Ich hätte nach Hause fahren und noch einmal darüber nachdenken können. Ich hätte den Welpen erst noch einmal zurücksetzen und dann zu den Züchtern ins Haus gehen können, um nachzudenken. Zwar hatte ich mich sorgfältig über die Genetik des Wurfs schlau gemacht, aber die Entscheidung, denjenigen Welpen mit nach Hause zu nehmen, den ich vorher aussortiert hatte, kam mir nun wie eine Schnapsidee vor. Die Züchterin und eine Freundin, die mich begleitet hatte, hatten mich geschockt angeschaut, als ich ihnen erklärte, dass ich Hope mitnehmen würde, hatte ich doch zuvor wenig Interesse an ihm bekundet. Trotzdem sah es ja die ersten drei Tage lang noch so aus, als ob es eine gute Entscheidung gewesen wäre. Aber nach ein paar Wochen wurde klar, dass dies wieder einmal nicht der richtige Hund war, um unsere Familie zu vervollständigen.

Perfektion ist unerreichbar – kein Hund ist perfekt, und natürlich auch kein Mensch. Und doch kämpfe ich oft wie so viele andere auch gegen den Glauben an, dass ich fehlerfrei sein müsste und leide unter Schamgefühlen, wenn mir etwas nicht gelingt. Aber dieses Gefühl hat viele Schattierungen, und seitdem ich vorgegeben hatte, entführt worden zu sein, war ein schwarzer Schleier aus Scham fünfzig Jahre lang mein stiller, aber ständiger Begleiter gewesen.

Wir alle empfinden Scham über irgendwelche Dinge in unserem Leben, und die meisten von uns vergraben dieses Gefühl so tief, wie wir können, weil es so schmerzhaft ist. Es ist schon schwierig, Schuldgefühle loszuwerden (zuzugeben „Ich habe etwas Schlechtes getan"), aber bei Scham ist es noch viel schwerer (zuzugeben „Ich bin ein schlechter Mensch"). Die Macht, die dieses Gefühl über uns hat, kommt aus unserer Neigung, es verstecken zu wollen. Scham ist eine private, intime Sache – kein Wunder, dass Vergewaltigung und Scham Hand in Hand gehen – und doch verliert sie ihre Macht über uns, wenn wir sie erst ans Licht holen.

Brené Brown, die Autorin von *Verletzlichkeit macht stark*, hat sich mehrere Jahre lang mit dem Gefühl der Scham befasst. Sie fand heraus, dass Männer sich im Allgemeinen dafür schämen, für schwach gehalten zu werden, während Frauen sich eher dafür schämen, „nicht perfekt" zu sein. Irgendwie sind Männer zu der Überzeugung gelangt, dass sie immer und die ganze Zeit über stark sein müssten. Frauen glauben, dass sie perfekt im Berufsleben, perfekte Mütter und perfekte Geliebte mit perfekten Körpern sein müssten ... und dass sie niemals einen Problemwelpen haben sollten. Oder belästigt und vergewaltigt werden sollten. Oder vorgeben sollten, entführt worden zu sein. Bis ich zur Therapie ging, hatte ich stets versucht, an nichts davon zu denken. Es war, als ob ein tiefes Gewässer ab und zu so weit absinken würde, dass die Erinnerungen kurz an die Oberfläche kamen, bevor das Wasser wieder schnell anstieg und alles zudeckte.

Wenn wir unsere privaten Schamgefühle ans Licht bringen, heißt das nicht, dass wir jedem unsere tiefsten Geheimnisse mitteilen müssten. Wir mögen in einer Kultur leben, in der Menschen Privatheit gegen Ruhm eintauschen, aber das heißt noch lange nicht, dass dies ihnen gut tut. Brené Brown hat herausgefunden, dass Menschen, die, wie sie sagt „von ganzem Herzen" leben, der destruktiven Kraft der Scham gegenüber widerstandsfähig sind, weil sie mit ihr umgehen wie mit einer giftigen Chemikalie. Seine Scham offenzulegen, ohne sich über ein Sicherheitssystem Gedanken zu machen, ist genauso gefährlich wie der Umgang mit nuklearem Material ohne einen Plan für die Reaktorsicherheit. Es gibt Faustregeln dazu, wann man seine Scham offenlegen sollte und wann nicht: Machen Sie nichts öffentlich, wofür sie sich schämen, bevor Sie das Thema nicht privat für sich aufgearbeitet haben. Vergewissern Sie sich, dass Sie ein Sicherheitsnetz von Freunden haben, die für Sie da sein werden, was da auch kommen mag. Lernen Sie, Kritik von denjenigen abzuwehren, die „selbst nicht im Ring stehen" oder die nie in einer ähnlichen Situation gewesen sind.

Von all dem hatte ich keine Ahnung, als ich darüber schrieb, wie ich Micky und Hope auf die Farm gebracht hatte. Ich hatte zwar das Sicherheitsnetz aus echten Freunden, aber ich war nicht weise genug (in meiner ständigen Unvollkommenheit), auch auf die Punkte Nummer eins und drei zu achten. Die schlechte Nachricht ist, dass es schmerzte. Die gute ist, dass ich eine Menge lernte.

Die Reaktion der Öffentlichkeit auf meine Geschichte über Mick und Hope war ein Impfstoff gegen die Reaktion, die ich fürchtete, wenn ich mein dunkelstes Geheimnis über die erfundene Entführung aufdecken würde. Rein verstandesmäßig betrachtet ist es absolut verständlich, was ich damals tat: Ein junges Mädchen brachte es nicht über sich, laut zu sagen, dass eine Reihe von Ereignissen es sowohl beschämt als auch in Angst vor der nächsten Katastrophe zurückgelassen hatte. Und doch ist es das eine, aller Welt zu erzählen, dass man belästigt oder vergewaltigt wurde, wenn man bedenkt, wie viel Scham unsere Kultur den Überlebenden immer noch anhängt. Etwas ganz anderes ist es aber, mit sich selbst wieder ins Reine zu kommen, nachdem man über so etwas Schreckliches wie eine Entführung gelogen hat – was einen zum Täter anstatt zum Opfer macht. Und noch einmal etwas ganz anderes ist es, sich selbst dafür verzeihen zu lernen.

Kapitel achtundzwanzig

Bernhardiner sind große Hunde. Der in meinem Büro war in der Tat sehr groß. Merlin muss siebzig Kilo gewogen haben und sein Kopf hatte die Größe eines Volleyballs. Es hat Vorteile, wenn man einen Hund von der Größe eines Ponys besitzt. Man muss sich nicht bücken, um seinen Kopf zu streicheln. Die Menschen winken und lächeln einem zu, wenn man vorbeigeht. Die Größe dieser Hunde bedeutet aber auch, dass sie einen über die Straße ziehen können, bis man sich die Haut der Unterarme am Asphalt aufgescheuert hat. Genau das hatte Merlin mit seiner Besitzerin Joyce gemacht. Joyce wog nur rund fünfundvierzig Kilo, weshalb es für Merlin ein Leichtes war, sie herumzuziehen wie ein Spielzeug an einer Schnur.

Von einem großen Hund über das Pflaster gezogen zu werden ist typischer Stoff für Zeichentrickfilme und Sitcoms. Wir lachen, weil wir uns hineinversetzen können – welcher Hundebesitzer ist nicht schon einmal Opfer eines außer Kontrolle geratenen Tiers geworden, das uns zu einer am ausgestreckten Arm die Straße entlangsegelnden Witzfilmfigur gemacht hat? Es ist wie mit dem Ausrutschen auf der Bananenschale – irgendwie ist es amüsant, andere ihre Würde bei Dingen verlieren zu sehen, die wir nicht immer kontrollieren können. Joyce erzählte, dass sie oft ausgelacht wurde, wenn ihr riesiger Hund sie irgendwohin zog, wo sie gar nicht hinwollte.

Nur war das hier leider gar nicht lustig. Merlin jagte nicht etwa begeistert und selbstvergessen Eichhörnchen die Bäume hinauf oder stürzte zu den Nachbarn herüber, weil er dort mit den Kindern spielen wollte. Merlin nutzte jedes Quäntchen seiner Kraft, um jeden Hund zu attackieren, der in seine Sichtweite kam. Er hatte es schon einige Male geschafft, Joyce auszustechen und andere Hunde zu verletzen, obwohl Joyce ihn zur besseren Kontrolle mit einem Kopfhalfter und einem speziellen Geschirr ausgestattet hatte.

Als Joyce mir ihre Geschichte erzählte, saß Merlin brav neben ihr. Er war stark und durchtrainiert und seine Augen strahlten eine ruhige Würde aus. Ich bin sicher, wenn er hätte sprechen können, hätte er gesagt: „Glauben Sie ihr kein Wort!“

Joyce hatte alles getan, was sie wusste, um die Angriffe zu stoppen. Sie hatte ihm beigebracht, Sitz und Platz zu machen, wenn er einen anderen Hund sah und sie ging mit ihm zu ungewöhnlichen Uhrzeiten spazieren, um anderen Hunden aus dem Weg zu gehen. All das hatte zwar ein bisschen geholfen, aber in der Woche vor unserem Termin hatte Merlin einem anderen Hund nachgesetzt und Joyce auf den Schotter geschleudert, wobei sie sich Arm und Schulter böse verletzt hatte. Ohne die Hilfe eines Joggers hätte sie es nie geschafft, ihn aufzuhalten, bevor er den anderen Hund erreicht hatte.

Trotz ihrer Verletzungen sorgte sich Joyce in erster Linie darum, dass Merlin einen anderen Hund verletzen oder töten könnte. Aber Angst war nicht das einzige Gefühl, das sie erlebte. Sie fühlte sich außerdem schuldig. Und beschämt. Und bloßgestellt. Schuldig, dass ihr Hund ein ernstes Verhaltensproblem hatte, über das sie nicht Herr wurde. Beschämt, weil sie als verantwortungsvolle Hundehalterin versagt hatte. Bloßgestellt, weil es erniedrigend war, vor den Augen der Nachbarn wie ein Heuwagen durch die Gegend gezogen zu werden.

Joyce war nicht allein. Die Kehrseite des Daseins als verantwortungsvoller Hundehalter besteht darin, von Gefühlen der Schuld und ihrer Handlangerin, der Scham, heimgesucht zu werden.

Schuldgefühl ist nicht unbedingt eine schlechte Sache. Sich schuldig zu fühlen ist nicht schön, weshalb es uns daran hindert, etwas zu wiederholen, das wir in der Vergangenheit getan haben und das wir besser nicht wieder tun würden. Aber Schuld und Scham können zweischneidige Schwerter sein. Ich hatte viele Kunden, die sich wegen des Verhaltens ihrer Hunde so schuldig fühlten, dass sie fast wie gelähmt waren. Ich sagte ihnen dann gerne: „Ich weiß, dass das Verhalten Ihres Hundes problematisch ist, aber bitte denken

Sie daran, dass *Sie* bis jetzt noch niemanden gebissen haben." Selbst Kunden, deren Hund nichts weiter getan hatte, als gerade einmal einen verdächtig aussehenden Fremden anzuknurren, sagten mir, wie schlecht sie sich deswegen fühlten. Oder dass ihr Familienhund, den sie seit dreizehn Jahren besaßen, nicht mit dem neuen Hund auskam, den sie aus dem Tierheim geholt hatten.

Aber nichts von alldem ist vergleichbar mit der Schuld, die Hundefreunde fühlen, wenn sie die Entscheidung zur Euthanasie ihres Hundes treffen müssen. Obwohl sie wirklich Himmel und Erde in Bewegung gesetzt haben, um ihren Hund zu retten, fühlen sie sich am Boden zerstört, weil sie ihn einschläfern lassen müssen, um sein Leid zu beenden. Auch mir bricht es jedes Mal das Herz, weil ich weiß, wie schwer sich die Last anfühlt, wenn man seinem besten Freund das Leben nimmt. Ich selbst war von Schuldgefühlen überwältigt, als Luke im Alter von zwölf Jahren an Nierenversagen starb. Damals war ich mir sicher, dass ich ihn bestimmt hätte retten können, wenn ich mich nur mehr bemüht hätte. Dabei schien mir die Tatsache, dass fünf der besten Tierärzte des Landes ihn nicht hatten retten können, irrelevant zu sein. Ich war sein Mensch. Er war mein Hund. Er hatte sein Leben riskiert, um mich vor gehörnten Wesen zu retten, die mich hätten umbringen können. Wie konnte ich da bloß umgekehrt nicht auch sein Leben retten?

Schuld funktioniert nach dem Prinzip der Chancengleichheit: Sie trifft uns in allen Lebensbereichen. Nirgends wird das offensichtlicher als nach sexuellen Übergriffen. Die Opfer finden die vielfältigsten Gründe dafür, sich schuldig zu fühlen – sich geben sich selbst die Schuld dafür, dass es überhaupt passiert ist, sie fühlen sich schuldig, weil es „nicht schlimm genug" war, um sich überhaupt darüber aufzuregen oder sie glauben, wenn sie nur bessere Menschen gewesen wären, ginge es ihnen heute gut.

Falls ich mir überhaupt gestattete, über die Vorfälle nachzudenken, fragte ich mich jahrelang: Wie habe ich mich nur dahin gebracht, belästigt und vergewaltigt zu werden? (Genau so formulierte ich die Frage – „mich dahin gebracht".) Bestimmt waren beide Ereignisse mein Fehler gewesen. In gewisser Hinsicht hatte ich Glück, dass ich so lange über das Geschehene geschwiegen hatte, denn es bewahrte mich davor, von anderen beschuldigt zu werden – was nach einem traumatischen Ereignis häufig vorkommt. Dabei kommt eine bestimmte Art der Schuldzuweisung fast immer vor, wahrscheinlich deshalb, weil sie die Angst der Nicht-Opfer beschwichtigt. „Mir wäre das nicht passiert, weil ich mich anders entschieden hätte." Man kann sie fast erleichtert „Puh!" sagen hören.

Dieses „Du bist schuld" (und ich nicht) kann für andere tröstlich sein, während „Ich bin schuld" auch seine Vorteile hat. Wenn Sie selbst schuld sind, dann impliziert das, dass Sie eine gewisse Kontrolle über die Situation hatten – und wir alle möchten weiß Gott immer gerne die Kontrolle haben. Die Worte, die ich als Verhaltenstherapeutin vermutlich am häufigsten höre, sind „Hätte ich nur ...". „Hätte ich nur daran gedacht, die Tür zuzumachen, wäre mein Hund nicht nach draußen gelaufen und unter das Auto gekommen." „Wenn ich nur an diesem Tag nicht in den Park gegangen wäre, wäre er nie in diesen furchtbaren Kampf hineingeraten."

Hätte. Könnte. Wenn. Verführerische Worte, weil sie uns davor bewahren, uns der viel furchterregenderen Wahrheit zu stellen – dass die ganze Zeit über Dinge passieren, über die wir keine Kontrolle haben. Schlimme Dinge. Sie passieren guten Menschen. Und guten Hunden. Sie passieren einfach. Deshalb ist es so tröstlich, zu glauben, wenn wir nur X anstelle von Y getan hätten, wäre das schreckliche Ereignis Z nicht passiert.

Manchmal liegt natürlich auch ein Funken Wahrheit in diesem „Hätte ich"-Spiel. Hätte ich nur den Mumm besessen, sofort Jasons Wohnung zu verlassen, als ich die Pistole auf dem Nachttisch gesehen hatte, wäre ich vermutlich nicht vergewaltigt worden. Wenn ich nur in der Lage gewesen wäre, meinen Eltern oder meiner Schwester zu sagen, dass Bruce nachts immer in mein Zimmer kam, hätten die Belästigungen früher aufgehört. Aber so funktioniert die Welt nicht immer. Wir treffen nicht immer die richtigen Entscheidungen. Dinge passieren, egal, was wir tun – es gab nichts, was ich hätte tun können, um zu verhindern, dass ein Mann vom Himmel fiel und zu meinen Füßen starb. Mich selbst mit einer schweren Decke aus Schuld zuzudecken, änderte nicht das Geringste daran.

Ich brauchte lange Zeit, um über den Tod von Willies Onkel Luke hinwegzukommen. Er hatte immer vor Gesundheit gestrotzt und eine Vitalität ausgestrahlt, an die kein anderer meiner Hunde je herangekommen war. Noch Jahre, nachdem er gegangen war, kämpfte ich täglich mit der Realität seines frühzeitigen Todes. Hätte ich nur herausgefunden, warum seine Nieren nicht mehr funktionieren. Wäre ich nur ein besserer Mensch, eine bessere Hundebesitzerin, eine bessere Verhaltenstherapeutin gewesen, die gewusst hätte, wie sie ihrem Hund die bestmögliche medizinische Versorgung zukommen lässt.

Lukes Grabstein liegt am Ende des Feldweges, der zur oberen Wiese hoch über dem Farmhaus führt. Es ist eine grob behauene Granitplatte, die genau dort im Gras liegt, wo Luke immer auf mich wartete, bis ich ihn einholte und wir zusammen zu den Schafen gehen konnten. Da stand er als gegen den Himmel gezeichnete Silhouette oben auf dem Hügel und drehte mir den Kopf zu, während ich hinter ihm den Weg hinaufkam. „Kommst du? Beeil dich! Ich sehe sie! Sie sind da, da hinten. Darf ich sie holen gehen?"

In den Jahren nach seinem Tod setzte ich manchmal einfach so neben sein Grab mit keiner weiteren Absicht, als dem nahe zu sein, was von ihm übriggeblieben war. Eines kühlen, klaren Herbsttages Jahre nach seinem Tod, als ich immer noch die „Hätte ich nur"-Kämpfe mit mir ausfocht, schaute ich auf die in seinen Grabstein eingravierten Worte. „That'll do, Luke, that'll do." In der Schäfersprache sagen diese Worte dem Hund, dass die Arbeit des Tages getan ist. Ich hatte sie auf die Platte geschrieben, um Luke zu sagen, dass es Zeit war, seine Verantwortung abzugeben. Deine Arbeit ist getan, Luke. That'll do.

Als ich so in der Sonne saß und dem Zirpen der Grillen zuhörte, hatte ich plötzlich das Gefühl, Luke würde hinter mir stehen. Natürlich wusste ich, dass er nicht da war, aber ich spürte immer noch, wie er im Gras stand und mich mit seinem üblichen amüsierten Gesichtsausdruck ansah. Die Empfindung war so stark, dass ich nicht anders konnte, als meinen Kopf zu wenden und hinter mich zu schauen. Dort war nichts außer Gras und Himmel. Als ich mich wieder zurückdrehte, fiel mein Blick auf Lukes Grabstein, und plötzlich las ich die Worte, als würde ich sie zum ersten Mal sehen: „That'll do."

Oh. Okay. Ich stand auf und spürte, wie dicke Schichten von Schuld von mir abfielen, so, als ob ich an einem kalten Tag in ein warmes Haus gekommen wäre und einen dicken Mantel ausgezogen hätte. Ich ließ meine Schuldgefühle über Lukes Tod von mir gleiten, zusammen mit denen über die Ereignisse der Vergangenheit, und ließ sie auf dem Grab meines Hundes liegen. Es war das letzte und beste Geschenk, das Luke mir je gemacht hat.

Im Spätsommer fand ich ein neues Zuhause für Hope. Er hatte in letzter Zeit angefangen, fremde Menschen und Hunde ängstlich anzubellen – ein nicht unübliches Problem für halbwüchsige Border Collies. Ich hatte keinen Zweifel daran, dass ich ihm darüber hinweghelfen konnte, denn es ist eine Phase, die oft einfach wieder verschwindet, sofern man richtig damit umgeht. Aber sein Verhalten begann auch Willie zu beeinflussen. Willies Probleme waren zu ernst gewesen und die Vorstellung, dass ich zunichte machen könnte, was wir uns in langen Jahren erarbeitet hatten, war einfach unerträglich. So sehr ich Hope auch nicht aufgeben wollte (oh, welch eine Ironie in diesem Satz!), so war doch klar geworden, dass er mir und Willie nicht helfen würde. Hope zu lieben war allein nicht Grund genug, ihn zu behalten. Genauso wenig wie die Angst davor, was wohl die Leute sagen würden.

Die Entscheidung fiel an dem Tag, als Hope und Willie zusammen auf der Straße aggressiv eine freundliche ältere Dame anbellten. Willie hatte zwar eine Unmenge Probleme, aber Angst vor auf ihn zukommenden älteren Damen gehörte nicht dazu. Hopes ängstliches Verhalten wirkte ansteckend, und ich konnte nicht zulassen, dass Willie ein weiteres Problemverhalten entwickelte.

Wie so oft, sorgte das Universum für eine Lösung. Innerhalb weniger Tage fand ich ein tolles neues Zuhause für Hope. Ich verspürte Kummer über sein Gehen, aber auch eine große Erleichterung.

Ein paar Wochen später trafen wir ihn zufällig auf einem Leistungshüten wieder. Hope freute sich, mich zu sehen, rannte dann aber freudestrahlend zu seinem neuen Menschen zurück und war ganz offensichtlich verzückt von seiner neuen Familie. Willies Reaktion war, Hope einmal kurz zu beschnüffeln, ihm den Rücken zuzukehren und sich in die andere Richtung schauend hinzusetzen. Ich vermute, dass Schuldgefühle das letzte waren, was gerade in ihm vorging.

Kapitel neunundzwanzig

Eines Herbsttages stand Willie stocksteif etwa zweihundert Meter von mir entfernt auf der Wiese hinter drei Schafen, die wahrscheinlich am liebsten irgendwo anders gewesen wären. Er war auf einem Leistungshüten in seinem wunderschön weiten, offenen Outrun hinter sie gelaufen, aber jetzt stand er bewegungslos da und schaute mich direkt an, als ob er keine Ahnung hätte, was er tun sollte. Ich gab ihm das Pfeifsignal zum Herangehen an die Schafe, den Kopf herunterzunehmen und die Herde in Bewegung zu setzen, wie er es zuhause jeden Tag auf der Farm tat. Er hatte das schon bei anderen Prüfungen gemacht und wusste wie all die anderen Border Collies hier nur zu gut, dass es seine Hauptaufgabe war, hinter die Schafe zu kommen und sie zu mir zu bringen, aus welcher Entfernung auch immer. Aber dieses Mal machte Willie seine Arbeit nicht. Er machte überhaupt gar nichts. Während ich pfiff, um ihn nach vorn zu bringen, stand er bewegungslos da und schaute mich an, als wäre er gerade aus tiefem Schlaf erwacht und hätte keine Ahnung, wo er war und was er als nächstes tun sollte.

Auf Hütewettbewerben hören Hunde nicht immer. Was vermutlich für niemanden eine Überraschung ist, der schon einmal einen Hund besessen und versucht hat, Chester oder Misty ins Haus zu rufen, anstatt sich draußen in einer Pfütze zu suhlen. Überraschend ist eher, dass Herdengebrauchshunde so gut hören. Sie arbeiten auf großer Distanz und ohne Leine, und wir verlangen von ihnen mit nichts außer einer Reihe von Worten und Pfiffen, anzuhalten, schneller zu laufen, oder rechts oder links herum um eine große Gruppe sich schnell bewegender Tiere zu rennen. Sie können dreihundert, fünfhundert oder sogar tausend Meter von ihrem Menschen entfernt arbeiten, wie es in einigen raren Prüfungen verlangt wird, die weit über das hinausgehen, was normal Sterbliche wie Willie und ich zu leisten imstande sind. Ein leiser Pfiff ist alles, was nötig ist, um die Schafe auf geradem Weg zurückzubringen oder um die Hunde vom Trab in den Schritt zu verlangsamen, um so die Dinge unter Kontrolle zu halten. Die Hunde lieben es, zu arbeiten, sie lechzen danach wie nach einer Droge. Und nicht nur das – sie möchten auch noch im Team mit uns arbeiten.

Natürlich sind Hunde und Hundeführer nicht perfekt, und wenn ein Hund seinen Führer ignoriert, wechselt letzterer manchmal von Pfeifsignalen („Twiiiet, twiiiett") zu Worten („Geh bei!") oder manchmal auch zu etwas außerhalb des gewöhnlichen Repertoires („EJ! Hörst du mir überhaupt zu?").

Zuschauer grinsen dann oft, wenn sie solche frustrierte Äußerungen hören. Wir alle kennen das. Wir wissen, dass ein ungehorsamer Hund entweder bestens hört, aber beschlossen hat, seinen Führer zu ignorieren („Ich hab's gehört, sei einfach still und lass mich in Ruhe"), oder aber er ist zu panisch, um irgendwelche Informationen aufzunehmen („Oh Gott, ich bin ganz allein hier draußen, die Schafe werden jeden Moment abhauen, das darf ich nicht zulassen, aber ich kann gerade kaum denken, geschweige denn hören!"). Aber noch nie habe ich gesehen, dass ein Hund auf einem Hütewettbewerb mit erhobenem Kopf hinter den Schafen steht, als ob er einfach keine Ahnung hätte, was er als nächstes tun sollte.

Willies Unentschlossenheit dauerte eine Ewigkeit. Ich pfiff, ich rief und ich pfiff wieder. Er stand wie gebannt da und schaute mich aus zweihundert Metern Entfernung geradewegs an. Irgendwann liefen die Schafe von alleine los und Willie begann ihnen zu folgen. Endlich wurde er wach und übernahm das Kommando über die Herde. Er reagierte auf jedes meiner Signale und brachte sie mir bis genau vor meine Füße. Jetzt stand der nächste Teil der Prüfung an, bei dem es galt, die Schafe durch einen Parcours zu treiben. Aber plötzlich legte das Leitschaf, ein altes Mädchen, das reichlich Hütewettbewerbe auf dem Buckel hatte, seine Ohren an und brach aus der Bahn aus. Willie versuchte, sie zurückzuhalten, aber sie wusste, dass sie ihn dranhatte. Und auch Willie wusste das. Ich vermute, dass sie das gleich am Anfang herausgefunden hatte, als er die Verantwortung abgab – sie hatte nur auf eine Möglichkeit zur Eröffnung gewartet. Ich rief Willie, und wir verließen den Platz.

Ich fühlte mich fürchterlich. Ganz und gar furchtbar. Ich war nicht sauer auf Willie, wenn ich auch traurig und verwirrt war. Aber in erster Linie fühlte ich eine grenzenlose Zuneigung zu ihm und echtes Mitgefühl. Er hatte so hilflos ausgesehen.

Außerdem war ich verlegen. Wir alle haben schon erlebt, dass ein Hund bei einer Prüfung nicht horchte, aber ich kenne niemanden, dessen Hund bewegungslos dastand, während der Hundeführer vergeblich pfiff, rief und mit den Armen ruderte. Warum war er einfach stehen geblieben? Was hatte ich falsch gemacht?

Wenn etwas schlecht läuft, hilft es einem nicht gerade, einen guten Ruf als Tierverhaltenstherapeut zu haben. Zwei Leute waren während der Prüfung zu mir gekommen und hatten gesagt: „Oh, Sie sind Patricia McConnell! Ich habe alle Ihre Bücher gelesen, und ich finde sie toll! Sie sind meine Heldin!" Kurz bevor Willie und ich starteten, kam ein landesweit bekannter Trainer zum Gutentagsagen vorbei und packte eine riesige Kamera aus, um unseren Lauf zu filmen. Autsch.

Danach grübelte ich ein paar Tage lang. Ein paar Ideen hatte ich ja, warum Willie getan hatte, was er getan hatte. Vielleicht hatte er mich nicht hören können und Angst gehabt, allein zu handeln. Nach seinem Ruhejahr wegen der verletzten Schulter war er zögerlicher und weniger selbstbewusst geworden. Seine Persönlichkeit bewirkte, dass er sich während dieser Heilungsphase besser handhaben ließ als so mancher andere Hund, aber sie bedeutete auch, dass sein Sinn für Eigenständigkeit leicht beeinträchtigt werden konnte.

Nachdem seine Schulter geheilt war, hatte ich ihn zu ein paar kleinen Hütewettbewerben angemeldet, bei denen er sich in der Anfängerklasse gut schlug – auch, wenn er nun eine neue Art des Zögerns zu haben schien, die ich vorher nicht bei ihm gesehen hatte. Im nächsten Sommer hatte er sich seinen Iliopsoas-Muskel gezerrt und musste wieder für drei Monate an die Leine. Vielleicht hatte ihm das in Sachen Unabhängigkeit den Rest gegeben. Nachdem er wieder gesund geworden war, schaute er sich nun während der Arbeit an den Schafen öfter zu mir um: „Was soll ich machen?" Ich ermutigte ihn, munterte ihn auf und ließ ihn die Schafe schneller treiben als sonst, damit es spaßiger und spannender für ihn war und damit er sich auf die Schafe konzentrierte anstatt auf mich. Es wurde etwas besser, auch wenn es immer noch Momente gab, in denen er anhielt und sich nach mir umdrehte: „Gut? Mache ich alles gut?“

Das könnte erklärt haben, zumindest teilweise, warum Willie sich so verhalten hatte: Es war eine steife Brise aufgekommen, die es ihm sehr schwer machte, mich zu hören, und er zögerte, ohne mein Signal die Initiative zu ergreifen. Trotzdem verschwand das schlechte Gefühl in meinem Bauch nicht, nachdem ich die möglichen Ursachen für sein Verhalten analysiert hatte. Das Ausmaß der Sorgen, die ich mir machte, stand in keinem Verhältnis zu dem, was passiert war. Willie war auf einem Leistungshüten nicht so gut gewesen. Vermutlich hatte er mich wegen des Windes nicht gut hören können. Na und?

Vielleicht fühlte ich mich schlecht, weil unsere Leistung mich erniedrigt hatte. In der Öffentlichkeit zu versagen ist niemals angenehm, aber noch schlimmer fühlt es sich an, wenn die anderen große Erwartungen hatten. Schäfer mit Hunden wissen, dass mein Können in der Arbeit mit aggressiven oder ängstlichen Hunden wenig damit zu tun hat, einen Herdengebrauchshund zu trainieren oder durch eine Prüfung zu führen, aber die Allgemeinheit weiß das eben nicht. Oft erwarten die Menschen, dass meine Hunde in jeder Situation mindestens perfekt sein müssten.

Ich erinnere mich an einen Morgen, an dem meine Hunde auf einem Waldspaziergang mit Freunden ein Reh aufstöberten. Die Ricke sprang nur wenige Meter vor uns auf, wobei ihr weißer Schwanzspiegel wie eine Flagge hüpfte und winkte. Die Hunde schossen hinter ihr her und hatten nach zwei, drei Sprüngen Höchstgeschwindigkeit erreicht. Ich sang „Lie down!“ und sie trafen auf dem Boden auf wie aus der Luft gefallen. Und mehr noch – sie taten es gern. Ich trainiere dieses „fliegende Platz“ als Teil eines Spiels, sodass die Hunde gelernt hatten, dass es ein Riesenspaß war, wenn sie sich im Wegrennen so schnell wie sie nur konnten hinwarfen. An diesem Morgen war ich von Stolz und Dankbarkeit erfüllt. Schau dir an, wie gut sie sind! Ich bin so stolz auf sie! Das dachte ich. Die Leute, die mit mir unterwegs waren, unterbrachen noch nicht einmal ihre Unterhaltung. „Ist doch klar, dass deine Hunde so gut sind“, sagten sie mir später, als ich sie danach fragte. „Was sonst sollte man von einem Profi-Hundetrainer erwarten?“

Und doch schienen Enttäuschung und Erniedrigung nicht der wahre Grund dafür zu sein, dass ich Tage später immer noch den Knoten in meinem Bauch spürte. Als ich so um zwei Uhr morgens wach dalag und mich schlecht fühlte, tat ich das Einzige, was mir einfiel. Ich machte meine Selbstliebe-Meditation: „Möge ich sicher sein. Möge ich gesund und glücklich sein. Möge ich mein Leben in Frieden leben."

Ich bin faul im Meditieren, schaffe meistens nur ein paar Minuten am Tag und bin voller Ehrfurcht gegenüber denen, die vierzehn Stunden am Tag in schmerzhaften Positionen verbringen und auf nichts weiter achten als ihren Atem. Nachdem ich die paar Sätze nur fünf Minuten lang wiederholt hatte, sah ich plötzlich das Wort „hilflos" vor meinem inneren Auge und begriff, dass ich den Kern des Problems gefunden hatte. Immer dann, wenn ich meinen Freunden berichtet hatte, was passiert war, hatte ich Willie als „so hilflos aussehend" und mich als „so hilflos, wie ich dastand" beschrieben.

Hilflos. Ich muss dieses Wort wohl etwa einhundert Mal wiederholt haben. Willie hatte hilflos ausgesehen. Ich hatte mich hilflos gefühlt. Hilflos, wie damals, als ein Mann vom Himmel fiel und vor meinen Füßen starb. Hilflos wie damals, als ich von einem Vietnamveteranen vergewaltigt wurde. Hilflos wie damals, als jemand, dem ich als Teenager vertraut hatte, mich in meinem Schlafzimmer belästigt hatte und mir mein ganzes Sicherheitsgefühl nahm. Das war das Problem: Sich hilflos zu fühlen ist schrecklich. Das hier hatte nichts mit Willie zu tun, sondern nur etwas mit mir.

Was ich über Trauma gelernt habe, ist: Man kann nicht darüber den Deckel zuklappen und es wegstellen wie ein Buch ins Regal. Die Heilung ist ein anhaltender Prozess, der Mut, Ehrlichkeit und Überwindung des eigenen Schweinehunds verlangt. Was auch immer während eines traumatischen Erlebnisses und danach passiert – es wird nicht verschwinden, als ob es nie geschehen wäre. Es wird nur einfacher, damit umzugehen, wenn man weiß, wie man sich ihm stellen muss. Die Dinge kommen hoch – sie kommen immer hoch, und dann muss man ihnen ins Auge sehen und sie niederringen wie ein Hund, der Nase an Nase einem trotzigen Schafbock gegenüber steht. Das geht, wenn man vorher seine Arbeit gemacht hat, wenn man ein gutes Freundesnetz zur Unterstützung hat und wenn man vor allem darauf vertraut, dass alles, was man braucht, schon in einem drin ist. Man muss nur das Wagnis eingehen, es zu finden.

Willie lief ein weiteres Leistungshüten nicht allzu lange nach dem, in dem er steckengeblieben war. Fast hätte ich ihn gar nicht gemeldet, weil ich mich sorgte, dass er vielleicht gar nicht mehr mitmachen würde. Aber in einem Seminar zwischen den beiden Hütewettbewerben hatte er sich so gut geschlagen, dass ich beschloss, es noch ein letztes Mal zu versuchen, bevor ich ihn aus dem Leistungshüten zurückzog.

Jeder Hund im Wettbewerb hatte zwei Läufe. In seinem ersten Lauf startete Willie mit einem weiten und wunderschönen Outrun, setzte die Schafe sanft in Bewegung und brachte sie auf kerzengerader Linie zu mir. Fast perfekt. Wir arbeiteten zusammen, um sie auf einer weiteren geraden Linie zu dem freistehenden Gatter in etwa hundert Metern Entfernung zu bringen. Alles lief bestens. Und dann blieb Willie wieder stehen und bewegte sich nicht mehr. Zumindest nahm ich an, dass er stehenblieb. Er war außerhalb meiner Sichtweite hinter ein paar Bäumen, aber ich konnte die Schafe sehen, die längere Zeit stillstanden. Schließlich wanderten sie in ein Weidendickicht, das an einem Bachufer wuchs. Ich musste meinen Posten verlassen, ein paar hundert Meter quer über die Wiese gehen und mit Willie zusammen die Schafe aus dem Dickicht bringen. Er musste sie durch einen tiefen Bach treiben, dessen Wasser ihm bis zu den Schultern reichte und brachte sie dann auf das freie Feld zurück. Ich war perplex, warum er wieder stehengeblieben war und nahm an, dass er mich vielleicht wieder nicht gehört hatte, aber diesmal betrachtete ich es eher als interessantes Gedankenspiel anstatt als Grund zum Nachgrübeln über meinen Wert als Mensch oder anstatt als Metapher für das Gefühl von Hilflosigkeit.

In seinem zweiten Lauf zog Willie alle Register. Es war unser bester Lauf aller Zeiten. Wir arbeiteten nahtlos als Partner zusammen: Er war präzise und gehorsam und ich gab meine Signale zur richtigen Zeit (endlich), sodass die Schafe sich in perfekten Linien durch den Parcours bewegten. Es machte einen Riesenspaß. Kaum etwas ist schöner als das Gefühl, dass man selbst, der Hund und die Schafe praktisch eins sind: Der Hund setzt seine Kraft und Reife ein, um die Schafe sanft und vorsichtig über den vorgegebenen Kurs zu steuern, die Schafe bleiben entspannt, wenn der Hund übernimmt und man selbst nutzt seine Erfahrung und sein Timing, um den Hund bestmöglich zu unterstützen. Wenn es funktioniert, fühlt es sich reibungslos an, wie der mentale „Flow“, den der Psychologe Csikszentmihalyi beschreibt – ein Zustand, in dem man vollkommen und glückselig in dem versunken ist, was man gerade tut.

Lektion gelernt: Ich werde nie damit fertig werden, mich mit dem Thema Trauma zu beschäftigen. Aber wenn ich die Risiken eingehe, mich ihm zu stellen, werde ich immer besser darin.

Kapitel dreißig

Die Farm. Sie ruft nach mir, wenn ich fort bin, wie ein schöner Sirenengesang, der nicht aufhören möchte oder wie ein Tinnitus, der ständig in meinem Ohr klingt. Fünf Hektar voller wilder Geranien und Lilien, voller Rehwild und Hausschafe. Die Farm wird eine einzige Einheit für mich, wenn ich weg bin. Sie lässt mich nicht gehen.

Sie ist meine wichtigste Therapeutin. Als Jim und ich uns damals zu treffen begannen, hatte ich ihm gesagt, dass er mich niemals vor die Wahl stellen dürfte, mich zwischen ihm und der Farm entscheiden zu müssen. Ich bin jeden Tag dankbar dafür, dass ich auf dem Land leben darf und ich genieße jeden Tag den Frieden, den nur die Natur bieten kann. Meine Farm liegt eingebettet im hügeligen Süden Wisconsins. Diese Region wurde von den Eiszeitgletschern ausgelassen, die Großteile des Bundesstaates tellerflach gewalzt haben. Die Landschaft ist eine harmonische Mischung aus Wäldern und Wiesen, Feldern und Flüssen. Sie ist einfach wunderschön. Frank Lloyd Wright sagte einmal: „Nichts nimmt einen so sanft, fast liebend in die Arme und wiegt einen, wie es diese Hügel im Südwesten Wisconsins tun."

Aber das Land meint es nicht immer so gut. Eines Sommers hatte es endlose Monate lang eine Dürre und Hitzewelle gegeben. Es war, als ob man in einem Ofen leben würde. Der tägliche Wetterbericht wurde von den welkenden Pflanzen am Straßenrand verkündet und das trockene braune Gras begann unter meinen Füßen zu brechen, wenn ich zur Scheune ging. Die Sojabohnen des Nachbarn begannen sich einzurollen und zu sterben. Jede einzelne Maispflanze auf den die Farm umgebenden Feldern sah zusehends verzweifelt aus. Mais ist ein Gras – nur ein großes, hohes –, und wenn es zu wenig Wasser bekommt, werden die normalerweise dicken grünen Blätter silbrig und schmal und strecken sich mit dornigen Spitzen nach oben wie Ananaspflanzen. Es tat geradezu weh, zu sehen, wie sie verkümmerten, als die heißen, trockenen Tage sich fortsetzten und die Sonne vom Himmel stach wie in einem Kinofilm, in dem sich ein Verdurstender unter der gnadenlos brennenden Sonne durch den Wüstensand schleppt. Als es endlich zu regnen begann, bestand die Schafweide hauptsächlich aus blanker Erde. Nur schwerlich konnte man sich vorstellen, dass sie noch vor Kurzem ein üppiger kleiner Wald aus Blaugras und Weißklee gewesen war, der meine Schuhe mit Tau durchfeuchtet hatte, wenn Willie und ich am Morgen die Schafe hinaufbrachten.

Die meiste Zeit waren die Hunde und ich ans Innere des Hauses gefesselt, weil die Hitze so extrem war, dass Hinauszugehen geradezu eine körperliche Strafe war. Die Schafe lagen im Scheunenhof wie Hunde in den Tropen – flach auf der Seite mit ausgestreckten Beinen in dem Versuch, so viel Körperwärme wie möglich abzustrahlen. Die Farmer begannen ihr Vieh zu verkaufen. Ich stellte meine üblichen Spaziergänge und die Arbeit mit Willie an den Schafen ein, genauso wie das Unkrautjäten im Garten. Die wenige Energie, die mir noch blieb, nutzte ich zur Rettung der Bäume, indem ich Wasserschläuche von einem Ende des Hofs zum anderen schleppte.

Aber so brutal das Leben mit dem Land auch sein kann, so würde ich meine Verbindung zu ihm doch gegen nichts auf der Welt eintauschen wollen. Manchmal denke ich, dass ich ihm mein Leben verdanke. Es mag seltsam erscheinen, über die heilende Kraft der Natur zu sprechen und wie sie mir geholfen hat, indem ich eine traurige Geschichte über die Auswirkungen einer Dürre erzählt habe. Aber es sind eben nicht nur schöne Blumen und atemberaubende Aussichten, die Körper und Seele gut tun.

Zum Leben auf dem Land gehören auch verstauchte Knöchel, Wespenstiche, Sonnenbrand und Dürrekatastrophen, die einem das Herz brechen. Es bedeutet bitterkalte Winternächte im Stall, in denen man mit Fingern, die so kalt sind, dass sie wie Feuer stechen, ein sterbendes, nach Luft schnappendes und mit den Augen rollendes Schaf mit bebendem Brustkorb zu retten versucht. Oder ein Reh zu befreien, das sich mit den Beinen im Zaun verfangen hatte, nur um dann zu erfahren, dass der Nachbarshund es am nächsten Tag getötet hat.

Aber trotzdem liebe ich es. Ich liebe das Gute und ich liebe es, das Schlechte zu hassen. Die Tatsache, dass die Farm nicht nur hübsch und trostspendend ist, macht sie irgendwie noch wertvoller. An dem einen Tag erlebt man die schockierende Endgültigkeit eines toten neugeborenen Lämmchens im Stall. Am nächsten Tag springen die anderen, gesunden ausgelassen umher und meine Laune hüpft mit ihnen, wenn sie ihre Hufe in den Himmel werfen. Zeuge der unvermeidlichen Verbindung von Leben und Tod zu sein hilft mir dabei, meine Mitte zu finden. Die Erde hält mich aufrecht und das Land umgibt mich mit etwas, das größer und besser ist als mein eigenes Leben.

Ich bin nicht die Einzige, die die natürliche Welt schätzt. Die universelle Anziehungskraft, die das Leben auf der Erde auf uns ausübt, ist zu sehen, wo man nur hinschaut. Hotelzimmer mit Aussicht auf Bäume oder Wasser kosten mehr als welche ohne. Wohnhäuser mit Sträuchern und großen Bäumen im Garten sind wertvoller als „nackte". Wir mögen Blumen und schicken welche zum Trost, wenn jemand verstorben ist, wenn wir einen Erfolg zu feiern haben oder wenn wir um einen Partner werben. Wenn man einmal darüber nachdenkt, ist das eine erstaunliche Bandbreite von Situationen – Beileid, Glückwunsch und Werbung.

Diese Anziehungskraft von Pflanzen und Tieren wirkt in vielerlei Hinsicht therapeutisch. Wie wir wissen, leiden Kinder, die viel draußen sind, weniger unter Depressionen und Ängsten, erreichen in standardisierten Tests höhere Punktzahlen und sind gemäß einer Studie „netter", sprich sozial kompetenter gegenüber anderen. Das Anschauen von Naturfilmaufnahmen beschleunigt bei Erwachsenen den Heilungsprozess. In der Nähe eines Parks zu wohnen oder einen Baum vor dem Fenster zu haben vermindert häusliche Gewalt. Zeit draußen zu verbringen verringert Stress und geistige Ermüdung, stellt die geistige Klarheit wieder her und erhöht das Wohlbefinden. Richard Louv, der Autor von *Das letzte Kind im Wald,* fasst den Wert vom Sein in der Natur zusammen: „Dies sind die Momente, in denen die Welt ganz gemacht wird."

Was die Forschung selten erwähnt, ist, dass Draußensein nicht immer angenehm ist. Jeder regelmäßige Camper weiß, wie es ist, stundenlang in einem Zelt zu kauern, während es draußen wie aus Eimern schüttet. Die Schönheit eines Urwaldes kann schwer zu genießen sein, wenn einem Wolken von

Stechmücken um den Kopf schwirren. Besonders trifft das auf die Landwirtschaft zu, wo Wetter, Pflanzen und Tiere den Terminplan bestimmen und einem einfach keine andere Wahl bleibt, als deren Forderungen nachzukommen. Eine schwierige Lammgeburt wirft die Pläne zum Besuch des Fußballspiels über den Haufen, für das man schon vor Monaten ein Ticket gekauft hatte. Die Frühjahrspflanzungen können nicht einfach auf den Sommer verschoben werden, weil einem gerade der Rücken schmerzt. So gesegnet wir Menschen auch mit unserem überlegenen Intellekt und unseren Fähigkeiten sein mögen, so haben wir doch nicht immer das Sagen. Was nicht immer etwas Negatives ist. Es ist letzten Endes nicht schlecht, ein grundlegendes Verständnis dafür zu haben, dass wir nicht über der Natur stehen, sondern ein Teil von ihr sind.

Man muss nicht auf einer Farm leben, um Verbindung zur Natur zu behalten. Vermutlich gibt uns nichts einen vergleichbaren Sinn von Verbundenheit mit dem Rest des Lebens auf der Erde wie Hunde. Unsere Beziehung zu ihnen ist nicht weniger als ein biologisches Wunder, aber sie ist auch eine Wundertüte. Hunde bringen uns in einem Moment Freude und im nächsten ein Maulvoll Katzenkot. Sie bringen uns zum Lachen, sie schmeicheln unserer Seele und zerfetzen die Tagesdecke, die Großmutter extra für uns gehäkelt hat. Manchmal lecken sie uns am Morgen die Tränen ab und beißen uns am Abend ins Gesicht. Das Gleichgewicht zwischen Glück und Elend variiert je nach Hund und dem Zuhause, in das er gekommen ist. Manche Hunde fallen wie ein reiner Lichtstrahl in unser Leben ein und wie eine lebende Version der Fernseh-Lassie, sie bereichern unsere Tage und wärmen unsere Nächte. Andere bringen Lasten aus ihrer Vergangenheit mit und bescheren uns endlose Probleme, so wie viele Hunde, die ich in meiner verhaltenstherapeutischen Praxis gesehen habe. Aber egal wer sie sind oder wie sie sich verhalten: Hunde sind zu unserer wichtigsten Verbindung zum Rest der natürlichen Welt geworden. Sie werden zu Mitgliedern unserer Familien, und doch haben sie Zähne, die problemlos ein Reh aufreißen können. Sie schlafen auf unseren Sofas, aber locken uns nach draußen; sie machen uns auf das Eichhörnchen im Baum aufmerksam oder auf den toten Regenwurm im Gras. Im einen Moment lassen sie unser Herz vor lauter Zuneigung anschwellen, so wie ein Sonnenuntergang uns zum Staunen bringt. Minuten später verziehen wir das Gesicht, weil sie sich mit ihren Schultern in verwesendem Fisch gerieben haben. Aber wie auch unsere anderen Verbindungen zum Rest der Natur macht das Leben mit Hunden uns ganz. Es muss nicht immer die ganze Zeit über schön und nett sein, damit das funktioniert.

Meine Beziehung zu Willie war auch nicht immer nett. In den schlimmsten Zeiten schien sie all die Mühe kaum wert zu sein. Aber irgendwie wusste ich, dass Willie nicht nur meine Verbindung zur Natur war, sondern auch die zu meinem innersten Selbst. Sein Selbst zu kennen besteht ja auch nicht immer aus rosigen Sonnenaufgängen und sich im lauen Wind wiegenden Gänseblümchen. Manchmal gibt es Gewitter und strömenden Regen oder so bitterkalte Morgen, dass die Frostluft einem die Lungen verbrennt. Aber wenn man einen Hund hat, muss man bei jedem Wetter rausgehen. Willie lehrte mich, dass ich, solange ich mich nur witterungsgerecht anzog, im Nachhinein immer froh war, dass ich gegangen war.

Jeden Sommer zwitschern die Scheunenschwalben nur ein paar Handbreit vom Fenster meines Arbeitszimmers entfernt. Sie segeln auf den Luftströmen und landen mit brenzligen Manövern auf einer Schnur, die wir einmal zum Aufhängen von Weihnachtsbeleuchtung auf der Veranda gespannt hatten. Wenn Willie und ich nach draußen gehen, schießen die Vögel fort und starten Tiefflüge über das Gras, um mehr Insekten zu fangen. Letztes Frühjahr hatte eine Schwalbe in der Garage genistet und ihr aus Lehm und Strohhalmen gemachtes Nest oben auf einer Lampenfassung gebaut. Das war eine ziemlich dumme Ortswahl von ihr, denn ich schloss jeden Tag beim Verlassen der Farm das Garagentor und schloss so die Eltern entweder ein oder aus, wenn ich fortfuhr. Wenn ich dann zurück zum Haus kam, betätigte ich den automatischen Garagentoröffner und die Erwachsenen schossen hinein oder heraus und schimpften lauthals, weil sie entweder schnellstens zum Nest oder zur Futtersuche herauswollten. Nach ein paar Tagen ließ ich das Garagentor offen, weil ich nicht den langsamen Tod schlecht untergebrachter Babyvögel miterleben wollte.

Mit jedem Tag wurde das Tschilpen der Kleinen lauter, und schon bald waren sie so groß, dass ihre Körper über den Nestrand hingen wie der Busen einer üppigen Frau über ihren BH. Sie begannen mit den Flügeln zu schlagen und sich gewagt in die Luft hinauszulehnen. Ich hatte ständig Angst, dass sie herunterfallen würden, bevor ihre Flügel tragfähig genug wären. Ich hielt die Katze drinnen im Haus, und während sie mauzend an der Tür entlangschlich, sprach ich zu den Vögeln: „Beeilt Euch, es ist Zeit, dass Ihr weiterkommt!"

Und dann, als Willie und ich eines Tages das Haus zu unserem Morgenspaziergang verließen, lehnten sich alle fünf Babyvögel so weit aus dem Nest, dass ich wusste: Ihr erster Flug stand unmittelbar bevor. Einer nach dem anderen stürzte sich heraus und trudelte in ungeschickten Kreisen um uns herum, mit Bewegungen, die noch unkoordiniert waren und scheinbar kaum dazu geeignet, sie in der Luft zu halten. In letzter Minute, als sie dem Boden schon näher und näher kamen, trugen ihre Flügel und sie schafften es, in der Luft zu bleiben. Sie flatterten noch ein paar Sekunden weiter herum, offenbar hart an der Grenze zum Desaster, und schafften es dann in Schlangenlinien zur Garage hinaus, bevor sie in einer nahegelegenen Fichte bruchlandeten. Aber schon starteten sie erneut, und nach und nach wurden ihre Bewegungen mit jedem Flügelschlag koordinierter. Ihre Wege durch die Luft wurden klarer, absichtsvoller.

Sie begannen herabzustoßen und zu wenden, schneller und schneller, bis ich innerhalb nur weniger Minuten von fünf Flugexperten umringt war, die rechts und links an mir vorbeischossen, auf mein Gesicht zusteuerten und in letzter Minute abbogen, so dicht, dass ich ihre Augen glänzen sehen konnte. Willie und ich standen still und leise zusammen da, mitten in der tollsten Flugshow der Welt, die uns von fünf Minipiloten geboten wurde. Wie sie so um uns herum schossen und aufstiegen, schienen sie überwältigt zu sein von der Kraft und Schönheit, die sie schon die ganze Zeit in sich getragen hatten – sie mussten nur das Risiko eingehen, sie zu finden.

Kapitel einunddreißig

Vergebung ist nichts, was man erzwingen kann. Man muss indirekt an sie herangehen, wie zwei Hunde, die den Blickkontakt vermeiden, während sie sich bei der Begrüßung in sorgfältig bemessenen Halbkreisen aneinander annähern. Für mich begann sie, als ich zum ersten Mal den Mut hatte, all das Geschehene anzuerkennen und als ich Hilfe suchte, um die Nachwirkungen zu bearbeiten. Dann hatte ich mich einem roten Nebel aus Wut und Angst zu stellen, beides wie mythische Monster mit der schlummernden Fähigkeit, mich bei lebendigem Leib auffressen zu können.

Aber Drachen kann man töten – aus diesem Grund haben wir sie erfunden. Aber zuerst muss man sich ihnen stellen.

Zum Teil fand ich Vergebung darin, dass ich mir die Berichte anderer anhörte. Meinen Freundinnen zuzuhören, wie sie ihre Geschichten erzählten, ließ mich Mitgefühl empfinden und machte es mir leichter, auch mit mir selbst Mitleid zu haben. Es kann keine Vergebung ohne Mitleid geben, weshalb sie zweifellos ein Grundsatz mit Schlüsselfunktion in allen Weltreligionen ist.

Es ist aber schwieriger, sich selbst zu vergeben, als anderen. Wir sind so programmiert, dass wir uns an negative Ereignisse eher erinnern als an positive, weshalb wir über unsere Fehler und über die Kränkungen durch andere nachgrübeln. Unsere Fähigkeit zum Gebrauch von Sprache macht es möglich, dass wir stundenlange kritische innere Monologe darüber führen können, was wir in der Vergangenheit getan haben oder was wir in Zukunft tun werden. Kein Wunder, dass wir Hunde lieben: Sie brauchen keine Meditation, um über die Scham hinwegzukommen, dass sie letzten Donnerstag den Mülleimer geplündert haben.

Was Hunde nicht können, ist, sich dessen bewusst zu werden, dass sie nicht allein sind, dass sie als einzigartige Individuen etwas Besonderes sein können und trotzdem Teil eines Ganzen, das sie hält und unterstützt. Der Trost, den ich durch die Erzählungen anderer erfuhr, kam zum Teil daher, dass ich gelernt hatte, dass meine Reaktionen auf die Traumata üblich und verständlich waren – und von dem Mitgefühl und dem Mitleid, das zwischen uns floss. Mich in Mitleid gegenüber anderen zu baden, half mir, etwas davon auch auf mich selbst umzulenken. Mich mit dynamischen, intelligenten und gestandenen Frauen zu unterhalten, die sexuelle und körperliche Gewalt erlebt hatten, inspirierte und erstaunte mich und half, eine der dunkelsten Auswirkungen wegzubrechen, die es hat, Opfer eines Traumas zu sein: An seiner Opferrolle festzuhalten, weil diese einen zu etwas Besonderem macht.

In unserer Kultur idealisiert man das Besondere. Unsere Kinder brauchen heute unbedingt ausgefallene Namen, oder wenn es ein üblicher Name ist, so muss er doch zumindest anders geschrieben werden. Als ich einmal eine Lesung in Los Angeles hielt, bat mich ein Mann, sein Buch zu signieren. Er hieß Bob. Nur, dass er das B-o-b-b schrieb. Der gleiche Drang, etwas Besonderes zu sein, existiert auch unter Hundefreunden. Von Nachbarn übernommene oder aus Altersgründen aus der Zucht ausgeschiedene Hunde wurden „gerettet", einfache Verhaltensprobleme werden mit gedämpfter Stimme als „Ich weiß, dass er misshandelt wurde" erklärt. Aber etwas Besonderes zu sein erfüllt nicht unsere Erwartungen, denn mit dem Gefühl, etwas Besonderes zu sein, geht auch das einher, anders zu sein – was es umso schwieriger macht, die Kraft zu spüren, die man durch das Teilen seiner Erfahrungen mit dem Rest der Welt gewinnt.

Hunde können solche Diskussionen nicht führen, aber vielleicht brauchen sie es auch nicht. Dass sie keine Sprache haben, lässt sie besser mit der universellen Wahrheit verbunden sein, dass wir alle Teil eines großen Ganzen sind und dass die Grenzen zwischen „Ich" und „die anderen" nicht so klar sind, wie wir Menschen häufig meinen. Sprache mag vieles von dem sein, was uns Menschen ausmacht: Indem wir Erfahrungen in Worte kleiden, schaffen wir eine Distanz zu ihnen, eine Art Simultanübersetzung, die niemals ganz genauso ist wie die Realität.

Sprache war aber auch ein wichtiger Bestandteil, der mir half, meinen Weg zur Vergebung zu finden. Meine Therapiestunden mit Anne und Mare veränderten mein Leben. Meine Schwester Wendy, deren Freund mich belästigt hatte, weinte mehr als einmal mit mir zusammen über das, was geschehen war und stand während meines ganzes Heilungsprozesses immer wie eine Kriegerin an meiner Seite. Genau wie meine andere Schwester, Liza.

Nachdem ich meiner Mutter erzählt hatte, was in „dieser Nacht" passiert war und warum ich das getan hatte, begann sie sich auch mir gegenüber zu öffnen, wie sie es noch nie getan hatte. Sie hatte ihre eigenen Traumata erlebt – darunter einen Großbrand in ihrem Internat Battle Abbey, den sie nur knapp überlebt hatte. Sie und ihre Klassenkameradinnen hatten es nur Sekunden, bevor es zu spät war, aus der Feuersbrunst geschafft: Als sie das Gebäude verließen, stürzte das Dach hinter ihnen ein. Die herausschlagenden Flammen waren so hoch, dass sie noch meilenweit zu sehen waren. Meine Mutter war nicht das einzige Mädchen, deren Eltern sie nicht am nächsten Tag abholen kamen, weil sie den Beteuerungen der Schuldirektorin glaubten, dass auch ohne Hilfe der Familie „alles in Ordnung, alles in Ordnung" sei. Es kam mir nur zu bekannt vor.

Als sie 2004 im Sterben lag, erzählte sie diese Geschichte noch oft. Ganz klar war es eines der prägendsten Erlebnisse ihres Lebens gewesen, aber sie hatte nie die Chance bekommen, sich ihre Angst und das Gefühl der Verlassenheit einzugestehen. Sie hatte nichts außer dem Glauben, dass sie die Erinnerung daran begraben und stark sein müsse, dass sie die Tage mit nichts außer der Kraft ihres Willens durchstehen müsse.

Ich hatte Glück gehabt. Ich konnte auf so viele Hilfsmittel zurückgreifen, die sie nie gehabt hatte. Manchmal stellte ich sie mir als kleines Mädchen vor, wie sie mit schreckgeweiteten Augen dastand, während hinter ihr die Flammen hochschlugen. Dann setzte ich mir dieses kleine Mädchen auf den Schoß und sagte ihm, dass es nicht allein ist – genau, wie ich mir manchmal mich selbst mit fünfzehn vorstelle und dem verwirrten, verängstigten Mädchen sage, dass es in Ordnung ist. Es ist in Ordnung.

Irgendwie führte die Tatsache, dass ich mich den Geschehnissen gestellt und gelernt hatte, mich über sie zu stellen dazu, dass ich wieder schlafen konnte. Ich hatte fast acht Monate lang kaum geschlafen, nachdem mich meine Mutter gefragt hatte, was in jener Nacht passiert war, und Jahre später hatten Willies Schreckreaktionen mich wieder dazu gebracht, dass ich immer nur ein paar Stunden am Stück schlafen konnte. Aber nach und nach begann all die Arbeit sich auszuzahlen und ich fing an, nachts wieder durchzuschlafen.

An irgendeinem Punkt hörte ich auf, den Mann mit dem Baseballschläger hinter mir zu spüren beziehungsweise zu wissen. Erst vor Kurzem ging ich eine Straße entlang und stellte plötzlich überrascht fest, dass ich mich schon lange Zeit nicht mehr umgedreht hatte, um den gesichtslosen Mann mit dem Knüppel zum Verschwinden zu bringen. Auch male ich mir nicht mehr aus, dass mein Haus und meine Hunde zu Asche verbrennen, wie ich es jahrelang jeden Tag getan hatte, wenn ich die wie Wasser auf die Farm zufließende Straße entlanggefahren war.

Mein Leben hat sich aber auch in anderer Hinsicht verändert. Ich empfange keine Kunden mehr. Ich schreibe über Tierverhalten und halte Vorträge, aber mit den aggressiven Hunden bin ich fertig. Ich habe diese Arbeit gemocht und genossen, aber dreiundzwanzig Jahre sind genug. Auch wenn nicht jeder meiner Fälle ein glückliches Ende gefunden hat, so konnte ich doch Tausenden von Hunden und den Menschen, die sie liebten, helfen. Zum Teil hörte ich auch deshalb auf, weil meine Reaktionen nun langsamer geworden sind und ich nicht mehr die gleichen Reflexe habe wie früher. Vielleicht genauso wichtig ist aber, dass ich nicht mehr den Drang verspüre, mich meinen Ängsten so stellen zu müssen, wie ich es früher getan habe. Psychologen wissen, dass Menschen ihnen vertraute Situationen auswählen, auch wenn deren Umstände gefährlich sind oder Misshandlung bedeuten. Und ich brachte mich jeden Tag in Gefahr, indem ich mit Hunden arbeitete, die mich hätten schwer verletzen können, wenn ich nur eine falsche Bewegung machte.

Allerdings war ich in diesem Fall nicht wie in meiner Vergangenheit hilflos. In meiner Arbeit mit aggressiven Hunden besaß ich Wissen und Können und genügend Erfahrung, um mich der Bedrohung zu stellen und sie innerhalb kurzer Zeit abzuwenden. Vielleicht arbeitete ich so gerne mit ängstlichen Hunden, selbst dann, wenn sie aggressiv waren. Ich fühlte nicht nur mit ihnen mit, sondern ich konnte in einem Kontext, in dem ich die Kontrolle hatte, mit der Gefahr umgehen.

Was nicht bedeutet, dass ich keine Angst gehabt hätte. Zu Beginn meiner Karriere hatte ich einmal Dr. John Wright angerufen, einen der ersten Tierverhaltenstherapeuten des Landes, und mich geoutet, dass ich echte Angst vor einem schwarzäugigen Großpudel gehabt hatte, der auf mein Gesicht zusprang und danach schnappte. „Das ist gut!“, hatte John gesagt. „Hör auf deinen Körper, er sagt dir schon, wenn du in Gefahr bist. Hab niemals Angst davor, Angst zu haben.“

Die Arbeit mit Hunden hat mich zusammen mit all dem anderen gelehrt, auf diese innere Stimme zu hören und mich meinen Ängsten zu stellen, anstatt vor ihnen wegzurennen. Ich lernte, meine Angst anders zu betrachten, nämlich als wertvolle Information, die ich nutzen konnte, um das Verhalten eines Hundes zu ändern. Ich begann, schon frühzeitig zu spüren, wann ein Hund gefährlich für mich sein konnte und wann nicht sowie herauszufinden, was er wollte oder brauchte, um dies dann zur Änderung seines Verhaltens zu nutzen. Wenn diese leise Stimme in mir sagte – jene, die ich lange zu ignorieren versucht hatte – „Hab Angst“, lernte ich, sie willkommen zu heißen und ihr für die Information zu danken. Ich lernte, die Furcht zu ertragen und dabei meinen Körper zu entspannen, ich lernte, tief zu atmen, wenn ich nervös war und damit dem Hund zu signalisieren, dass auch er sich entspannen konnte. Ich lernte, dass man Angst haben und trotzdem damit durchkommen konnte, solange man nicht vor ihr weglief und sie zu kontrollieren lernte.

Umgekehrt sah ich sehr viel Angst bei den Hunden meiner Kunden. Anstatt ihr Verhalten als „dumm“, „dominant“ oder „aggressiv“ abzustempeln, konnte ich sehen, dass sie schreckliche Angst hatten und dass ihr Verhalten – sei es Beißen oder Verstecken in der Ecke – die einzige ihnen zur Verfügung stehende Möglichkeit war, die Geschehnisse zu kontrollieren. Damit, dass ich meine eigenen Ängste anerkennen und kontrollieren lernte, lernte ich auch, ihnen im Umgang mit ihrer Angst zu helfen.

Auf gewisse Weise geht es dabei, Tierverhaltenstherapeut zu sein, immer um Kontrolle. Kontrolle über den eigenen Körper, Kontrolle über die eigenen Emotionen, Kontrolle des Verhaltens der Hunde und der Kunden. Ich weiß, dass dies ein wenig drakonisch klingt – besonders angesichts der Tatsache, dass das Wort „Kontrolle“ heute oft als abwertende Beschreibung gebraucht wird. Welche Frau fürchtet sich nicht davor, als „Kontrollfreak“ bezeichnet zu werden? Aber Tatsache ist, dass wir alle Kontrolle wollen und brauchen. Beim Aufwachsen geht es immer wieder darum, Kontrolle über die eigenen Impulse zu lernen und das meiste unseres Sozialverhaltens hat mit Kontrolle zu tun – ähm, damit, das Verhalten anderer zu beeinflussen. Wenn man den Versuch, sein Kind zum Nachhausekommen vor der Sperrstunde oder den Ehemann zum Aufhängen der Wäsche zu bewegen als „Kontrolle“ bezeichnet, fühlt sich das möglicherweise unangenehm an, aber genau das ist es, was wir alle immer versuchen: unsere Umgebung so zu kontrollieren, dass das Leben für uns besser wird. Oder sicherer.

Wer Traumata erlebt hat, weiß besser als alle anderen: Das Gefühl, die Kontrolle zu haben, ist grundlegend für das eigene Menschsein und sein Verlust bedeutet, sich selbst zu verlieren. Jemandem dabei zu helfen, sein Kontrollgefühl wiederzubekommen, ist ein entscheidender Schritt darin, ihn vom Opfer zum Überlebenden zu machen. Meine Arbeit hat mich gelehrt, Angst anzuerkennen, sie zu nutzen und zu kontrollieren anstatt mich von ihr kontrollieren zu lassen.

Genau wie wir brauchen auch Hunde das Gefühl, keine hilflosen Opfer zu sein, sondern das Verhalten anderer um sie herum beeinflussen zu können. Auch Hunde können so traumatisiert werden, dass es ihr Verhalten tiefgreifend verändert. Heute glaube ich, dass viele meiner Kundenhunde Opfer irgendeiner Art von Trauma waren, sei es ein Angriff durch einen anderen Hund gewesen, Misshandlung durch einen Vorbesitzer oder der in einer Welpenfarm erlebte Horror. Es ist an der Zeit, sie als Überlebende von Krieg und Gewalt zu betrachten – und nicht als Beispiele für irgendwie minderwertige Individuen, denen man ihre Unzulänglichkeiten vorwirft, sondern als Wesen, denen mit Können und Mitgefühl geholfen werden kann. Solche Hunde brauchen in allererster Linie Geduld und Verständnis, um ihnen einen Gefühl der Sicherheit zu vermitteln und das Vertrauen, dass sie die Welt um sie herum irgendwie beeinflussen können.

Ich betrachte Willie als eines dieser geschädigten Individuen, auch wenn ich keine Ahnung habe, warum er, als er zu mir kam, so wirkte, als hätte er in den ersten Wochen seines Lebens irgendetwas sehr Schreckliches erlebt.

Ich habe mich oft gefragt, ob ich nicht mich selbst auf Willie projizierte und meine eigenen Ängste für einen Großteil seines Verhaltens verantwortlich waren. Meine Antwort darauf fällt von Tag zu Tag anders aus. Manchmal. Vielleicht. Ein bisschen. Vielleicht sehr viel. Er hatte sich auffällig ängstlich und reaktiv gezeigt, als er zum ersten Mal auf die Farm kam, aber das heißt nicht, dass meine eigenen Thematiken dies nicht verschlimmert haben könnten. Falls ich meine eigenen Ängste auf ihn projiziert haben sollte, wie ich es noch nie bei einem anderen Hund getan habe, dann hatte vielleicht das Universum dafür gesorgt, dass er genau dann zu mir gekommen war, als ich bereit war, mich meinen tiefsten Ängsten zu stellen. Manchmal glaube ich, dass solche Dinge möglich sind. Und manchmal nicht.

Das einzige, was ich mit Sicherheit weiß, ist, dass der kleine Willie so auf der Farm ankam, als ob sein Gehirn ständig am Rand der Panik stünde. Dank sorgfältiger Wiederholung und Konditionierung hatte er gelernt, dass er seine Umwelt so kontrollieren konnte, dass er sicher blieb. Er konnte „das Schreckliche" zum Verschwinden bringen, wenn er ruhig blieb und mich anschaute, anstatt hysterisch zu bellen. Sobald er herausgefunden hatte, dass er eine gewisse Kontrolle über das Verhalten anderer Hunde hatte, begann er ihre Annäherung mit etwas Gutem zu verbinden. Wie jeder, dessen Nervensystem immer in Alarmbereitschaft ist, musste Willie sowohl seine innere als auch seine äußere Umgebung verändern, um sein Gehirn wieder auf Normalzustand umzuprogrammieren.

Kein Wunder, dass wir beide uns so sehr mögen.

Kapitel zweiunddreißig

Es ist Spätsommer und die Grillen sind in dieser Jahreszeit so laut, dass Besuch aus der Stadt einmal meinte: „Mein Gott, was für ein Spektakel!“ Die einzigen anderen Geräusche kommen von den drei Hunden, die auf Redstart Farm leben: Willie, Tootsie und Maggie. Willie hechelt nach einem langen Bergaufrennen gegen die junge Border Collie Hündin Maggie, die sich auf dem Boden räkelt und ihre Zunge vom Laufen in der Hitze und der Schwüle des Sommers im mittleren Westen heraushängen lässt. Tootsie, ein kleiner Cavalier King Charles Spaniel, schnarcht laut auf der Couch.

Tootsie kam 2012 zu uns, nachdem ich erfolglos versucht hatte, einen zweiten Border Collie als Spielgefährten für Willie und als Verstärkung bei den Schafen zu finden. Letztlich entschied ich mich doch für ein kleines Schoßhündchen, das ein Zuhause brauchte, und Tootsie passte ins Bild: Als sanfte Hündin besaß sie gute Chancen, von Willie akzeptiert zu werden, besonders, da einige seiner guten Freunde ebenfalls Cavaliere gewesen waren. Tootsie hatte sieben Jahre lang im Albtraumszenario einer Welpenfarm Nachwuchs produzieren müssen, bevor sie von guten Menschen bei der Tierschutzorganisation Lucky Star Rescue herausgeholt und zur Vermittlung freigegeben wurde. Tootsie ist die Unerschütterlichkeit in Person. Selbst nach sieben Jahren in einem Käfig, der kaum größer war als ein Brotbehälter, liebt sie Menschen und ist so ruhig, wie Willie reaktiv ist. Tootsies Motivationen im Leben sind klar: 1) Friss, soviel du kannst und 2) verbringe so viel Zeit wie möglich damit, auf etwas Weichem zu schlafen, vorzugsweise auf einem Menschen.

Was das unbegrenzte Essen anging, konnte ich ihr nicht helfen, weil das ihr ebenso wenig gutgetan hätte wie jedem anderen. Aber sie kuschelt sich mit Jim und mir ins Bett, und jeden Abend, wenn ich auf dem Sofa liege, wärmt sie meine Brust und beruhigt meine Seele. Sie erschrickt niemals, wenn ein LKW vorbeifährt oder der Wind einen Zweig gegen das Fenster schlägt. Ich nenne sie auch meine Oxytocinpumpe. Tootsie bekommt jeden Abend

Schmusezeit, aber zu fortgeschrittener Stunde halten Willie und ich unsere eigene private Kuschelstunde ab. Jedes Mal versucht Tootsie, sich zwischen uns zu drängeln, gibt dann aber auf, klettert die kleinen Stufen hinauf, die Jim extra für sie gebaut hat, damit sie alleine auf die Couch kommt, und hält ein weiteres Schläfchen.

Natürlich ist nichts (und niemand) perfekt. Willie und Tootsie leben nun schon seit Jahren zusammen, und nach einer kurzen und unspektakulären Begrüßung nehmen sie die Gegenwart des jeweils anderen kaum zur Kenntnis. Ich hatte gehofft, dass sie miteinander spielen würden, aber sie schauen einander nicht an, beschnüffeln sich nicht und benehmen sich insgesamt nicht so, als ob sie bemerkt hätten, dass noch ein anderer Hund im Haus ist. Bei seltenen Gelegenheiten beschnüffeln sie sich verstohlen und drehen sich dann schnell wieder weg, als wollten sie nicht dabei gesehen werden.

In Tootsies erstem Jahr hier habe ich Willie zwei Mal dabei gesehen, wie er sie mit angespanntem Gesicht und harten Augen anschaute – einem Gesichtsausdruck, den mit Sicherheit auch ein Welpenfarm-Hund als „Problem droht" interpretieren kann. Aber er wiederholte dieses Verhalten nicht und akzeptierte sie im Haus, auch wenn er nicht mit ihr interagiert. Willie ignoriert Tootsies Bellen, ihr dauerndes Drängeln nach Aufmerksamkeit und lässt sogar zu, dass sie auf seine Schultern klettert, um bei Begrüßungen näher an unsere Gesichter heranzukommen. Er scheint sie als etwas zu betrachten, auf das er im Zusammenleben auch verzichten könnte, das aber andererseits nur wenig Energie kostet, es zu tolerieren – so wie das Anhalten an einer roten Ampel, wenn man es nicht eilig hat. Ich bin dankbar dafür, dass sie miteinander auskommen, sofern man „miteinander auskommen" als „so tun, als sei der andere nicht da" definiert.

Nach einem Jahr Training war Tootsie stubenrein. (Eine meiner Sternstunden als Verhaltenstherapeutin: Es ist keine geringe Leistung, einen kleinen Hund stubenrein zu bekommen, nachdem er zuvor sieben Jahre lang in sein Nest gemacht hat.) Man kann sie auch guten Gewissens im Hof von der Leine lassen, sofern man gut auf sie achtet (Sternstunde Nummer zwei). Trotz allem ist sie nicht der Hund, der sie hätte sein können, wenn sie in einem guten Zuhause aufgewachsen wäre.

Eins der Symptome bei menschlichen Opfern psychologischer Traumata ist „emotionale Taubheit." Ein Teil von Tootsie ist abgeschottet wie ein Holzfenster, das nach starkem Regen so aufgequollen ist, dass es sich nie mehr öffnen lässt. Wenn ich ihr in die Augen sehe, scheint da irgendetwas zu fehlen, auch wenn ich nicht genau sagen kann, was das ist. Auf der anderen Seite hat sie, nachdem sie monatelang nur im Hof gestanden hatte und von den vielfältigen Anblicken und Gerüchen außerhalb einer Welpenfarm einfach nur überwältigt gewesen war, entdeckt, dass sie ein Spaniel ist und dass die Welt reich an Gerüchen nach Feldmäusen und Eichhörnchen ist. Sie von einem lieben, aber traumatisierten Wesen zu einem echten Hund aufblühen zu sehen war eine der größten Freuden in meinem Leben.

Aber jetzt, zwei Jahre nach Tootsies Ankunft, gibt es noch einen weiteren Hund auf Redstart Farm: Maggie, eine vier Jahre alte Border Collie Hündin, eine kleine, dreifarbige Maus mit einem Schlapp- und einem Stehohr. Maggie kam zu uns, nachdem ich zwei Jahre mit der Suche nach unserem nächsten Border Collie und viele Monate mit Gesprächen mit ihrem Vorbesitzer, einem renommierten Hütehundtrainer aus Idaho, verbracht hatte.

Jim und ich hatten uns auf den ersten Blick in Maggie verguckt. Sie war alles, was wir zu hoffen gewagt hatten – lieb, schlau und gehorsamsfreudig. Aber als sie zum ersten Mal Willie traf, lief es nicht so gut. Es lag nicht an Willie. Bis dahin hatte sich all die Arbeit, die er und ich zusammen geleistet hatten, ausgezahlt und ich machte mir keine Sorgen mehr, wenn er anderen Hunden begegnete, es sei denn, er hatte keine Ausweichmöglichkeit.

Aber ich musste mich selbst zwingen, normal weiterzuatmen, als die beiden Hunde sich zum ersten Mal in die Augen sahen. Würde Maggie die richtige sein? Würde es beim magischen dritten Mal, bitte, lieber Gott, endlich funktionieren? Wir ließen die Hunde sich auf einer großen, eingezäunten Wiese begegnen, weil es hier viel Freiheit und kein Gefühl von Druck gab. Willie lief auf Zehenspitzen zu ihr hin, ganz die erwartungsvolle Vorfreude in Person, wie ein Kerl in einer Bar mit großen Hoffnungen und einem falschen Goldkettchen um den Hals. Maggie sprang vor ihm weg. Jim und ich ignorierten die beiden und gingen weiter den grasigen Abhang hinunter. Willie setzte Gottseidank all das ein, was er in den letzten Jahren gelernt hatte und reagierte perfekt. Er drehte sich weg und pinkelte die hündische Entsprechung einer Facebookseite auf das gefrorene Gras.

Maggie war zu ängstlich, um den Köder zu schlucken und um zu schnüffeln, wo er uriniert hatte, aber wir gingen weiter vorwärts. Nach ein paar Minuten versuchte Willie wieder, sich ihr zu nähern, wieder sprang sie weg, wieder stoppte er. Dieses Mal rannte sie nicht mehr so weit weg. Wir setzten diesen Tanz noch etwa hundert Meter weit die Wiese entlang fort, bis Maggie endlich stehenblieb, sich umdrehte und Willie direkt anschaute. Er drehte sich ebenfalls zu ihr hin und neigte seinen Oberkörper in einer ganz leicht angedeuteten Spielaufforderung. Eine Sekunde lang standen beide still und schauten sich an. Auch Jim und ich standen bewegungslos und fasziniert da, und dann erwiderte Maggie die Spielaufforderung und flitzte los wie der Road Runner auf der Flucht vor Wile E. Coyote, wobei ihre Hinterbeine schneller liefen als die Vorderbeine. Willie rannte ihr her, dann sie hinter ihm. Gute fünf Minuten lang rannten sie in großen Kreisen mit offenen Mäulern und hängenden Zungen über die Wiese, so glücklich wie Kinder beim Schlittenfahren. Mir liefen die Tränen die Wangen hinunter, weil Willie endlich, endlich eine Freundin gefunden hatte, mit der er spielen konnte, weil wir unseren dritten Hund hatten und ich wusste, einfach wusste, dass sie die Richtige war.

Wäre dies ein Kinofilm, würde er hier enden – mit lauter werdender Musik und einem Kloß im Hals bei den Zuschauern. Aber so ist das Leben nicht. Wie zu erwarten gewesen war, verspannte Willie sich wieder, wenn er Maggie im Haus begegnete. Sobald er sie sah, wurden seine Ohren flach, selbst dann, wenn sie in einem anderen Raum war. Maggie hatte Angst vor ihm, wenn er zu nah kam, obwohl er draußen auf dem Hof so höflich wie nur irgend möglich zu ihr war. Ein paar Tage lang hatte sie sogar Angst vor Tootsie und den Katzen. Sie war zwar gut mit anderen Hunden sozialisiert worden, war aber nie von ihrer Mutter und von ihren Wurfgeschwistern weggewesen, was, wie ich gelernt habe, einen großen Unterschied im Verhalten eines Hundes ausmacht. Aber nichts an ihrem Verhalten lag außerhalb des Normbereiches, sie fühlte sich einfach ohne ihre Familie und Freunde in der neuen Umgebung verloren und ängstlich. Alles, was ich in den letzten Jahrzehnten über Hunde gelernt hatte, sagte mir, dass sie der richtige Hund für Willie sein würde, wenn sie erst ihr Selbstvertrauen wiedergewonnen hätte. Die leise Stimme in meinem Inneren sagte: „Es ist in Ordnung."

So war es auch. Es dauerte nur drei Wochen, bis Willie und Maggie beste Freunde wurden. Anfangs benutzten wir Boxen, Gitter an den Türen und Leinen, damit die beiden im Haus nicht zu nah aneinander herankommen sollten. Wir ließen sie nur auf der großen Wiese oben auf dem Hügel frei miteinander laufen, wo sie rennen konnten, bis ihre Flanken bebten und ihre Zungen sich zur Löffelform aufrollten. Wir gingen angeleint mit ihnen ins Dorf spazieren, wo sie vergaßen, dass sie eigentlich zu dicht beieinander waren, weil sie die Urinmarken anderer Hunde beschnüffeln mussten.

Jetzt sind sie eine Familie. Sie machen mehrmals täglich Zerrspiele miteinander, laufen Seite an Seite die Waldwege entlang und entdecken zusammen die Gerüche von Rehen, Kaninchen und Waschbären. Sie rennen in endlosen Zirkeln über die Felder, Maggie immer voran: „Haha, das war lustig! Fang mich nochmal!"

Abends kommt Maggie zu Willie herüber und bepfötelt ihn oder versucht, sein Gesicht zu lecken. Manchmal steht er dann auf und spielt Seilzerren mit ihr. Ein anderes Mal zieht er die Lefzen hoch und sagt ihr, dass sie gehen soll. Maggies Wesen hat zusammen mit ihrem Aufwachsen in einem großen Rudel dafür gesorgt, dass sie hervorragende soziale Fähigkeiten hat. Willie dagegen musste gegen sein eigenes Wesen ankämpfen, das ihn in den ersten Jahren eher hinderte, als ihm zu helfen. Trotzdem führte unsere Arbeit letzten Endes zu einem Hund, der überlegt anstatt mit Panik reagiert, wenn ein anderer Hund ihn irritiert. Das heißt nicht, dass er nicht auch ein Dummkopf sein kann. Er versucht Maggie zu hüten, wenn die beiden miteinander spielen und schnappt ihr ins Gesicht, um sie zu stoppen, wenn wir nicht darauf achten, dass er ein Spielzeug im Maul hat. Er kann unleidlich werden, wenn er müde ist.

Außerdem ist er ein Trottel. Leider gibt es kein besseres Wort für Großteile seines Benehmens. Während ich diese Zeilen hier schreibe, erholt er sich gerade von Verletzung Nummer sechs. Oder war es Nummer sieben? Ich verliere den Überblick. Selbst im Alter von zehn Jahren benutzt Willie seinen Körper noch so wie ein betrunkener Schüler auf seinem ersten Rockkonzert – nicht zu bändigen und außer Kontrolle. Er knallt den Weg des Lebens entlang, als ob er unsterblich wäre.

Während ich die Lämmchen mit der Flasche füttere, liegt Willie in der Scheune neben uns. Er würde eigentlich lieber hinter dem Gatter auf und ab flitzen, aber ich sage ihm, dass er dort bleiben soll, während ich meine Arbeit mache. Er gehorcht, aber sein Körper ist gespannt wie eine Trommel. Als ich den Koben verlasse und durch das Gatter komme, sage ich „That'll do, Willie". Dann steht er in gemessenem Tempo auf, dreht sich um und trottet mit mir aus der Scheune. Oder er wirft sich noch im Aufstehen um 180 Grad herum und macht zwei raumgreifende Sprünge, alles in unter einer halben Sekunde. Es ist beeindruckend und lachhaft zugleich. Gäbe es eine olympische Disziplin „Aufstehen mit gleichzeitigem Umdrehen und zwei Sprünge in möglichst kurzer Zeit und ohne jeden Grund machen", dann hätte Willie die Goldmedaille. Das Ganze hat aber auch einen Preis: Es ist hart für den Körper, wenn man jeden Moment des Lebens so lebt, als würde man sich im Finale einer Weltmeisterschaft befinden. Sein Körper hat den Preis dafür bezahlt, dass seine innere Dampfmaschine immer unter Dampf steht.

Bis vor Kurzem hat es mich noch fürchterlich erschöpft, Willie immer am Rande des körperlichen Desasters zu sehen. Jedes Mal, wenn er sprang, ausrutschte oder in etwas hineinschlitterte, schnappte ich nach Luft, weil mein limbisches System Alarm schlug, dass gleich irgendetwas ganz Schreckliches passieren würde. Aber das war gestern, und heute ist heute. Heute schüttele ich nur den Kopf, sage „Oh, Willie" und hoffe, dass er sich nicht schon wieder verletzt hat.

Es gibt noch eine weitere wichtige Veränderung in seinem Verhalten abgesehen davon, dass er sich jetzt mit anderen Hunden wohlfühlt: Willie schreckt nicht mehr ohne erkennbaren Grund aus tiefstem Schlaf hoch. Dieses Verhalten war nach jahrelanger Arbeit seltener geworden, aber ein paar Wochen nach Maggies Ankunft hörte es komplett auf. Vielleicht brauchte er neben all der Arbeit, die wir geleistet hatten, einfach nur den richtigen Hund im Haus, um sich wirklich sicher zu fühlen. Unsere Hunde mögen uns lieben, aber sicherlich sind wir trotzdem Aliens für sie – Kreaturen, die sie ständig mit ihrem komischen Begrüßungsverhalten verwirren und die eine unverständliche Neigung besitzen, auf lange, langsame Spaziergänge zu gehen und dabei sämtliche interessanten Dinge zu ignorieren. Irgendetwas an Maggies Gegenwart hat Willie auf eine Art und Weise beruhigt, wie nichts anderes zuvor es vermocht hat. Ich frage mich, ob Maggie für Willie das ist, was Jim für mich ist – beide sind in sich ruhende und stabile Individuen, die es uns nervöseren Typen ermöglichen, nicht immer auf der Hut sein zu müssen.

Es ist keine Frage, dass Willie Jim ebenso sehr liebt, wie ich es tue. Einerseits ist Jim genau das Gegenteil von Willie und mir. Willie und ich sind der Wind, das Feuer und die Wildblumen, Jim ist die Erde, das Wasser und die stattliche Eiche, die uns beiden Halt gibt. Ich kann mir nicht vorstellen, wie ich einen Hund mehr lieben sollte, als ich Willie liebe, und ich glaube, dass auch Willie mich liebt wie das Leben selbst, aber wir können füreinander nicht das sein, was jeder von uns in seinem tiefsten Inneren braucht – ein Gefühl von Stabilität und Sicherheit, das es uns erlaubt, unsere Wachsamkeit abzuschalten, tief Luft zu holen und uns warm und sicher zusammenzukuscheln. Jim und ich haben 2012 geheiratet, nachdem wir schon zwölf Jahre zusammen waren. Die leise Stimme in meinem Inneren sagte endlich „ja, ja" anstatt „nein, nicht nochmal." Ich sagte auch Ja zu Willie, als ich versprach, mich meinen eigenen tiefsten Ängsten zu stellen, damit er und ich zusammen heilen konnten. Dafür verdanke ich ihm mehr, als ich mit Worten sagen kann. Ohne seine Angst und Reaktivität wäre ich vermutlich niemals gezwungen gewesen, mich mit meiner eigenen, tief vergrabenen Vergangenheit zu beschäftigen. Ich liebe ihn so sehr, dass es mich allein schon schmerzt, das auszusprechen, auch wenn ich mir manchmal immer noch selbst aus dem Weg gehen muss, um Willie zu vergeben, dass er Willie ist. Aber ich muss, und ich tue es. Wenn er gegen das Auto läuft, das seit vier Jahren immer an der gleichen Stelle parkt oder sich einen weiteren Muskel zerrt, wenn er sich ohne jeden Anlass aus dem Liegen hochstrampelt, sage ich: „Oh, Willie. Mein dummer kleiner Willie-Billie-Junge."

Jetzt, spät am Abend, wenn die Arbeit getan und das Geschirr abgewaschen ist, finden Sie uns fünf in dem kleinen Wohnzimmer unseres alten Farmhauses wieder. Willie und Maggie liegen nach einem ausgiebigen, anstrengenden Zerrspiel Seite an Seite auf dem Teppich. Jim und ich sind auf der Couch, Tootsie schnarcht auf meiner Brust. Ich habe meine Füße unter Jims warme Beine gekuschelt. Maggie hebt ihren Kopf und leckt Willies Gesicht. Willie ist müde und kräuselt seine Lefzen ein winziges bisschen. Beide Hunde legen wieder ihre Köpfe ab, rollen sich auf die Seite und legen sich schlafen. Tootsie, die mit ihrem schrecklich niedlichen Gesicht und den winzigen weißen Pfötchen auf meiner Brust liegt, schnarcht wie ein besoffener Hundert-Kilo-Mann, der am Kneipentresen eingeschlafen ist. Jim dreht seinen Kopf, um sie anzuschauen und wir lächeln uns an, während die Grillen weiter die Sonate des Lebens singen und das Mondlicht durch die Farmhausfenster fließt.

Epilog

Es ist schwierig, seinen Hund zum Holen von Schafen zu schicken, die man gar nicht sieht. Ihn ein Tal hinabzuschicken und zuzuschauen, wie er in einem weiten, offenen Bogen das Gras zerteilt und auf die andere Seite der Herde läuft, ist das eine. Etwas ganz anderes aber ist es, ihn außer Sichtweite in Richtung Schafe verschwinden zu sehen, die man nicht im Blickfeld hat. Es fühlt sich so unvermittelt an, wenn Ihr kleiner Hund verschwindet – erst verfolgen Sie mit den Blicken seinen schwarz-weißen Körper, wie er über das Grün jagt und mit der Entfernung immer kleiner wird. Und plötzlich puff, Abrakadabra, ist da nichts mehr außer Gras und Himmel.

In der dann zurückbleibenden Leere ruhig zu bleiben, verlangt Entschlossenheit. Sie starren auf die sanft geschwungenen Hügel und das spitzige Gras und nur die Jazzriffs eines Hüttensängers begleiten Sie in Ihrem plötzlichen Gefühl der Einsamkeit. Aber Willenskraft alleine ist nicht genug, um alleine in der Leere warten zu können. Sie brauchen außerdem Vertrauen, dass Ihr Hund seine Arbeit auch ohne Sie an seiner Seite erledigen wird. Und die Fähigkeit, zu verzeihen, wenn Sie ihn noch nicht gut genug auf die Aufgabe vorbereitet haben.

Und so warten Sie, zwingen sich zum Ruhigbleiben und dazu, einfach geschehen zu lassen, was nun einmal geschieht. Sie halten angestrengt Ausschau nach irgendeinem Anzeichen dafür, dass die Schafe gefunden und zusammengetrieben wurden und nun in irgendeiner Form von Ordnung zu Ihnen zurückgebracht werden. Sie stehen da und warten, treten von einem Fuß auf den anderen und konzentrieren Ihren Blick auf den Punkt, wo sie vermutlich auftauchen werden.

Irgendwann endlich, viel später als gedacht, sehen Sie die Oberseite eines wolligen Kopfes, dann eine Nase hinter der Hügellinie auftauchen. Und dann sehen Sie sie alle – die Ohren des Leitschafs wippen vor und zurück, es trägt den Kopf hoch und hat die Augen wachsam weit geöffnet. Hinter ihnen läuft sicher und treu Ihr kleiner Hund und konzentriert sich auf nichts anderes als darauf, Ihnen die Herde zu bringen. Ganz vorsichtig lotst er sie zu Ihnen, damit sie nicht etwa in Panik gerät und in den Wald davonstiebt. Sie kommen näher und näher, jetzt sind sie ganz nah, direkt neben Ihnen mit ihren tiefen, runden Augen, so nah, dass Sie sie fast berühren können.

Danksagung

Danksagungen können schwierig zu schreiben sein. Wen erwähnt man, wen lässt man aus, wo fängt man an? Aber in diesem Fall ist meine Aufgabe einfach. Es gibt nur eine Möglichkeit, wo ich anfangen kann – mit meinem Dank an Jennifer Gates, meiner Literaturagentin bei Zachary, Shuster and Harmsworth. Ich habe ein ganzes Buch geschrieben, und doch fehlen mir die Worte, ihr für all das zu danken, was sie für mich getan hat. Falls Sie nicht zufällig das Glück haben, einen zu besitzen, wissen Sie wahrscheinlich nicht, dass eine gute Literaturagentin auch eine Lektorin, Beraterin, Cheerleaderin, Therapeutin und Freundin ist. Ohne Jennifers Zuspruch und Begleitung wäre dieses Buch nie geschrieben worden, und ich garantiere: Viel von dem Guten, das darin enthalten sein mag, verdanken Sie ihrer einfühlsamen Begleitung.

Danke auch an alle bei der Agentur Zachary, Shuster and Harmsworth, die schon lange, bevor mein erstes Buch *Das andere Ende der Leine* herauskam, immer für mich da waren. Ein besonders herzliches Danke geht an Esmund Harmsworth, der genauso charmant ist, wie sein Name klingt und dessen Feedback zu meinen ersten Entwürfen dieses Buchs ausschlaggebend zu dessen letztendlicher Umarbeitung war. Ich habe unglaubliches Glück, Jen und Esmund zu meinem Rudel von Freunden und Beratern zählen zu dürfen, genauso wie all die kompetenten und hart arbeitenden Menschen bei Zachary, Shuster and Harmsworth, darunter Lane Zachary, Todd Shuster und Chelse Heller.

Wo ich von Glück spreche: Was für eine glückliche Frau ich bin, Leslie Meredith als meine Lektorin bei Atria gehabt zu haben. Sie hatte auch schon *Das andere Ende der Leine* lektoriert und übertraf sich selbst in ihren Anstrengungen, ein gut gemeintes, aber irgendwie ungeschicktes Manuskript zu einem vernünftigen Buch zu machen. Sie hat mir mehr über das Schreiben beigebracht als irgendjemand sonst, und ich war begeistert, als Leslie und Atria der Veröffentlichung des Buchs zusagten, das sie gerade lesen. Leslie ist nicht nur eine große Hundenärrin (Grüße an ihre Corgis), sondern auch eine Lektorin, wie jeder Autor sie sich wünscht und braucht, aber nur selten bekommt. Ich Glückspilz. Ich danke allen bei Atria für ihre Hilfe und Unterstützung, vor allem Melanie Iglesias Perez für ihre zuverlässige Assistenz und der Verlegerin Judith Curr für ihren Glauben an das Buch.

Ehrlicher Dank geht auch noch an eine andere Leslie – Leslie Wells, deren Führung mich rettete, als ich mit einem Manuskript ins Schwimmen geriet, das Leser zwar mochten, aber das sie im trüben Wasser des großen Erinnerungssumpfes herumirren ließ. Ihr Rat und ihre Ermutigung („Weniger ist mehr, es sei denn, es geht um Ihre Mutter") war entscheidend für mich, um das Manuskript zu verfeinern und zu verbessern. Jetzt höre ich oft ihre Stimme in mir, wenn ich schreibe, und falls ich jemals die Schriftstellerin werden sollte, die ich gerne wäre, dann haben all die Leslies in meinem Leben großen Anteil daran.

Um ein gutes Buch zu schreiben, braucht man ein ganzes Dorf. Ich bin erstaunt über die Großzügigkeit von Freunden und Kollegen, die sich die Zeit genommen haben, erste Entwürfe des Buchs zu lesen und zu kommentieren. Meg und Randy Boscov stechen dabei als besonders engagierte Leser hervor und ich kann ihnen nicht genug für ihre guten Ratschläge danken. David Wroblewski (*Die Geschichte des Edgar Sawtelle*) hat es mit einer Großzügigkeit, die mich verblüffte, auf sich genommen, zwei erste Fassungen kritisch zu bewerten und mir in ein paar Monaten so viel über das Schreiben beizubringen, wie er nur konnte. Ich habe von ihm mehr gelernt, als ich in Worte fassen kann und hoffe, dass meine Bemühungen wenigstens etwas von seinem Können und von seiner Großzügigkeit widerspiegeln. Auch die Autorin Cat Warren (*Der Geruch des Todes*) hat frühere Fassungen sorgfältig gelesen und mir hervorragende Hinweise zu Formatierung und Struktur gegeben. Ich stehe in ihrer Schuld für ihre einsichtigen Anregungen und für unsere weiter andauernde Internet- und Hundefreundschaft.

Ich danke auch Gail Caldwell (*Let's Take the Long Way Home*), die mir wichtiges Feedback zu einer älteren Fassung gab und deren exquisiter Schreibstil mich inspiriert hatte, seit ich ihre ersten Memoiren *A Strong West Wind* gelesen habe. Es ist die Tapferkeit von Schriftstellerinnen wie ihr und wie Cheryl Strayed (*Wild, Tiny, Beautiful Things*) und Brené Brown (*Verletzlichkeit macht stark, Laufen lernt man nur durch Hinfallen*), die mir den Mut gaben, keine Angst mehr vor dem Angsthaben zu haben. Besonders glücklich schätze ich mich, eine echte Schriftstellerin in der Familie zu haben, Wendy B. Barker (*One Blackbird at a Time, Nothing Between us*), deren Unterstützung und Feedback sich immer angefühlt haben wie Regenschauer in einer Dürre. Dankbar sauge ich sie auf.

Apropos Schwestern – ich schätze mich glücklich, zwei wunderbare zu besitzen: Wendy Barker und Liza Piatt (auch Autorin mit ihren eigenen wunderbaren Memoiren *Dying to Live*). Jede von ihnen hat mir unermessliche Unterstützung und Ermutigung zukommen lassen. Die Tatsache, dass wir in den vergangenen Jahren alle gleichzeitig an einer Form von Memoiren gearbeitet haben, sagt viel über die Liebe unserer Familie – und meines Vaters besonders – zur Literatur und zum geschriebenen Wort. Meine Mutter, Pamela Dodwell Bean, war keine besondere Leseratte, aber große Hundefreundin und liebte alle neugierig machenden, abenteuerlich und schönen Dinge – in dieser Reihenfolge. Sie unterstützte meine Liebe zu Tieren, wo immer sie konnte und ich werde ihr ewig dankbar sein.

Ich danke meiner Familie für ihre liebevolle Unterstützung über die Jahre. Ich bin stolze Tante dreier toller Nichten, Wendy Piatt, Annie Piatt und Emily Edwards sowie eines ebenso tollen Neffen, David Barker. Die Familie meines Mannes hat mich ganz und gar als eine der ihren aufgenommen und ich danke Zach und Sarah, Shane und Rachel und meiner Schwiegermutter Maisie Billings aus tiefstem Herzen. Die Enkelkinder Taylor und Quinnie bringen mich zum Dahinschmelzen, wann immer ich sie sehe – was nie oft genug ist.

Ich möchte außerdem Julie Hecht (dogspies.com) für ihre Freundschaft, Unterstützung und Hilfestellung bei der Recherche danken. Julie ist nicht nur blitzgescheit, witzig und inspirierend, sondern auch meine „akademische Tochter“ und macht mich jedes Mal glücklich, wenn wir miteinander sprechen. Lisa Lutz ist eine außergewöhnliche Detektivin und setzte Himmel und Erde in Bewegung, um die Fakten hinter „dem Mann, der fiel“ zu finden. Ich werde ihr ewig dankbar sein. Ich stehe außerdem in der Schuld des Teams von McConnell Publishing, dessen harte Arbeit, Engagement und Klugheit mir die Zeit verschafft hat, an diese Memoiren zu arbeiten. Denise Sweptlund hält das Büro seit fünfundzwanzig Jahren am Laufen; Lisa Lemberger war und ist hilfreich darin, das Unternehmen zu führen und mir Zeit zum Schreiben zu verschaffen. Katie Martz hilft mir, meine offizielle Facebookseite aktuell zu halten, was ich jeden einzelnen Tag der Woche zu schätzen weiß. Karen London war die Freundin und Kollegin, die mit Blumen vor meiner Tür stand, als es mir am schlechtesten ging, wofür ich ihr ewig dankbar bin. Meine Freundschaft zu anderen Tierverhaltenstherapeuten, darunter Peter Borchelt, Crista Coppola, Daniel Estep, Suzanne Hetts, Ellen Lindell, Alice Moon-Fanelli, Pamela Reid, Victoria Voith, John Wright, Camille Ward und Stepehn Zawistowski war und ist entscheidend für meine persönliche und berufliche Weiterentwicklung. Ihr seid mein Dorf, und ohne Euch hätte ich es nicht so weit geschafft.

Meine akademischen Mentoren Jeffrey Baylis, Charles Snowdon und Tony Stretton haben mehr über Tierverhalten vergessen, als ich je wissen werde und ich schulde ihnen unendlich viel für all das, was sie mich gelehrt haben sowie für die Unterstützung, die sie mir über die Jahre gegeben haben. Lon Hodge (*In Dogs We Trust*) und sein wunderbarer Assistenzhund Gander halfen mir zu begreifen, wie wichtig Hunde für Kriegsveteranen sind, die unter posttraumatischen Belastungsstörungen leiden.

Wie kann ich meinen Therapeutinnen Anne Simon Wolf und Mare Chapman danken? Mit ihnen zu arbeiten war so, als würde man eine Brille aufsetzen, wenn die Welt irgendwie verschwommen aussah, man aber keine Ahnung hatte, warum.

Ich bezweifle, dass ich ohne sie je meine Stimme gefunden hätte. Ich wünschte jeder, egal, womit er zu kämpfen hat, hätte die Möglichkeit, von ihren Einsichten, Fähigkeiten und von ihrer Wärme zu lernen und daran zu wachsen. Auch der Yogameister Scott Anderson spielte eine wichtige Rolle in meiner Heilung. Gerne stelle ich ihn als den Mann vor, der mehr über den menschlichen Körper weiß als sonst jemand auf der Welt, und ich vermute, dass ich damit nicht übertreibe. Seine Kombination von Wissen und Einfühlungsvermögen verdient es, landesweit bekannt zu werden. Sarah Watts, meine Massagetherapeutin seit fast zwei Jahrzehnten, verdient ebenfalls meinen herzlichsten Dank für ihre magischen Hände, die meinen Körper und meinen Geist bei jedem meiner Besuche bei ihr heilten. Ich vermute, dass ich ohne Anne, Mare, Scott und Sarah wie ein gestresster Hund zusammengerollt in irgendeiner Ecke liegen und mir die Pfoten lecken würde.

Großen Dank schulde ich einigen Menschen, die ich nie persönlich getroffen habe. Nancy Venable Raines Buch *Jenseits des Schweigens* half mir wie sonst kaum etwas, mich den Nachwirkungen meiner Vergewaltigung zu stellen. Ich bin ihr zutiefst dankbar für ihren Mut und ihre Ehrlichkeit. Judith Hermans *Die Narben der Gewalt* spielte ebenfalls eine bedeutende Rolle für mein Verständnis von all dem, was mir widerfahren war und war ein wichtiger Teil meines Heilungsprozesses.

Auch meine beiden Ex-Ehemänner verdienen Dank. Sie haben von meinem ersten Mann gelesen, Doug McConnell, der mich so viel darüber gelehrt hat, das Leben in vollen Zügen zu genießen. Sie haben nichts über Patrick Mommaerts gelesen, meinen zweiten Ehemann. Ich entschuldige mich hiermit bei ihm, ihn aus der Geschichte herausgelassen zu haben. Es wären einfach zu viele Handlungsstränge geworden, ihn mit einzubauen, aber er war fast zwei Jahrzehnte lang ein wichtiger Bestandteil meines Lebens und ich danke ihm für alles, was er mir gegeben hat. Beide Männer sind wunderbare Menschen und wie immer wünsche ihnen nichts als Glück.

Was würde ein Schriftsteller ohne Freunde machen? Schreiben mag größtenteils eine einsame Beschäftigung sein, aber ich kann mir nicht vorstellen, dass ich ohne meine Freunde jeden Morgen den Computer angeschaltet hätte. Ich bin zutiefst dankbar für meine Freunde Rick Axsom, Meg und Randy Boscov, Julie Cullman, David Egger, Donna Huntington, Harriet Irwin, Renee Revetta, Bonita Sitter und Fredericka Schilling. Sie alle waren die Jahre hindurch so wichtig wie Wasser und Essen für mich, und ich schätze mich glücklich, sie zu haben. Und an die Person, wer immer Sie auch sind, an die ich mich erst erinnere, wenn es schon zu spät ist, ihren Namen hinzuzufügen: Danke, und tut mir leid.

Unmöglich kann ich einen Dank an all die Kunden und Hunde auslassen, mit denen ich über die Jahre gearbeitet habe. Sie haben mich so viel gelehrt. Sie haben mein Leben über zwei Jahrzehnte lang mit Freude und mit Herzschmerz, mit Frieden und mit Drama gefüllt. Sie alle waren so lange Zeit ein integraler Bestandteil meines Lebens, dass ich ohne sie heute ganz einfach nicht die wäre, die ich bin. An jeden von Ihnen sende ich eine Umarmung oder ein Bauchkraulen, je nach Spezies. Ich hoffe, dass die Geschichten in diesem Buch anderen Menschen mit Hunden helfen, die sich so benehmen, als seien sie traumatisiert worden, und ich möchte betonen, dass Wissen und Mitgefühl nötig sind, um Hunden mit problematischem Verhalten zu helfen. Selten ist ein Hund deshalb aggressiv, weil ihm das Spaß macht – diese Hunde brauchen Empathie und keine Besitzer, die sie mit ihrer „Dominanz" zu beeindrucken versuchen.

Und Willie? Mein Willie. Mein kleiner dummer Willie-Billie-Junge. Manchmal tut es mir leid, dass ich ihm nicht mit Worten sagen kann, wie sehr ich ihn liebe – aber vielleicht ist es besser so. Alle Worte, so informativ sie auch sein mögen, haben ein Gewicht. Sicher ist einer der Gründe dafür, warum wir Hunde lieben, der, dass unsere Beziehung nicht von den Zwängen der Sprache belastet ist. Ich sage Willie jeden Tag auf jede Weise, die ich kann, wie sehr ich ihn liebe – mit dem Ton meiner Stimme, der Berührung meiner Hand und der Aufmerksamkeit, die ich seinen Bedürfnissen schenke. Aber ich werde ihm niemals erklären können, dass es sein Problemverhalten war, dass mich zwang, mich mit dem auseinanderzusetzen, was mich jahrelang so bedrückt hatte. Zu sagen, dass ich ihm dankbar bin, ist unangemessen, aber ich hoffe dieses Buch macht klar, wie viel ich ihm meiner Meinung nach schulde.

So wie diese Danksagung nur mit Jennifer Gates beginnen konnte, so kann sie nur mit James Billings enden, dessen Liebe und Unterstützung das Beste sind, was mir je passiert ist. Ohne ihn hätte ich dieses Buch niemals schreiben können. Willie und ich himmeln ihn beide an, und das zu Recht. Er ist liebevoll und schlau und freundlich und geduldig und bringt mich zum Lachen und Willie zu Freudenhüpfern, wenn er nach Hause kommt – was ich auch tun würde, wenn ich ein Hund wäre. Ich verdanke Jim alles, aber alles, was ich ihm geben kann, ist dieses kleine Buch zusammen mit meiner ewigen Dankbarkeit.

Über die Autorin

Dr. Patricia McConnell ist Ethologin und zertifizierte Tierverhaltenstherapeutin, die über zwanzig Jahre lang Besitzer von Tieren mit ernsten Verhaltensproblemen beraten hat. Ihr Spezialgebiet war Aggression bei Hunden. Sie hat fünfundzwanzig Jahre lang Biologie und die Philosophie der Mensch-Tier-Beziehungen an der zoologischen Fakultät der Universität von Wisconsin-Madison gelehrt und hält weltweit Vorträge über Hundeverhalten und Hundetraining. Dr. McConnell ist Autorin von elf Büchern über Training und Verhaltensprobleme sowie der von Kritikern hoch gelobten Bücher *Das andere Ende der Leine* (übersetzt in vierzehn Sprachen), *Liebst Du mich auch?* und *Trafen sich zwei.* Patricia und ihr Mann leben mit ihren Border Collies Willie und Maggie sowie ihrem Cavalier King Charles Spaniel Tootsie und einer sehr verzogenen Herde von Schafen außerhalb von Madison, Wisconsin. Weitere Informationen (in englischer Sprache) erhalten Sie auf www.TheEducationofWill.com, www.PatriciaMcConnell.com oder im Blog www.TheOtherEndofTheLeash.com.

Patricia B. McConnell

Das andere Ende der Leine

Was unseren Umgang mit Hunden bestimmt

Dies ist kein Buch über Hunde-, sondern eines über Menschenerziehung! Intelligent, wissenschaftlich, humorvoll und oft verblüffend erklärt die Autorin, welche typischen Missverständnisse zwischem dem »Affen« Mensch und dem »Wolf« Hund einer ungetrübten Beziehung oft im Wege stehen. Zahlreiche Aha-Erlebnisse und vergnügtes Schmunzeln sind beim Lesen garantiert!

Hardcover, 256 Seiten, s/w-Fotos
ISBN 978-3-933228-93-2
Preis: 19,95 EUR

Patricia B. McConnell

Liebst Du mich auch?

Die Gefühlswelt bei Hund und Mensch

Patricia McConnell untersucht in diesem spannenden Buch die Frage, ob und wie Hunde mit uns die gleichen Gefühle teilen. Die von der Forschung lange vernachlässigte Frage »Können Tiere fühlen?« wird hier auf gleichermaßen unterhaltsame wie wissenschaftliche Weise beantwortet. »Ein Muss für alle Hundebesitzer.« (Stanley Coren)

Hardcover, 364 Seiten, s/w-Fotos
ISBN 978-3-938071-37-3
Preis: 19,95 EUR